É PRÓPRIO DO HUMANO

DANTE GALLIAN

É PRÓPRIO DO HUMANO

UMA ODISSEIA DO AUTOCONHECIMENTO E DA AUTORREALIZAÇÃO EM 12 LIÇÕES

1ª edição

EDITORA RECORD
RIO DE JANEIRO • SÃO PAULO
2022

COPIDESQUE
Lígia Alves

REVISÃO
Luciana Aché

DIAGRAMAÇÃO
Ricardo Pinto

DESIGN DE CAPA
Renan Araújo

CIP-BRASIL. CATALOGAÇÃO NA PUBLICAÇÃO
SINDICATO NACIONAL DOS EDITORES DE LIVROS, RJ

G16e

Gallian, Dante.
É próprio do humano : uma odisseia do autoconhecimento e da autorrealizaçao em 12 lições / Dante Gallian. - 1. ed. - Rio de Janeiro : Record, 2022.

ISBN 978-65-5587-488-4

1. Existencialismo. 2. Teoria do autoconhecimento. 3. Homero - Odisseia. I. Título.

22-76233 CDD: 111.1
CDU: 111.1

Gabriela Faray Ferreira Lopes – Bibliotecária – CRB-7/6643

Texto revisado segundo o novo Acordo Ortográfico da Língua Portuguesa.

Impresso no Brasil

ISBN 978-65-5587-488-4

Seja um leitor preferencial Record.
Cadastre-se no site www.record.com.br e receba informações
sobre nossos lançamentos e nossas promoções.
Atendimento e venda direta ao leitor:
sac@record.com.br

Ao meu pai, Dante,
que já partiu para a odisseia inevitável e invisível aos olhos,
não sem antes haver realizado sua própria beleza
e deixado seu legado.

Às minhas filhas e filhos, Theresa, Felipe, Mariana,
Thiago e Rafael, na esperança de que esta e toda a minha
odisseia lhes sirva de inspiração.

À minha esposa, Beatriz,
musa inspiradora, companheira fiel, parceira insubstituível
na realização da minha própria odisseia.

Sumário

Prefácio

"Por que 'to be or not to be'? Por que não 'to do or not to do'?" Lembro-me como se fosse hoje. Estávamos, Dante, o autor deste livro, e eu, que agora o estou prefaciando, almoçando perto da sede do Centro de História e Filosofia das Ciências da Saúde (CeHFi) da Escola Paulista de Medicina (EPM) da Universidade Federal de São Paulo (Unifesp), depois de mais uma reunião do Laboratório de Humanidades com alunos da graduação médica. E fui eu quem perguntou.

"Porque, provavelmente, Shakespeare percebeu que acabaríamos esquecendo logo de que essa é mesmo a questão. Porque ser depende do que fazemos." Essa foi a resposta que, mais ou menos, me deu o autor deste livro.

E lembro-me também de continuarmos conversando ainda um bom tempo sobre como poderíamos fazer para que nossos alunos e, de maneira geral, todos — todos os homens e todas as mulheres — se lembrassem disso, como fazer com que as pessoas se perguntassem sempre, antes de agir ou de tomar qualquer decisão: "Afinal, quem sou eu? Como eu poderia ser uma pessoa melhor, mais humana?"

Porque essa é mesmo a questão e sabíamos que acabaríamos nos esquecendo dela. E agora, depois de muitos anos, quase duas décadas já, Dante dá à luz este seu livro respondendo àquela velha questão.

Estamos tão imersos em avanços tecnológicos, tão mergulhados em redes sociais, tão imbuídos de informações e de aplicativos e de possibilidades que não muitos anos atrás eram tão impensáveis, que parece nos interessarmos apenas por um *fazer sem ser*; um fazer automático. Sobre o *ser*, sobre como *ser humano*, sobre como viver cada vez o mais humanamente possível, parece que ou não nos importa mais, ou, como acredito, não sabemos mais como responder a isso.

Quando se pede uma resposta hoje, normalmente se espera uma definição. Ou, se não for possível, então duas ou três dicas práticas e bem concretas, algo parecido com o que podemos ler em *O rinoceronte*, de Ionesco, quando Jean anima o seu amigo, Berenger, a se esforçar um pouco para ser mais culto: "Visite os museus, leia revistas literárias, assista conferências e, em quatro semanas, você será um homem culto."

Volta-me à lembrança o sonho que tínhamos, Dante e eu, quando começamos com o Laboratório de Humanidades (LabHum) e dizíamos que o melhor seria montar um curso em que a única coisa que faríamos seria ler dez ou 12 clássicos, e ficarmos discutindo com nossos alunos. Ou, então, como comentou Dante, ao pensar com mais calma no assunto: "Podemos pegar a *Odisseia* e ir comentando-a, pouco a pouco. Está tudo lá."

É, sim. É isso. *Como ser humanos? O que é próprio do humano?* É só ler com calma a *Odisseia* e deixar-nos surpreender pela força e a luminosidade do que Homero nos conta. *É próprio do humano ter de sair e querer voltar.* Assim como *é próprio do humano ter fé e esperança e saber refletir e discernir.* E ainda *é próprio ser corajoso e astuto.* E olha só! Também é próprio do ser humano *ser curioso.* Assim como, ainda, *ser contemplativo. E ser hospitaleiro e celebrativo.* E, apenas para completar tudo o que precisa ser dito, é mesmo *próprio do humano saber conversar e saber esperar e terminar.*

E tudo isso não é o meu amigo Dante quem diz. Ele o diz porque Homero o diz, e é isso que é surpreendente, porque muita gente já leu a *Odisseia*, e muito se tem escrito sobre a grande obra clássica que, de alguma maneira, é o berço da cultura ocidental. Mas eu não tinha visto ainda ninguém afirmar, e muito menos escrever que se quisermos saber a resposta à questão que Shakespeare fez a toda a humanidade, precisamos descobri-la na *Odisseia.*

E é isso que o Dante fez com este livro. De uma forma original, envolvente e erudita, vai descortinando para nós, com uma escrita objetiva e simples, ao alcance de qualquer leitor, de qualquer leitora, sem a necessidade de ser "um ilustre estudioso" ou "algum profundo *expert*", o que aconselha Homero com a sua *Odisseia*: que cada um e cada uma de nós pode dar o melhor de si, pode ser a melhor versão de si mesmo e que, assim, possa realmente ser uma pessoa mais humana. Afinal, não nos esqueçamos de que esses versos, antes de serem reduzidos à escrita, eram cantados e declamados para que todos os gregos pudessem aprender, como mais tarde diria Aristóteles, por meio da imitação, se deleitando com o que nos é contado.

Tenho a felicidade de ser amigo, quase irmão, do autor deste livro. Não sei até que ponto, portanto, o meu testemunho pessoal pode referendar a qualidade da obra. Faltar-me-ia, como se costuma falar nestes tempos tão carregados de "praxes corretas e paradigmas adequados", a "imparcialidade necessária" para ser um "bom juiz". Contudo, e mesmo correndo esse risco, reafirmo o que tenho tentado dizer nestas linhas. Sou feliz por ser seu amigo. E, sim, este livro é bom, muito bom. Para todos e todas os que ainda acreditamos que vale a pena, que vale muito a pena, o esforço de ser mais humano a cada dia. Ou, como diria Fernando Pessoa, para todos e todas que acreditamos ainda que

> *A vida é terra e o vivê-la é lodo.*
> *Tudo é maneira, diferença ou modo.*
> *Em tudo quanto faças sê só tu,*
> *Em tudo quanto faças sê tu todo.*

RAFAEL RUIZ
Doutor em História Social pela USP e
Professor de História da América na
Escola de Filosofia e Ciências Humanas da Unifesp
Em São Paulo, nas *kalendas* de janeiro de 2022

Preâmbulo

O que é próprio do humano? Uma pergunta tão complexa quanto essencial. Complexa porque pode ser entendida de diferentes formas; essencial porque, se entendida no sentido em que a estou formulando neste livro, diz respeito, como veremos, à nossa saúde existencial, à nossa felicidade. Assim, para que se possa compreender com perfeição a sua essencialidade, cabe, preliminarmente, elucidar sua especificidade.

No clássico *Novo dicionário Aurélio da língua portuguesa*, o verbete "próprio" aparece como um adjetivo que pode ter até 12 diferentes significados, entre eles, por exemplo, o de pertencimento, peculiaridade ou naturalidade (tal característica é própria desse indivíduo), ou o de oportunidade ou conveniência (aquilo que é esperado, que é correto). Quando associado à palavra "humano", o termo "próprio" pode, portanto, ser associado a diferentes sentidos, dependendo da perspectiva de quem interpreta.

Assim, pode-se compreender o próprio do humano como tudo aquilo que pertence ou deriva do ser humano, independentemente de seu conteúdo moral ou ético. Nesse sentido, agir ou proceder de maneira inumana ou desumana, como no caso de um assassinato ou mesmo de um genocídio, não deixa de ser algo próprio do humano, já que tal ação, por mais absurda e condenável que seja, é impetrada por um ser humano. Por outro lado, entretanto, se estivermos considerando o próprio do humano no sentido de oportuno, apropriado, conveniente, nem tudo o que o homem faz ou é capaz de fazer lhe seria próprio, já que aqui se associa o próprio a um conteúdo e a uma finalidade moral: àquilo que é bom, ideal, esperado.

É justamente nesta última acepção do termo que o leitor deve considerar meu questionamento sobre o que é próprio do humano. Neste livro, pretendo levá-lo a refletir sobre o que é próprio no sentido de apropriado, oportuno, esperado, desejável. Mais do que considerar tudo aquilo que o homem é capaz de ser e de fazer, interessa-me questionar sobre aquilo que ele *deve* ser e fazer para ser melhor, mais feliz, mais saudável, mais humano. Eis aqui a dimensão essencial do meu questionamento sobre o que é próprio do humano.

Em um tempo em que a inteligência artificial desponta como algo irreversível e a nossa vida cotidiana, em todos os sentidos, se vê condicionada pela tecnologia digital, a realidade virtual e o ritmo cada vez mais alucinante imposto pelas demandas da mídia e do mercado; em um tempo em que nos vemos a todo momento ameaçados pelas forças desumanizadoras que nos acossam de todos os lados, colocar-nos essa pergunta, tão antiga quanto a própria consciência da humanidade, apresenta-se como algo urgente e essencial.

E por quê? Porque, por mais que sejamos criaturas altamente adaptáveis, elásticas e indefiníveis, estamos, inevitavelmente, condicionados por características muito peculiares. E se, de modo consciente ou inconsciente, deliberado ou não, desprezamos ou somos levados a desrespeitar algum aspecto daquilo que nos caracteriza como humanos, sofremos na carne, na alma e no espírito suas consequências. Assim, a percepção da medida do humano, mais do que conceitual, é algo que vivenciamos, que sabemos por experiência. Sim, porque toda vez que, por algum motivo, não respeitamos ou extrapolamos essa *medida do humano*, adoecemos. E toda vez que permitimos que as forças desumanizadoras determinem nossa maneira de pensar e viver, acabamos por nos sentir um pouco como Gregor Samsa, o famoso personagem de Franz Kafka na novela *A metamorfose*, que, certa manhã, acordou metamorfoseado em um inseto monstruoso.

Tal como nosso corpo, que padece toda vez que extrapolamos seus limites ou não respeitamos suas necessidades essenciais, a nossa alma, ou a dimensão metafísica (para além do físico) que caracteriza o humano, também sofre as consequências quando desrespeitamos suas condições e necessidades. Pode-se dizer, portanto, que toda doença da alma é, em certo sentido, resultado da extrapolação ou do desrespeito daquilo que é próprio do humano.

Esse conhecimento experimental daquilo que é próprio do humano acompanha a humanidade desde muito tempo, e quase todos os povos e civilizações da história souberam, de algum modo, expressar essa verdade em forma de sabedoria a ser preservada e transmitida de geração em geração.

Entre os antigos gregos, antes mesmo do surgimento da filosofia antropológica, com Sócrates, no século V a.C., cujo objetivo foi justamente tentar identificar o próprio do humano por meio do raciocínio lógico, a noção da *justa medida* do humano já aparecia como elemento central e essencial nas narrativas mitológicas que apontavam o lugar do ser humano no Cosmos.

Em poemas como "Ode a Zeus", de Píndaro (século VI a.C.), que recria, de maneira singular, diversas versões da tradição oral sobre a origem do ser humano, este aparece como uma criatura peculiar, ocupando uma condição intermediária entre o puro animal, ou bestial-mortal, e o divino-imortal. Criados à imagem e semelhança dos deuses, os seres humanos compartilhavam, em sua dimensão metafísica ou espiritual, da razão e da palavra (*logos*), considerada uma centelha divina da imortalidade (na medida em que a palavra pode imortalizar o humano por meio da poesia). Por outro lado, criados a partir da matéria bruta da terra, os humanos tinham também uma natureza animal, submetidos, portanto, ao poder das paixões instintivas, da doença, do envelhecimento e da morte. Assim, na concepção grega arcaica, *ser* humano é, essencialmente, viver um *drama*, ou seja, viver um conflito inevitável e permanente entre a dimensão divino-imortal e a animal-mortal. Um *drama* que na maior parte das vezes terminava em *tragédia*, pois, toda vez que o ser humano se esquecia de sua condição mortal e animal, imaginando-se deus, extrapolando, portanto, aquilo que era sua *propriedade*, acabava sendo punido por sua *hybris*, ou seja, por sua soberba ou seu orgulho. E, então, arrojado à esfera da dura realidade da vida pelo castigo dos deuses, aplicado por meio dos golpes do destino, o ser humano se via obrigado a aceitar sua condição mortal, limitada, miserável. Aceitação essa que nem sempre se dava de forma tranquila e pacífica, mas que muitas vezes descambava em uma reação rebelde de negação do conteúdo divino de sua condição, desembocando em uma atitude eminentemente *bestial*, animalesca, própria dos *bárbaros*. Assim, na oscilação entre querer ser como um deus e acabar por viver como uma besta, a mentalidade mítica dos antigos gregos caracterizava o difícil drama do ser humano, denominado *anthropos*. Esse vocábulo, arcaicamente, além de remeter à imagem daquele que anda sobre dois pés, também se relaciona com a condição de *cindido* ou ainda com a ideia de *esquecimento*, identificando o homem como *aquele que esquece*.

Essa dimensão dramática da condição humana não é, entretanto, uma concepção associada apenas à tradição grega. Entre os judeus, que constituíram o segundo grande pilar que sustenta o edifício cultural e moral do Ocidente, esse caráter dramático e trágico do humano também está presente, aparecendo em várias passagens da Bíblia — esse conjunto de narrativas que compilou e enfeixou boa parte da tradição viva do povo hebreu.

Um exemplo bastante emblemático dessa visão sobre o humano, por exemplo, aparece em um trecho do primeiro livro da Bíblia (Gn 11) conhecido como o episódio da Torre de Babel. Querendo construir uma torre "cujo ápice penetre os céus",[1] tomando de assalto, assim, a morada de Deus, os homens acabam provocando a ira divina. Para punir tamanha soberba, o Senhor decide confundir sua linguagem, "para que não mais se entendam uns aos outros", o que os faz se dispersar "por toda a face da terra e [assim] eles cessaram de construir a cidade" (Gn 11:8).

1 Gênesis 11:4. In: *Bíblia de Jerusalém*. 8ª ed. São Paulo: Paulus Editora, 2012.

Tal como no poema de Píndaro (e os exemplos poderiam ser multiplicados prodigamente, não só a partir de narrativas associadas à cultura ocidental, mas de praticamente todas as tradições conhecidas), a história bíblica remete à mesma ideia: o ser humano, criado à imagem e semelhança de Deus (Gn 1: 27), parece não se conformar com sua condição de criatura e, procurando ser *como deuses* (Gn 3:5), esquecendo-se e extrapolando a sua *justa medida*, lança-se em uma aventura sobre-humana, simbolizada na construção dessa torre *cujo ápice penetra os céus*. Analogamente ao relato helênico, tal *loucura* (*hybris*) não fica sem punição, e aqui, perdendo a capacidade de se entenderem entre si, de se comunicarem, os humanos dispersam-se, passando a viver quase como bestas, como bárbaros, *sobre toda a face da terra*.

Tomando como base as inúmeras narrativas das mais diversas tradições e filosofias da história, constata-se, portanto, que o drama essencial da condição humana parece estar no perder e encontrar sua *justa medida*; em saber o que efetivamente corresponde ao que é próprio do humano. Sem isso, o drama redunda necessariamente em tragédia; o homem perde a medida, adoece, estraga sua vida, se desumaniza.

Mas se no contexto da concepção tradicional e mítica essa desumanização poderia se dar apenas em dois sentidos — no da exacerbação pretensiosa da divinização e no da degradação aviltante da bestialização —, ao entrarmos na Modernidade acabamos por gerar ainda uma terceira possibilidade: a da mecanização. E assim, se não bastasse o drama de encontrarmos o que é próprio do humano na *justa medida* entre o divino e o animal, hoje nos vemos em uma situação ainda mais dramática, diante do desafio de *ser* humano em um jogo de forças que envolve a *hybris*, as paixões instintivas e a alienação, oriunda de um sistema que tende a reduzir o humano a uma peça do mecanismo voraz de produção e consumo. Nesse sentido, entende-se o porquê da urgência atual de recolocar o problema do que é próprio do humano. O drama atávico da nossa condição assume, nestes tempos de inteligência artificial e domínio hegemônico das novas tecnologias digitais, uma densidade e uma gravidade inauditas. Para além do risco de perder a medida do humano na pretensão de ser deus ou na desgraça de cair na animalidade, nos vemos, cotidianamente, na iminência de sermos metamorfoseados não em um inseto kafkaniano, mas em um autômato, em um componente de um sistema operado por algum "Grande Irmão", ou algo ainda mais abstrato; em um puro hardware, destinado a "rodar" algum software que nos seja imposto.

No alvorecer da Modernidade, o príncipe Hamlet, personagem icônico da tragédia homônima de William Shakespeare, imprecava: "Nosso tempo está desnorteado!"[2] Passados mais de quatrocentos anos, percebemos que o desnorteamento dos nossos tempos não apenas permanece como se agravou. No início desta segunda década do século XXI, constatamos, com espanto, que as projeções distópicas de um *Admirável mundo novo*, de Aldous Huxley, ou de um *Fahrenheit 451*, de Ray Bradbury, obras escritas ainda na primeira metade do século XX, que profetizavam uma humanidade esvaziada de densidade humana e, mais do que vivendo, operando, em um sentido absolutamente funcional e alienado, se realizam de modo real e concreto. E o resultado de todo esse processo de mecanização, automatização e virtualização da vida pode ser constatado de forma muito evidente: se, por um lado, tudo se tornou mais fácil, rápido, eficaz e confortável, por outro, tudo também se tornou mais impessoal, superficial, frio e triste. O saldo, como sabemos, não tem sido positivo. Todo o esvaziamento desumanizador que este mundo cada vez mais líquido e remoto nos impõe tem redundado em um incremento assustador de patologias psicossomáticas que caracterizam estes tempos tão desnorteados em que vivemos. Ansiedade, pânico, depressão, burnout e outras síndromes que muitas vezes evoluem para doenças que se manifestam para além do plano psicológico e afetam o orgânico são os sinais indicativos muito evidentes

2 SHAKESPEARE, William. *Hamlet*. Tradução Millôr Fernandes. Porto Alegre: L&PM, 1997, Ato I, Cena V.

de que estamos extrapolando a medida do humano; de que não estamos vivendo o que é próprio do humano.

Perguntar se apresenta como a renovação de um questionamento filosófico sempre atual, mas também como uma necessidade terapêutica existencial, na medida em que nos pode ajudar a resgatar a saúde da alma, hoje ameaçada por tantas forças desumanizadoras.

Uma vez esclarecidas a pertinência, a essencialidade e mesmo a urgência da pergunta que norteia a reflexão que o leitor encontrará neste livro, cabe agora apontar o caminho adequado para encontrar a sua resposta. E, aqui, uma série de considerações preliminares também se faz necessária.

Indiscutivelmente, vivemos em um tempo em que nunca se teve tanto conhecimento, do ponto de vista científico, sobre a realidade que nos cerca. No mesmo sentido, nunca, tampouco, houve um tempo em que tivemos tanta capacidade técnica de realizar, interferir nos fenômenos e na natureza em si, seja das coisas, seja do homem. Entretanto, como bem ponderava o filósofo e médico alemão Karl Jaspers, se, por um lado, nunca alcançamos um conhecimento tão vasto a respeito das coisas sobre o homem, por outro, nunca fomos tão ignorantes a respeito do humano.

Isso quer dizer: conhecemos, com um grau de precisão cada vez maior, as dinâmicas de funcionamento da existência humana, tanto no âmbito biológico quanto no psicológico e social. Porém, curiosamente, todo esse acúmulo de conhecimento não tem sido suficiente para nos fazer viver melhor, no sentido do *ser*, no sentido da felicidade — coisa que vai além do mero "bem-estar", ou da "qualidade de vida".

Tal constatação não deixa de ser profundamente frustrante para aqueles que tanto apostaram no poder da ciência e da tecnologia modernas. Como já apontava, de forma profética, ainda no alvorecer da crença racional científica, Fiódor Dostoiévski, nós, homens modernos, passamos a acreditar que a nossa ciência, ao explicar cientificamente o que é a vida, nos daria a chave da felicidade:

> Mas temos a ciência [argumentam os homens modernos na "narrativa fantástica" de Dostoiévski] e por meio dela encontraremos de novo a Verdade, mas dessa vez a usaremos conscientemente, o entendimento é superior ao sentimento, a consciência da vida — é superior à vida. A ciência nos dará sabedoria, a sabedoria revelará as leis, e o conhecimento das leis da felicidade é superior à felicidade.[3]

Hoje, sem nos decidirmos ainda se vivemos em uma era pós ou hipermoderna, parecemos estar divididos entre aqueles que continuam a acreditar que a "ciência nos dará a sabedoria" e que "o conhecimento das leis da felicidade é superior à felicidade" e aqueles que, sem duvidar da autoridade e da utilidade da ciência, percebem que o conhecimento dessas supostas "leis da felicidade" é incapaz de garantir a felicidade.

De minha parte, posso afirmar que, depois de mais de três décadas envolvido com o tema da formação humanística e da humanização no âmbito da educação, o *homem ridículo*, narrador e protagonista da narrativa de Dostoiévski tinha toda a razão quando afirmava que é "contra isso que é preciso lutar": contra a crença de que "a consciência da vida é superior à vida, o conhecimento das leis é superior à felicidade".[4]

Sem desqualificar nem deixar de reconhecer a validade do conhecimento científico, assim como sua necessidade para a resolução de inúmeros e importantes problemas do nosso tempo, não podemos, entretanto, deixar de ponderar sobre sua insuficiência e até sua incapacidade, não apenas para definir o que é próprio do humano, mas também para delinear o caminho de reconciliação com sua justa medida e, consequentemente, com uma vida mais saudável e feliz.

3 DOSTOIÉVSKI, Fiódor. In: ______. "O sonho do homem ridículo". *Duas narrativas fantásticas*. Tradução Vadim Nikitin. São Paulo: Editora 34, 2003, p. 118-9.
4 Ibidem, p. 123.

E isso não porque o conhecimento científico não revele coisas verdadeiras a respeito do humano, mas simplesmente porque aquilo que ele revela não tem suficiente poder afetivo e mobilizador. Ou seja, as verdades científicas se apresentam como verdades genéricas, objetivas, que operam no nível do cognitivo e que satisfazem a razão, mas não necessariamente envolvem os afetos e mobilizam a vontade. As verdades científicas são abstratas, não dizem respeito aos sujeitos ou indivíduos concretos, com histórias, dores e alegrias peculiares, mas a sujeitos genéricos, pertencentes a grupos e categorias quantificáveis e comparáveis. As verdades científicas, portanto, são *frias*, *descarnadas*, e por isso não repercutem diretamente nos sentidos, no sentimento; não são *convidativas*. O conhecimento teórico-científico não tem, por si só, validade ética. Poderíamos conhecer todas as "leis da felicidade", caso isso fosse possível, mas isso nunca nos faria verdadeiramente felizes. Assim, sem — mais uma vez — desqualificar toda a contribuição que as ciências podem e devem trazer para nos ajudar a compreender o que é próprio do humano, o caminho mais adequado e eficiente para atingir esse fim deve, necessariamente, ser outro.

Comentava logo acima que há três décadas venho me dedicando, como professor e pesquisador, ao tema da formação humana e da humanização, tanto no âmbito da educação superior em saúde quanto no mundo corporativo e em muitas outras realidades sociais. Nesta longa trajetória, acabei por fazer uma descoberta revolucionária, no sentido mais radical da palavra — pois revolucionar significa fundamentalmente transformar algo voltando às suas origens.

Procurando um meio de despertar meus alunos da Escola Paulista de Medicina para os temas humanísticos e assim mobilizá-los não apenas intelectualmente, mas também eticamente, no plano dos afetos e das atitudes, acabei descobrindo na leitura e discussão de obras literárias um recurso poderoso e eficaz. Depois de muito insistir, quase em vão, na proposição de conceitos advindos das ciências humanas e sociais, me surpreendi, de maneira inusitada, ao ver como as histórias, as narrativas contadas nos grandes livros, especialmente nos clássicos da literatura universal, tinham (e têm, sempre) uma incomparável força de envolvimento, de sedução, de mobilização e de transformação; uma força que nenhuma teoria científica ou filosófica é capaz de apresentar.

A experiência denominada Laboratório de Leitura hoje está fortemente consolidada e vem sendo aplicada com excelentes resultados nos mais diversos campos da educação e formação humana, tendo sido validada por dezenas de estudos científicos.[5] Mas o que a experiência e as pesquisas sobre o Laboratório de Leitura vêm revelando não destoam daquilo que os pedagogos do passado já sabiam: que o exemplo ensina mais e melhor do que o conceito, principalmente quando se trata daquilo que é próprio do humano.

Como já havia colocado em minha obra anterior, *A literatura como remédio*:[6]

> De acordo com Werner Jaeger, autor da monumental *Paideia: a formação do homem grego*,[7] "a história da educação grega coincide substancialmente com a da literatura". Assim, na história do povo que fundamentalmente plasmou a Civilização Ocidental, vemos como a literatura, em particular a poesia épica, apresenta-se como o elemento formativo por excelência, aquele que serve de base e referência para a edificação do homem virtuoso — o ideal e fim de toda educação helênica e, à larga, de todas as grandes civilizações que a sucederam, pelo menos no Mundo Ocidental.

---

5 Para uma compreensão mais ampla e detalhada da experiência do Laboratório de Leitura, sua história, fundamentação teórica, metodologia e efeitos no âmbito da humanização e da saúde como um todo, remeto ao meu livro *A literatura como remédio: os clássicos e a saúde da alma*. São Paulo: Martin Claret, 2017.

6 GALLIAN, Dante. *A literatura como remédio*, op. cit., p. 62-64.

7 JAEGER, Werner. *Paideia: a formação do homem grego*. Tradução A. Parreira. São Paulo: Martins Fontes, 2001, p. 19.

> Segundo Jaeger, é na Grécia Antiga que a educação se apresenta, pela primeira vez, como formação, "isto é, a modelação do homem integral de acordo com um tipo fixo".[8] Tipo fixo este que, por sua vez, não se identifica a princípio com uma ideia ou um conceito, mas sim com uma ou um conjunto de personagens que revelam sua maneira de pensar, falar e agir através de uma trama dramática de acontecimentos plasmados numa narrativa. Assim, no processo de "formação da personalidade" do nobre ou líder aristocrático de grande parte da história da civilização grega, os exemplos e referenciais de virtude são todos extraídos dos poemas homéricos, a *Ilíada* e a *Odisseia*. Era através da leitura, da recitação e da glosa destes poemas, da consideração, reflexão e da introjeção das histórias dos heróis ali contadas que boa parte da juventude helênica aprendia o que era o ser humano e o que era ser humano de verdade, isto é, ser virtuoso. Tratava-se, segundo Jaeger, do "efeito pedagógico do exemplo". [...] Tal papel formativo da literatura na Antiguidade, em especial da poesia de Homero [...], fundamentada no poder do exemplo, explica-se, segundo Jaeger, pelo fato dessa promover o encontro entre as dimensões estética e ética da experiência humana. Ao mobilizar, através de suas palavras e imagens, as forças estéticas da experiência humana, a poesia desperta (este é um dos significados da palavra grega *aesthesis*) e ativa a dimensão ética, moral, do ser humano, que, na visão antropológica antiga, habita dormente o coração do homem. Nesse sentido, aprendemos com os gregos, desde os tempos homéricos, que "a arte tem um poder ilimitado de conversão espiritual";[9] um extraordinário poder humanizador.

Essa perspectiva de formação humana por meio das narrativas não foi, entretanto, algo restrito à tradição grega. Também, na outra corrente de tradição que comporia o grande caudal da civilização ocidental, a judaico-cristã, foram as histórias dos textos sagrados que desempenharam essa função de formação pelo exemplo.

---

8 Ibidem, p. 45.

9 GALLIAN, Dante. *A literatura como remédio*, op. cit., p. 62.

> Assim, seja através das gestas dos heróis homéricos, seja através dos relatos históricos e poéticos dos livros judaicos, seja através das palavras e ações de Jesus Cristo e seus apóstolos, narrados pelos evangelistas, ou, melhor ainda, seja através da confluência de todas essas fontes e narrativas, foi-se dando o processo de formação humana no âmbito da cultura ocidental. E tudo isso em meio a inúmeras outras influências e contribuições oriundas das mais variadas origens e procedências que culminaram na configuração de uma profusão de histórias dos mais diferentes gêneros e estilos, compartilhadas nas mais diferentes idades, culturas, estamentos ou classes sociais.[10]

Foi apenas na Era Moderna, com o advento do racionalismo e da revolução científica que, paulatinamente, o modelo de formação fundamentado nas narrativas e na literatura foi sendo substituído pelo modelo científico-conceitual. E se esse modelo (como vimos há pouco), por um lado, possibilitou um inaudito avanço no conhecimento instrumental e no domínio do homem sobre a natureza, por outro, não foi capaz de garantir o mesmo progresso no que diz respeito à sabedoria, ou seja, no conhecimento daquilo que é próprio do humano em um sentido ético.

O resultado desse descompasso entre conhecimento e sabedoria, característico da Era Moderna, foi essa espécie de *esquizofrenia existencial* que vivenciamos nos nossos tempos desconcertantes, tão marcados por essa desumanização de caráter alienante, mecânico, automático.

Diante de tudo isso, constata-se, de maneira cada vez mais evidente, que o remédio mais eficaz para enfrentar essas patologias típicas da Modernidade, fruto desse correspondente processo de desumanização, é o resgate das narrativas; é o retorno aos clássicos; é a retomada da literatura como meio de formação ética, como caminho de encontro com aquilo que é próprio do humano.

10 Ibidem, p. 65.

Tal constatação é algo que vem sendo destacado nos estudos e escritos de dezenas de pensadores e pesquisadores como Henri Bergson, Michel Foucault, Antoine Compagnon, Milan Kundera, Tzvetan Todorov, Michèle Petit e outros,[11] mas que eu, a partir da experiência de quase vinte anos como coordenador e pesquisador do Laboratório de Leitura, vivenciando na prática o poder despertador, mobilizador e transformador das narrativas literárias em milhares de pessoas, das mais diversas idades, nível de formação e condição social, tenho podido ratificar.

Ao longo de todo esse tempo, pude perceber, nos outros e em mim mesmo, como a leitura e a discussão dos clássicos da literatura é um meio privilegiado de acessar o que é próprio do humano. Privilegiado não apenas porque essa experiência possibilita um conhecimento teórico, intelectual, sobre essas verdades, mas também porque, ao afetar as dimensões mais profundas do nosso ser, desperta em nós o desejo de ser melhor, de ser mais humano.

No fluxo de toda essa experiência lendo, relendo e refletindo sobre dezenas, senão centenas de obras, em sua maioria clássicos da literatura universal, foi possível perceber certas regularidades em relação aos temas, às questões essenciais relativas ao próprio do humano. Em suas inevitáveis peculiaridades, decorrentes das diferentes épocas, contextos, línguas e gêneros narrativos, as obras literárias acabam por trazer, quase que invariavelmente, um conjunto recorrente de temas referentes ao humano. Temas como amor, ódio, paixão, coragem, covardia, dor, morte, sofrimento, busca de sentido, tristeza, alegria, felicidade tendem a aparecer de modo sistemático em praticamente todas essas obras, abordados, entretanto, de maneira sempre nova, ainda que remetendo à mesma verdade. Tem-se a impressão de que, no fim, todas essas obras

11 Para uma visão mais ampla e aprofundada sobre essa discussão teórica da literatura enquanto meio de formação humana e ética, assim como meio de desalienação e humanização, remeto novamente o leitor ao meu *A literatura como remédio*, op. cit., especialmente o Capítulo 2, no qual apresento os argumentos dos autores mencionados acima.

estão como que conversando, falando todas do mesmo assunto em formas, línguas e estilos diferentes.

Intrigado com essa descoberta e instigado pelos meus alunos e participantes dos vários grupos de Laboratório de Leitura, comecei a considerar uma sistematização desses temas recorrentes e, ao mesmo tempo, a postular a possibilidade de um itinerário de questões essenciais do que seria próprio do humano, a partir das obras que vinha lendo e discutindo. Antes, porém, que eu começasse a pensar mais seriamente nos possíveis critérios de sistematização para se estabelecer um *itinerário do humano* a partir dos clássicos, ele mesmo acabou por se revelar, de forma inesperada, quase epifânica.

Estando a ler e discutir, já pela enésima vez, em um ciclo do Laboratório de Leitura, a *Odisseia* de Homero, percebi que o *itinerário* que buscava estava todo ali, de maneira completa e exemplar. Percebendo como cada tema levantado nas discussões do Laboratório remetia a outras grandes obras que já havíamos lido e discutido, de maneira mais evidente e intensa que na experiência com outras obras (a ponto de isso, que é uma experiência comum no LabLei, ter me chamado a atenção de forma especial nessa ocasião), comecei a elaborar, pela primeira vez, um temário, uma lista das questões essenciais da existência humana, que logo evoluiu para um verdadeiro *itinerário daquilo que é próprio do humano*; um *itinerário do autoconhecimento e da autorrealização.*

Intrigado, a princípio, com esse caráter modelar e "didático" da *Odisseia* em relação a todas as outras obras que já havia lido e relido, no que tange à apresentação dos temas essenciais referentes ao que é próprio do humano, comecei a ponderar que tal peculiaridade não podia mesmo ser acidental ou aleatória. Afinal, tratava-se, junto com a *Ilíada*, obra atribuída ao mesmo autor, Homero, não só de um dos livros mais antigos da civilização ocidental, mas também um dos mais importantes e inspiradores.

Segundo Frederico Lourenço, estudioso e tradutor de Homero para a língua portuguesa, "a *Odisseia* de Homero é, depois da Bíblia, o livro que mais influência exerceu ao longo dos tempos no imaginário ocidental".[12] Se levarmos em conta que o tema principal da Bíblia é Deus e a sua história de relação com os homens, ao focarmos essa temática essencialmente humana, o referencial principal passa a ser, indiscutivelmente, a obra homérica. No que tange, pois, ao homem, a *Odisseia* (muito mais inclusive do que a *Ilíada*)[13] aparece como narrativa arquetípica ou modelar na história da literatura universal. Tanto é assim que seu título, inicialmente restringente ao nome do protagonista da história, Odisseu (Ulisses na tradução latina), acabou por designar, no sentido lato, toda e qualquer aventura ou história épica que valha a pena ser contada. Odisseia passou, na grande tradição ocidental, a ser sinônimo de *história*, seja de um indivíduo, de um povo ou de uma nação. Assim, não é exagero afirmar que a *Odisseia* de Homero foi a mãe de todas as narrativas que se inventaram e se escreveram a respeito da trajetória humana individual na história da literatura universal, seja isso reconhecido ou não, seja isso consciente ou inconsciente por parte dos escritores e dos leitores.

Nesse sentido, não deveria nos surpreender que todos os temas e questões essenciais referentes ao humano desenvolvidos em praticamente todos os grandes livros da história da literatura universal estejam já presentes de forma seminal nessa obra, que é como a "gênese" de todos os livros. E assim, olhando nessa perspectiva, não é possível partir de um referencial mais oportuno para propor uma reflexão sistemática e completa sobre aquilo que é próprio do humano e sobre o itinerário de sua autorrealização.

---

12 LOURENÇO, F. "Prefácio". In: HOMERO. *Odisseia*. Tradução Frederico Lourenço. São Paulo: Penguin–Companhia das Letras, 2011, p. 95.

13 Isso porque, segundo Frederico Lourenço, a *Odisseia*, apesar de posterior em termos de redação, supera a *Ilíada*, não apenas no âmbito do "requinte narrativo", mas principalmente no que tange justamente à abordagem do humano. Na *Odisseia* há "um compadecimento mais emotivo pelos problemas humanos" e Ulisses é um "herói mais 'humano', mais próximo de nós que o colérico e sanguinário Aquiles, ou que o piedoso e cumpridor Eneias". LOURENÇO, F. "Prefácio", op. cit., p. 96.

Escrito, muito provavelmente, no século VIII a.C., a *Odisseia*, livro composto de 24 cantos e 12 mil versos, narra, essencialmente, a epopeia do retorno do grego Odisseu (Ulisses), rei de Ítaca, a sua casa, depois de uma ausência de vinte anos, em função da sua participação na famosa guerra de Troia, cuja história é contada na *Ilíada*, livro atribuído ao mesmo autor e que teria sido escrito pouco tempo antes.

Consideradas as obras literárias mais antigas da Grécia Antiga e de toda a civilização ocidental, as histórias narradas nesses livros seriam, entretanto, muito mais antigas, tendo sido transmitidas oralmente por gerações até serem imortalizadas por meio da escrita, quando esta começou a se consolidar no território grego. Dessa forma, seu suposto autor, Homero, mais do que o criador das obras, teria sido apenas o primeiro a transpô-las para o código escrito. Tal "transcrição", porém, não deve ser entendida como a simples passagem de um poema de um código oral para o escrito. A maneira absolutamente original com que o texto foi composto aponta Homero como um verdadeiro artífice da narrativa e da própria linguagem.

É certo que, ao longo dos séculos, muito se discutiu a respeito da real identidade de Homero, chegando-se a afirmar, inclusive, que ele nunca teria existido e que as duas obras-primas da literatura arcaica grega, fundamento de toda a cultura e educação nos séculos subsequentes, seriam resultado da contribuição de diversos autores que teriam deixado suas marcas no transcorrer de um largo período de tempo.

No escopo da presente obra, entretanto, importa pouco ou nada saber se Homero teria sido um personagem histórico que efetivamente compôs os versos da *Odisseia* ou se ele seria um personagem tão ficcional quanto o próprio Ulisses, inventado por algum ou alguns poetas ao longo do tempo para dotar sua obra de uma atmosfera mais autorizada ou mesmo sagrada. É importante advertir o leitor de que o objetivo deste livro não é promover um estudo crítico-acadêmico da obra do histórico ou ficcional Homero. Deixarei de lado (a não ser quando me pareça estritamente necessário, para efeitos de melhor compreensão e contextualização) as discussões eruditas, tanto históricas quanto literárias (linguísticas, hermenêuticas), para me ater essencialmente aos temas *humanísticos* que a obra pode revelar. Proponho aqui um mergulho na *Odisseia* na medida em que ela nos sirva como ponto de partida e, ao mesmo tempo, de itinerário para levantar e refletir sobre aquilo que é *próprio do humano*.

Este, portanto, não é, propriamente, um livro sobre a *Odisseia*, mas um livro sobre o que é *próprio do humano* que parte da *Odisseia*, como elemento de inspiração e norteamento para uma outra odisseia: a do conhecimento do humano, do autoconhecimento e da autorrealização.

Nesse sentido, advirto o leitor para o fato de que a leitura ou conhecimento prévio da obra de Homero *não* é um pré-requisito para a leitura deste livro. Pensada para ser uma obra voltada para o grande público, não especializado e mesmo pouco familiarizado com a literatura clássica, espero que a sua leitura possa, inclusive, se configurar em um convite, em um despertar do desejo de mergulho nessas obras (sejam as de Homero, sejam todas as outras que aparecerão aqui) tão deliciosas quanto potentes em termos de mobilização e humanização, que são os clássicos.

É possível que o leitor que já tenha lido a *Odisseia* e outros clássicos que aqui serão invocados sinta-se mais confiante ao adentrar as páginas que se seguem, e que inclusive possa tirar maior proveito de sua leitura. Quero garantir, entretanto, que a falta de familiaridade ou mesmo o desconhecimento completo dessas obras não será impedimento para uma compreensão suficientemente profunda dos temas que aqui levantarei e discutirei; temas estes tão eternos quanto contemporâneos, tão perenes quanto essenciais para os nossos tempos.

Comprometido fundamentalmente com o leitor *não iniciado* e até pouco afeito à literatura clássica, porém interessado em saber o que seria aquilo que é *próprio do humano* e qual o caminho para encontrá-lo e vivê-lo para o seu próprio bem, tomo o cuidado de eu mesmo conduzir o leitor pela história que serve aqui como pano de fundo e ponto de partida para o levantamento dos temas e sua discussão. Em suma, neste livro, enquanto autor, irei introduzi-lo e guiá-lo tanto na *Odisseia* de Homero quanto nas outras obras que nos ajudarão a trilhar a grande odisseia daquilo que é *próprio do humano*.

Assim, caro leitor e cara leitora, não se preocupe e não se deixe intimidar ao adentrar o universo tão denso quanto maravilhoso da literatura clássica. Estamos, de fato, diante de um desafio homérico. Porém, assim como o herói Ulisses se viu amparado por uma guia e protetora (já veremos) e conseguiu realizar e chegar ao bom término de sua *Odisseia*, tenho certeza de que, juntos, também conseguiremos realizar a nossa.

Antes, porém, de iniciar nossa odisseia em busca do próprio do humano, algumas últimas instruções preambulares.

A palavra *preâmbulo* remete ao verbo *ambular*, palavra de origem latina que significa andar à volta, passear, perambular, deambular.[14] E, se toda odisseia não deixa de ser uma espécie de deambulação, é recomendável que estejamos munidos de um plano ou itinerário, ainda que muito elementar, para não nos perdermos.

Mencionei logo atrás que, procurando um temário ou itinerário do que seria próprio do humano, acabei por encontrá-lo na *Odisseia* de Homero. Foi uma descoberta lenta e paulatina, fruto de muitas deambulações de leitura, releitura e reflexões, até que em certo momento eu o *vi*, nítida e distintamente.

Vi que, nos 12 mil versos da *Odisseia*, divididos em 24 cantos, encerram-se 12 lições essenciais sobre o que é próprio do humano; 12 lições que remetem a 12 princípios e que, por sua vez, remetem a 12 virtudes; virtudes que, se

---

14 Verbete "Ambular". In: FERREIRA, Aurélio Buarque de Holanda. *Novo dicionário Aurélio da língua portuguesa*. 5ª ed. São Paulo: Positivo, 2010.

incorporadas e praticadas, nos ajudam a ser melhores, a ser mais humanos, a ser mais felizes. Nosso itinerário, portanto, será o itinerário das lições; lições que vão emergindo na medida em que avançamos no itinerário da *Odisseia*, mas que não obedecem necessariamente à linha da narrativa homérica.

Assim, como não há uma correspondência direta entre os 12 mil versos em 24 cantos e as 12 lições, seguiremos um roteiro que não se prenderá ao desenvolvimento linear da história de Ulisses. Em nosso itinerário do que é próprio do humano, deambularemos pelo texto de Homero, tomando o cuidado de contextualizar e explicar o(s) trecho(s) ou episódio(s) que melhor evoca(m) cada uma das 12 lições, lembrando sempre que o leitor, a princípio, não conhece a história da *Odisseia*.

Certamente, ao longo deste livro, o leitor não só será iniciado na narrativa homérica como poderá compor, ao final da leitura, um panorama relativamente completo dela. Entretanto, da mesma forma que este livro não se constitui como um estudo crítico sobre a *Odisseia*, tampouco está no âmbito dos seus objetivos apresentar um resumo sistemático e completo da sua história. Em suma, a leitura da presente obra, apesar de dispensar a leitura prévia da *Odisseia*, não substitui, de maneira alguma, sua leitura, a qual recomendo vivamente.

É importante frisar, por outro lado, que, ainda que nosso itinerário *parta* da narrativa homérica, ele não pretende estar preso ou limitado a ela. As 12 lições sobre o que é próprio do humano eu as descobri lendo a *Odisseia*, porém logo percebi que elas estão presentes, de modos diversos e peculiares, em muitas, senão em quase todas as obras clássicas da literatura universal (extrapolando também, sem dúvida, para outras formas de narrativa, como as artes plásticas, o teatro, o cinema...). Assim, sempre que possível, procurarei ampliar a reflexão sobre as lições do próprio do humano trazendo outras obras, não só para melhor demonstrar minha "descoberta" como para, principalmente, aprofundar e tirar o máximo de aprendizado possível de cada uma das 12 lições. Ao longo, portanto, dessa odisseia em busca do que é próprio do humano, o leitor será levado a deambular por dezenas de outras narrativas, o que faz deste livro um convite de leitura não apenas para o primeiro dos clássicos, mas para muitos, para todos os outros.

Vinte e quatro são os cantos da *Odisseia*, que abrigam os 12 mil versos que narram a imortal história da volta daquele que tanto vagueou depois da destruição de Troia. Doze são as lições que visitaremos ao longo dos próximos 12 capítulos deste livro. Doze são os meses de um ano, que correspondem, por sua vez, aos signos do zodíaco, ao número das tribos de Israel e dos apóstolos de Jesus... Serão muitas as correspondências e surpresas que o leitor descobrirá nesta deambulação literária que vamos juntos percorrer.

Por fim, antes de iniciarmos nossa odisseia, cabe ainda uma última advertência preambular.

Desde o momento em que concebi a ideia de escrever este livro e, principalmente, de intitulá-lo da forma como o intitulei, confesso que temi ser mal interpretado. Nos tempos que correm, como propor-se a escrever sobre autoconhecimento e autorrealização (ainda que amparado nos clássicos da literatura) sem correr o risco de ser considerado autor de autoajuda, no sentido mais superficial e ingênuo que essa classificação possa ter?

Sem entrar no mérito do valor desse gênero de literatura — que, aliás, como tudo aquilo que recebe uma classificação genérica, acaba sendo injustiçado —, cabe ponderar que, atualmente, muitos livros que tratam dessas temáticas e que as trazem em seus títulos ou subtítulos tendem a apresentar visões muito rasas e simplificadas do humano, fundamentadas em concepções antropológicas falhas ou claramente equivocadas. E, assim, como consequência dessa carência ou fraqueza teórica, acabam propondo soluções extremamente ingênuas e simplórias que talvez atraiam em um primeiro momento, mas que logo se mostram ineficazes e inócuas.

Explorar aquilo que é próprio do humano a partir dos grandes clássicos da literatura nos leva, inevitavelmente, ao complexo, ao profundo, ao contraditório e, principalmente, ao trágico — o que não quer dizer que para falar dessa experiência precisemos usar de uma linguagem complexa, difícil e hermética; muito pelo contrário. A leitura atenta e comprometida dos clássicos nos leva a perder a inocência e a ingenuidade em relação a tudo que é próprio do humano. Por outro lado, entretanto, esse caminho, que a princípio pode parecer árido e difícil, acaba por se mostrar muito mais efetivo e eficaz. É o que espero que você, cara leitora e caro leitor, descubra ao terminar de ler este livro.

Mas deixemos agora de preambular e passemos à jornada. Convido-os agora a embarcar nesta odisseia.

PRIMEIRA LIÇÃO:

É próprio do humano ter de sair

> Fala-me, Musa, do homem astuto que tanto vagueou,
> Depois que de Troia destruiu a cidadela sagrada.
> Muitos foram os povos cujas cidades observou,
> Cujos espíritos conheceu; e foram muitos no mar
> os sofrimentos que passou para salvar a vida,
> para conseguir o retorno dos companheiros a suas casas (I, 1-4).[1]

Como um hábil desenhista, que, com pouquíssimos traços de tinta negra em uma folha branca, consegue caracterizar vivamente uma paisagem ou uma situação, assim o mais celebrado poeta da história, ao iniciar uma das mais clássicas narrativas da humanidade, caracteriza o mais icônico dos heróis de todos os tempos: homem astuto, que muito vagueou, que muitos povos e cidades observou e muitos espíritos conheceu. Pouquíssimas palavras, que dizem, porém, essencialmente tudo. Ulisses, o astuto; o errante navegante, que, depois de haver cumprido com sucesso seu dever de soldado, ajudando seus compatriotas a destruir a "cidadela sagrada" de Troia, ao tentar voltar para casa, se vê envolvido em múltiplos impedimentos e dificuldades que o fazem errar e vaguear por mares e terras estrangeiras por longos dez anos — uma viagem que, cabe notar, normalmente dura-

1 HOMERO. *Odisseia*. Tradução Frederico Lourenço. São Paulo: Penguin-Companhia das Letras, 2011.

ria não mais que poucas semanas... Entretanto, justamente aquilo que a princípio apresenta-se como uma excepcionalidade totalmente inesperada e, principalmente, não desejada acaba por se constituir na realidade que forja nosso herói; aquilo que *faz dele o que ele tinha de ser*. Ulisses de Ítaca, protótipo e arquétipo da *humanidade realizada*, do *próprio do humano*, só se tornou *aquilo que deveria ser* (só se tornou o astuto e errante Ulisses) porque teve de sair de sua casa e, ao ir e tentar voltar, foi obrigado a muito vaguear, ver, conhecer e sofrer.

Para *ser* é preciso *existir*, palavra que deriva do vocábulo latino *existire*, que, por sua vez, resulta da junção de duas palavras: *ex* e *sistere*. *Ex* é uma preposição que significa "a partir de", "trazer algo para fora" ou "sair" (daí, por exemplo, a palavra inglesa *exit*). Já o verbo *sistere* remete à ideia de ficar em pé, ereto, firme. Assim, etimologicamente, *existir* pode ser compreendido como "sair para ficar em pé, firme". Assim, se para *ser* é preciso *existir*, para *existir* é preciso *sair*.

Todo nascimento é uma saída. Biologicamente, um ser humano nasce quando sai do útero materno e todo o processo de desenvolvimento de órgãos, tecidos, sistemas, opera-se em um contínuo movimento exógeno, de crescimento, de desdobramento, para fora.[2] Da mesma forma, a alma, a psique humana, apresenta o mesmo padrão: inquieta desde sua irrupção no mundo, ela demanda amplitude de espaço, de vivências, de conhecimentos. Assim, viver, existir está intrinsecamente relacionado com o sair, expandir, desdobrar, errar. O tornar-se humano exige, portanto, essencialmente o movimento de saída, de ampliação. Tornar-se humano é sair, experimentar, "ampliar a esfera da presença do ser", como dizia Montesquieu.[3]

---

2 Ver SOUZENELLE, Annick de. *O simbolismo do corpo humano: da árvore da vida ao esquema corporal*. São Paulo: Pensamento, 1984.

3 MONTESQUIEU, Charles-Luis de Secondat. *O gosto*. Tradução Teixeira Coelho. São Paulo: Iluminuras, 2005.

Triste de quem vive em casa,
Contente com seu lar,
Sem que um sonho, no erguer de asa,
Faça até mais rubra a brasa
Da lareira a abandonar!

Triste de quem é feliz!
Vive porque a vida dura.
Nada na alma lhe diz
Mais do que a lição da raiz —
Ter por vida a sepultura.[4]

"Ser descontente é ser homem", prossegue Fernando Pessoa em seu poema, que exprime tão assertivamente esta verdade antropológica de que para *ser* é preciso *sair*. "Que as forças cegas se domem/ Pela visão que a alma tem!" A alma, essa força indomável que dá movimento ao ser, não se concilia com o sossego, com a quietude confortável da doméstica lareira. Ela demanda vida, e vida é saída, sonho, aventura, conhecimento. É essa saída, e apenas ela, que dá valor à vida; que faz a vida valer a pena.

"Valeu a pena?", pergunta o poeta português em outro poema da mesma *Mensagem*.[5] E ele mesmo responde, com uma das estrofes mais evocativas da nossa língua materna: "Tudo vale a pena/ Se a alma não é pequena."

Assim como a contristação de um organismo em crescimento pode levá-lo à morte (imagine um feto que se recusasse a sair do útero materno), o encerramento ou a limitação da alma também acaba por comprometer sua vitalidade, sua saúde. A alma quer sair, necessita de espaço, e tudo que tolhe seu crescimento a empequenece; e uma alma pequena é uma alma doente. Para uma alma pequena nada vale a pena. A pusilanimidade

---

4 PESSOA, Fernando. "O quinto império". In: ______. *Mensagem*. 13ª ed. Lisboa: Ática Poesia, 1979, p. 76.
5 Ibidem, p. 64.

(do latim, *pusil* = pequeno; *anima* = alma) é, portanto, a fonte de todas as falências da realização humana. Manifestada ora como medo, ora como preguiça, ora como puro comodismo, essa atitude vital está na raiz de todas as grandes frustrações existenciais, assim como é causa primeira de todas as doenças da alma, como o pânico, a ansiedade, a depressão.

É próprio do humano ter de sair, porém nem sempre *queremos* sair. Aliás, o mais comum é o ser humano mostrar, pelo menos a princípio, certa resistência ou até uma peremptória recusa ao movimento de saída. Por isso, toda autêntica *saída* não deixa de ser um parto.

Em *O conto da ilha desconhecida*,[6] narrativa tão singela quanto profundamente lírica e simbólica do Nobel lusitano José Saramago, o protagonista é um homem que queria um barco para sair em busca da ilha desconhecida. Convencido de que apenas *saindo de si é possível chegar a saber quem se é*, o homem que queria o barco deseja ir em busca da ilha desconhecida para *saber quem ele será quando lá estiver*. Depois de haver conquistado, à custa de muita perseverança e coragem, o barco que lhe possibilitaria sair em busca da sua ilha desconhecida, o homem se depara com uma dificuldade quase intransponível: o malogro em arregimentar uma tripulação para o barco.

Voltando sozinho e cabisbaixo para o barco, onde o aguarda a mulher da limpeza (que havia, inspirada pela atitude corajosa e decidida dele, saído pela *porta das decisões* do palácio do rei, onde o homem tinha ido pedir o barco), o homem, ao ser interpelado por ela sobre os marinheiros, responde: "Não veio nenhum, como podes ver..."

> Mas deixaste-os apalavrados, ao menos, tornou ela a perguntar, Disseram-me que já não há ilhas desconhecidas, e que, mesmo que as houvesse, não iriam eles tirar-se do sossego dos seus lares e da boa vida dos barcos de carreira para se meterem em aventuras oceânicas, à procura de um

6 SARAMAGO, José. *O conto da ilha desconhecida*. São Paulo: Companhia das Letras, 1998.

impossível, como se ainda estivéssemos no tempo do mar tenebroso. E tu, que lhes respondeste, Que o mar é sempre tenebroso.[7]

Desiludido e frustrado, o homem, que já tem o barco, cogita devolvê-lo, e o teria feito na manhã seguinte não fosse a inspirada e inspiradora mulher da limpeza, que o dissuade: "Se não encontrares marinheiros que queiram vir, cá nos arranjaremos os dois." O homem, entretanto, replica: "Estás doida, duas pessoas sozinhas não seriam capazes de governar um barco destes, eu teria de estar sempre no leme, e tu, nem vale a pena estar a explicar-te, é uma loucura..." Ao que a mulher responde: "Depois veremos, agora vamos mas é comer."

No fim, a atitude confiante e pragmática da mulher leva o homem a reconsiderar as coisas e a fazer uma descoberta surpreendente que, propositalmente, evitarei revelar aqui, pois o que interessa nesta altura (e justifica a evocação desse inspirador conto neste momento da nossa narrativa) é nos determos na questão da *saída*, mais especificamente no porquê da sua necessidade e no porquê da sua dificuldade.

Em relação à necessidade, creio que ninguém poderia ser mais claro e assertivo do que o homem que queria o barco de Saramago: "Se não sais de ti, não chegas a saber quem és."[8] Para existir plenamente, para se autorrealizar, é preciso se autoconhecer; mas para se autoconhecer é preciso *sair*; sair de onde se está e sair de si mesmo.

Em relação à dificuldade, *O conto da ilha desconhecida* permite identificar de forma emblemática os possíveis motivos que se contrapõem ao impulso ou desejo de sair: o comodismo, o apego à rotina confortável e o medo, como se vislumbra nos argumentos dos marinheiros que se recusam a acompanhar o homem em sua busca pela ilha desconhecida, ciosos

---

7 SARAMAGO, José. *O conto da ilha desconhecida*, op. cit., p. 39. Talvez o leitor estranhe a pontuação do trecho reproduzido acima, mas essa é uma característica muito própria de Saramago.

8 Ibidem, p. 40.

do sossego dos seus lares e da segurança das rotas definidas dos barcos de carreira em face do mar tenebroso; ou o desânimo, representado pelo homem do barco, frustrado pela aparente impossibilidade de saída em função da ausência de meios (nesse caso, de tripulação).

Para seguir em frente, entretanto, na compreensão desta primeira lição do que é próprio do humano, faz-se necessário deixar por um momento o homem do barco e a mulher da limpeza, para voltarmos ao nosso herói e guia principal: Ulisses.

Como sabemos, a *Odisseia* narra justamente o regresso do rei de Ítaca, mas para que haja regresso é preciso que tenha havido uma ida; para um retorno pressupõe-se uma saída. É curioso, entretanto, que em nenhum dos dois livros da epopeia homérica haja referência explícita à saída de Ulisses. Na *Ilíada*, obra em que são narrados os principais acontecimentos da Guerra de Troia, mormente os sucessos decisivos, Ulisses aparece como um dos personagens mais importantes, inclusive sendo o idealizador do estratagema do cavalo de madeira, armadilha astuta que determinou a vitória dos gregos, tão incerta depois de dez anos de cerco e batalhas ineficazes. Entretanto, nem aqui, onde se poderia esperar naturalmente a narrativa de sua convocação e consequente despedida de casa, há qualquer menção a tais fatos. É apenas nas narrativas não homéricas do ciclo de poemas épicos greco-latinos sobre a Guerra de Troia, especialmente nos *Poemas cíprios*,[9] atribuídos por Heródoto a Estasino de Chipre,[10] que o episódio sobre a saída de Ulisses é narrado.

Nessa versão, depois reproduzida com variações em outros poemas e narrativas, como as *Fábulas* de Higino,[11] Ulisses, ao saber da chegada

---

9 RIBEIRO JR., W. A. Estasino / Cantos cíprios. *Portal Graecia Antiqua*. São Carlos. Disponível em: <greciantiga.org/arquivo.asp?num=0749>. Acesso em: 21 out. 2020.

10 Ver FERREIRA, L. de N. "De Amorins a Esparta: o tema de Ulisses em Helia Correia". In: ______. *Humanitas*, v. LIV, 2002, p. 413, nota 25.

11 HIGINO, *Fábulas mitológicas*. Tradução Francisco M. del Rincón Sánchez. Madri: Alianza Editorial, 2009, Fábula V.

de Palamedes, emissário dos reis gregos (principalmente Agamémnon e Menelau), que convocam todos os chefes para a guerra contra os troianos, se finge de louco, atrelando um cavalo e um boi ao arado e saindo a semear sal pelos campos. Casado há pouco com Penélope e pai do recém-nascido Telêmaco, Ulisses, havendo herdado o comando e os bens deixados por Laertes, seu velho pai, que se retirou da vida pública para passar os últimos anos no sossego da sua propriedade rural, tem todos os motivos para não querer partir, ainda mais para uma aventura tão incerta e arriscada como uma guerra contra os poderosos troianos.

Segundo nos contam o poema cipriota e a fábula XCV de Higino, Palamedes, percebendo a astúcia de Ulisses, toma Telêmaco dos braços da mãe e ameaça colocá-lo defronte do desmazelado arado forjado por Ulisses. Este, desesperado, abandona a farsa e corre para salvar o pequeno e indefeso filho, sendo assim desmascarado.

Mais do que surpreendente, chega a ser desconcertante que o divino e astucioso Ulisses, o de "mil ardis", aquele que muito vagueou e que, com coragem e ousadia, destruiu a "cidadela dos troianos", tenha resistido dessa forma à saída, ao convite à aventura e à guerra! Não teria sido por isso (perguntaram-se inúmeros comentaristas ao longo dos séculos), por acreditar que tal episódio poderia obscurecer o heroísmo do grande ídolo e modelo de virtude da tradição helênica, que Homero o omitiu?

A leitura atenta e desidealizada da obra homérica, entretanto, é suficiente para descartar essa hipótese. São muitas as passagens, principalmente na *Odisseia*, em que o herói demonstra hesitações, dúvidas, fraquezas, que, antes do que obscurecer seu heroísmo, mais o aproximam do humano e, por isso mesmo, fazem dele um modelo muito mais real e, portanto, realizável de virtude. Como veremos em muitas outras oportunidades ao longo deste nosso livro, é justamente por causa das suas fraquezas e contradições que Ulisses se apresenta como um modelo e guia imortal e sempre atual do que é próprio do humano.

Assim, mesmo desconhecendo os motivos da ausência do episódio da "loucura de Ulisses" dos poemas homéricos (o mais provável é que tenha sido uma criação espúria e posterior, sem deixar, entretanto, de ser razoável e coerente com a caracterização que do herói faz Homero), faz sentido resgatá-lo aqui, ao tratarmos do tema da saída enquanto fundamento daquilo que é próprio do humano.

Ulisses, mais do que *querer*, *teve* de sair. Ulisses, o herói que encarna de modo emblemático o sentido da aventura, da viagem e, principalmente, a ideia de que só é possível autoconhecer-se e autorrealizar-se saindo, partindo e errando, começa sua história recusando-se a sair. Curioso... Poder-se-ia alegar, porém, que os motivos que o levaram a evitar a saída sejam altamente justificáveis: a paternidade recente, a responsabilidade perante a família, perante o reino... Certamente, as motivações de Ulisses são muito mais nobres e justas do que aquelas apresentadas, por exemplo, pelos marinheiros que se recusaram a embarcar com o homem do barco em busca da ilha desconhecida de Saramago. O que se pode concluir, entretanto, é que, seja por motivos nobres ou vis, justificáveis ou injustificáveis, a *saída*, experiência primária e fundamental de todo processo de humanização, de autoconhecimento e autorrealização, é sempre algo a que se resiste, pelo menos em um primeiro momento. E é lógico que assim seja, afinal a *saída* aparece sempre como algo que se impõe. Imposição que pode provir de origens externas, como um convite (como no caso dos marinheiros), uma convocação (como no caso de Ulisses) ou uma força da natureza (como no caso de um parto); mas que também pode provir de origens internas, como numa interpelação, revelação ou necessidade premente que misteriosamente brota no coração e obriga o ser a sair, gostando ou não, como no caso do homem que não apenas queria, mas precisava sair em busca da ilha desconhecida.

O tema do convite ou da convocação à saída associada à realização do ser, e a respectiva resistência a ela, talvez seja um dos mais frequentes e importantes em toda a história da literatura universal (e não é à toa, portanto, que ele aparece justamente como a primeira lição do que é próprio do humano).

Na Bíblia, por exemplo, esse tema pode ser encontrado em quase todos os livros e histórias do Antigo Testamento. No primeiro livro, denominado Gênesis, na abertura do Capítulo 12, Iahweh (Deus) diz assim a Abrão (aquele com quem Deus firmaria a primeira aliança): "Sai da tua terra, da tua parentela e da casa de teu pai, para a terra que te mostrarei. Eu farei de ti um grande povo, eu te abençoarei, engrandecerei teu nome; sê uma bênção!" (Gn 12:1-2). Abrão obedece e por isso é abençoado com um novo nome (Abraão, que quer dizer pai de muitas nações) e com uma descendência, maior símbolo de honra, felicidade e autorrealização a que um homem poderia almejar naquele contexto.

Poucos capítulos adiante (Gn 37-50), um descendente de Abraão, José, neto de Isaac, filho de Jacó, mais do que convocado, se vê forçado a *sair* da sua terra e da sua parentela, uma vez que seus irmãos, invejosos de seus dons visionários que angariam a simpatia do pai, vendem-no como mercadoria a uns beduínos, que o levam para o Egito. E ali, no meio de circunstâncias adversas e desafiadoras, utilizando-se de seus dons e habilidades, José se torna um homem importante e realizado, ministro do próprio Faraó, capaz de mais adiante não apenas perdoar os irmãos como ainda garantir a sobrevivência e a perpetuação de todo o seu povo, ao acolhê-los como exilados devido à seca e à fome que assolava sua terra natal.

No livro seguinte, Êxodo, que narra justamente a *saída* e o retorno do povo de Israel do Egito para sua terra prometida, encontramos Moisés, que, tal como seu antepassado Abraão, também é interpelado por Deus, a fim de conduzir seu povo de volta para a terra da Palestina, libertando-o da escravidão à qual foi submetido no Egito. Nesse caso, porém, Moisés hesita e replica a Iahweh: "Quem sou eu para ir a Faraó e fazer sair do Egito os israelitas?" (Êx 3:11). E em seguida enumera uma série de limitações e incapacidades que o impossibilitariam de realizar a missão encomendada por Iahweh. Este, porém, não se faz de rogado e, para cada um dos argumentos apresentados por Moisés, apresenta um contrário, irrefutável. E assim, o cético ["não acreditarão em mim, nem ouvirão minha voz" (Êx 4:1)], tímido e gago ["Perdão, meu Senhor, eu não sou um homem de falar, nem de ontem nem de anteontem, nem depois que falaste a teu servo; pois tenho a boca pesada e pesada a língua." (Êx 4:16)], como o "louco" Ulisses, não tem como escapar de sua vocação e acaba por *sair*, por ir e realizar seu destino. E é indo, saindo e cumprindo seu desígnio que Moisés, assim como Abraão, José e Ulisses, autorrealiza-se e deixa seu legado; um legado que merecerá ser lembrado e narrado como testemunho, exemplo e inspiração para os que virão depois.

Saltando radicalmente no tempo e no espaço, com uma licença que só mesmo a imaginação literária nos permite fazer, vamos reencontrar o mesmo tema da *saída* como pressuposto do autoconhecimento e da autorrealização numa das mais fantásticas fantasias da literatura contemporânea: *O Senhor dos Anéis*, de J.R.R. Tolkien.[12]

Nessa narrativa, inspirada não apenas nas antigas crônicas das mitologias nórdicas e anglo-saxãs, mas nas verdades mais arquetípicas da experiência humana, um personagem absolutamente intranscendente, desimportante e aparentemente desprezível, o jovem Frodo Bolseiro, hobbit (raça aparentada dos homens, mas de estatura mais baixa como os anões; amantes da paz, da tranquilidade bucólica e da boa mesa) do Condado, região quase esquecida da vasta Terra Média (lugar mítico habitado por homens, magos, elfos, anões e muitas outras criaturas), se vê, inopinadamente, envolvido de forma crucial em um drama de proporções cósmicas. Por ironia do destino, o Um Anel, aquele que foi forjado para a todos dominar, encontra-se em suas mãos. E, então, o provinciano e acomodado hobbit se vê forçado a *sair* e a fazer uma longa e perigosa viagem, a fim

---

12 TOLKIEN, J. R. R. *O Senhor dos Anéis*. São Paulo: Martins Fontes, 2002, 3 vols.

de, enfrentando forças terríveis e poderosas, lançar o Um Anel na cratera da Montanha Solitária, no desolado Reino de Mordor, único lugar onde ele pode ser totalmente destruído. Hesitante e contrariado a princípio, tal como Moisés e Ulisses, Frodo, instruído pelo mago Gandalf e ajudado pelo fidelíssimo amigo Sam, parte em uma aventura na qual, conhecendo e experimentando o medo, o pânico, a dor, a tristeza e a amargura, mas também o apoio, a fraternidade e a coragem, vai realizando uma fantástica trajetória de conhecimento, autoconhecimento e autorrealização. No fim, ao retornar para o Condado, após ter feito tudo o que tinha de fazer, o prosaico e tímido hobbit encontra-se transformado, amadurecido, digno de ser integrado à comunidade dos elfos imortais, e sua história digna de ser imortalizada nos anais da Terra Média, a fim de que sirva de testemunho e exemplo para as gerações vindouras e inspire não só os hobbits, mas todas as criaturas e homens das eras que se seguirão.

Exemplos variados de narrativas tão distantes no tempo e no gênero, porém tão próximas na mensagem: heróis fracos, hesitantes, inseguros, que, convidados ou impelidos a *sair*, passam por muitas dores e sofrimentos, angústias e alegrias até alcançar suas metas. Não caberia formular para eles a instigante pergunta de Pessoa: Valeu a pena? Creio que, levando em conta a amplitude de alma que todos acabaram por adquirir como resultado da partida e do regresso, não fica difícil ouvir-lhes a resposta.

Para completar a reflexão sobre essa primeira lição sobre o que é próprio do humano, entretanto, resta-nos ainda voltar à nossa narrativa principal, aquela que nos inspira e serve de fundamento e norte em nosso itinerário.

Já dissemos que a *Odisseia* é, antes de tudo, uma narrativa sobre o regresso, mais do que sobre a saída. Entretanto, curiosamente, é importante destacar que Homero não poderia deixar de contemplar um tema tão essencial como esse. E, se o seu objetivo principal foi contar o retorno de Ulisses, ele, genialmente, sem contradizer ou artificializar o tema central, cria um recurso narrativo muito especial para trazer, logo nos primeiros cantos, o tema da *saída*, da partida. Tal recurso ficou conhecido como a "Telemaquia": a história da saída de Telêmaco, em paralelo à narrativa do regresso de Ulisses.

Telêmaco, como já sabemos, é o filho único de Ulisses e Penélope, nascido pouco antes de aquele ser chamado a se incorporar ao exército helênico que irá para Troia a fim de vingar o rapto de Helena, esposa do espartano Menelau.

O herdeiro de Ulisses cresce sem conhecer o pai. Dez anos depois da partida, havendo terminado a guerra, com a fragorosa vitória dos gregos, alcançada, aliás, como vimos, pela engenhosa e astuta intervenção do rei de Ítaca, todos os grandes líderes que sobreviveram regressam aos seus lares, acompanhados de seus fiéis guerreiros. Ulisses, entretanto, por haver despertado a ira do deus Posêidon (já veremos o porquê), tem seu regresso prejudicado e fica outros dez anos retido, vagueando por mares e ilhas distantes, envolto em múltiplas dificuldades e aventuras. Quando o narrador que invoca a Musa no primeiro verso da *Odisseia* começa a contar a história, vinte anos se passaram desde a partida de Ulisses. Telêmaco, pois, conta uma idade próxima dos 20 anos, sendo que nos últimos dez viveu na angustiante expectativa de um regresso cada vez mais impossível, a julgar pelo que já se sabe em relação aos outros reis e chefes gregos, há muito reinstalados no conforto de seus lares, no convívio de seus familiares.

O dilatado do tempo, absolutamente inusual mesmo para aqueles contextos, associado à absoluta falta de notícias, aponta, inevitavelmente, para o desaparecimento definitivo do saudoso Ulisses. Nesse ínterim, principalmente a partir dos dois ou três últimos anos antes do início dos sucessos narrados na *Odisseia*, começam a se apresentar junto ao palácio de Ítaca dezenas de pretendentes a requestar a mão da belíssima e cobiçada rainha Penélope, que, segundo o costume helênico, pode já ser considerada viúva.

A movimentação, que, em um primeiro momento, poderia ser interpretada como legítima, rapidamente, entretanto, descamba para uma situação escandalosa, que repercute entre os homens e os deuses. Diante da hesitação de Penélope, ou melhor, da sua não aceitação daquilo que já é dado como fato consumado por todos, qual seja, a morte ou a impossibilidade do regresso de Ulisses, o período de corte dos pretendentes vai se estendendo além do usual. Alimentando, contra todas as evidências, a esperança da volta do amado esposo, Penélope, a fim de postergar a tomada de decisão em relação às suas segundas núpcias, arma uma teia astuciosa: justificando a necessidade de tecer uma mortalha para o seu velho sogro, Laertes, agora viúvo e supostamente privado do amparo do seu único filho, ela condiciona sua decisão ao término do piedoso trabalho. Entretanto, destecendo secretamente à noite o que publicamente tece de dia, Penélope vai procrastinando a esperada escolha.

Enquanto isso, o justificado ritual de corte realizado pelos pretendentes, que consiste na visita diária à dama cortejada, a qual, por sua vez, deve, obrigatoriamente, proporcionar acolhimento, ofertando comida, bebida e distração em quantidade e qualidade à altura da sua nobre condição, vai, com o tempo, perdendo sua justa medida e acaba por se constituir em um verdadeiro descalabro. Os mais de cem pretendentes, extrapolando qualquer dimensão de bom senso, empanturram-se e embebedam-se à custa da fazenda e dos bens de Ulisses e, consequentemente, da herança do jovem Telêmaco.

Tal injustiça, calada e covardemente consentida em uma Ítaca acéfala, revolve, entretanto, as entranhas da deusa Atena, filha de Zeus, intercessora do desventurado Ulisses, que a tudo isso assiste desde o Olimpo, morada dos imortais. E, em um conselho convocado pelo deus dos deuses, a fim de deliberar sobre as injustas atitudes humanas que necessitam ser punidas e consertadas, a "deusa de olhos esverdeados", Atena, aproveita a oportunidade para atualizá-lo sobre a condição do "desgraçado" Ulisses, "que longe dos amigos se atormenta em uma ilha rodeada de ondas no umbigo do mar" (I, 49-50).

Além de apontar o fato de ser ele o único dos grandes chefes gregos a ainda não haver retornado à casa (sem o merecer, já que Ulisses sempre se mostrou piedoso e temente aos deuses), Atena destaca a situação escandalosa que se instaurou em

Ítaca em função da sua prolongada ausência, situação esta que compromete a fama dos deuses imortais, promotores da ordem e da justiça entre os mortais.

Espantado e preocupado diante dos argumentos apresentados pela filha, Zeus não apenas autoriza que o deus Hermes (mensageiro dos deuses) desça até a ilha de Ogígia, onde Ulisses se encontra retido pela ninfa Calipso, e que ordene a esta a imediata libertação do herói, como também concorda que a própria Atena se encarregue de auxiliar o jovem Telêmaco a preparar o retorno do pai, e assim contribuir para o restabelecimento da ordem em sua casa e a consequente punição aos atrevidos pretendentes.

Então, devidamente autorizada, Atena, assumindo a aparência de um mortal (recurso muito usual a esta que é a mais astuta entre os deuses), Mentor, "filho do fogoso Anquíalo, soberano dos Táfios" (I, 105),[13] dirige-se ao palácio do ausente Ulisses, deparando-se com um deplorável espetáculo:

> Encontrou de imediato os arrogantes pretendentes
> que nesse momento se deleitavam com o jogo dos dados,
> sentados em peles de bois que eles mesmos haviam morto.
> Para eles em grandes taças escudeiros e criados
> água com vinho misturavam; outros lavavam
> as mesas com esponjas porosas; e outros ainda
> carnes em grande abundância serviam (I, 106-112).

Logo, a deusa metamorfoseada em ancião avista, "sentado entre os pretendentes com tristeza no coração", o jovem Telêmaco, "imaginando no seu espírito o nobre pai chegando para causar em toda a casa a dispersão dos pretendentes" (I, 114-116).

Percebendo a chegada do estrangeiro, o filho de Ulisses, mesmo deprimido e humilhado, não nega sua origem nobre e heroica e, imediatamente, oferece as benesses da hospitalidade:

---

13 Interessante observar como, pela função que desempenha na *Odisseia*, o nome próprio Mentor acabou por se configurar em um substantivo que conota a ideia de guia, conselheiro, orientador.

> Salve, estrangeiro! Serás estimado em nossa casa;
> e depois de teres comido me dirás de que tens necessidade (I, 123-125).

E assim, depois de haver cumprido todo o ritual de acolhimento (sobre o qual nos deteremos mais adiante, no capítulo oportuno), Telêmaco abre seu coração, falando sobre o pai ausente e a desgraça que recaiu sobre sua casa pela arrogância dos pretendentes. Atena (sempre oculta sob a aparência de Mentor), por sua vez, constatando a tristeza e o desespero do jovem herdeiro, com "palavras aladas" (linda e lírica expressão recorrente em toda a *Odisseia*), procura infundir-lhe esperança, dizendo ter ouvido de fontes seguras que o seu pai, o divino Ulisses, ainda vive, porém encontra-se retido no "vasto mar, numa ilha rodeada de ondas, onde homens cruéis, selvagens, o prendem contra sua vontade" (I, 156-159).

Em seguida, como forma de fortalecer as esperanças que deseja infundir no jovem Telêmaco, Mentor/Atena ainda se dá o direito de fazer uma profecia, afirmando que não tarda muito o regresso do desaparecido Ulisses e que, ao chegar, irá necessitar da ajuda do filho para punir os despudorados pretendentes e restabelecer a ordem na sua casa e no seu reino. Telêmaco, desolado e inseguro em relação à própria origem — "Declara a minha mãe que eu sou filho de Ulisses, embora por mim não saiba ao certo; ninguém da sua filiação pôde nunca saber." (I, 215-217) —, hesita e resiste em acolher as palavras esperançosas do honorável estrangeiro, encerrando-se numa atitude de autocomiseração e fatalismo.

Diante disso, a guerreira e impetuosa deusa muda o tom da conversa, instigando o jovem, que demonstra já a tendência de se acomodar no papel de vítima abandonada, a descobrir por si próprio a autenticidade de sua origem, colocando-se assim à prova e reagindo à sua desconfortavelmente confortável situação. Concretamente, a deusa-mentor convoca-o a *sair* para ir em busca de notícias do pai. "Pois — acrescenta com audácia e autoridade — não deves entregar-te a atitudes infantis; já a tua idade tal coisa não permite." (I, 296) Em suma, é já tempo de *ser*, de se assumir, de se conhecer, de se realizar; é tempo, portanto, de partir, de *sair*, em busca do pai, em busca de si mesmo.

É dessa forma, pois, que o tema da *saída* aparece na grande e icônica narrativa do regresso: não por intermédio do herói já maduro, já saído, já iniciado, mas por intermédio do seu filho; aquele que ainda não saiu, que ainda não se iniciou, que ainda não sabe quem é. Mais do que todas as outras histórias de convocação e saída que vimos evocando e analisando neste capítulo, a "Telemaquia", seção inicial da grande *Odisseia* que se desenvolve ao longo dos quatro primeiros cantos, apresenta-nos uma oportunidade incomparável para compreender essa primeira lição do que é próprio do humano. Isso porque a "Telemaquia" se configura como o protótipo do que mais tarde seria chamado de *romance de formação* (o *bildungsroman*, consagrado por Goethe e os românticos alemães do século XIX), permitindo-nos identificar o passo a passo de todo o processo de iniciação do humano, que se desdobra em experiência de conhecimento, autoconhecimento e autorrealização.

Telêmaco é aquele que é sem ainda ser — como somos todos antes de havermos *saído*. Telêmaco representa o humano enquanto potencialidade, enquanto promessa. O seu próprio nome remete a essa ideia: *Tēlemakhos (Τηλέμαχος)*, que literalmente significa aquele que irá batalhar. (*Telé* é um prefixo que remete ao futuro, àquilo que ainda será; *makhos* quer dizer luta, batalha, tanto no sentido marcial como no existencial, enquanto sinônimo de vida, de existência.)

Telêmaco tem um nome, mas não uma história. Ter um nome é ter uma base, um fundamento, um ponto de onde partir. Mas, para que esse nome *seja* aquilo que significa, é preciso que ele *se realize*. E, para que essa promessa se realize (para que haja a realização da sua própria beleza, a sua *kalokagathia*, como denominavam os gregos antigos, a autorrealização), é preciso *sair*.

Telêmaco, ao ser questionado sobre sua filiação, responde que, segundo sua mãe, ele seria filho de Ulisses, embora por si mesmo não saiba ao certo, acrescentando: "ninguém da sua filiação pôde nunca saber." (I, 217) E, de fato, ninguém nunca poderá saber enquanto não viver. Pois aqui a personagem homérica dá à palavra *filiação* um sentido que vai muito além do biológico, do natural. Ser filho de alguém é ser herdeiro; herdeiro não só de bens e títulos, mas principalmente de virtudes e valores — assim como de vícios e maldições, evidentemente. Viver, existir, ser alguém, portanto, é realizar-se a partir dessa herança (boa e má) e escrever sua própria história por meio das suas escolhas. Pois, como bem ensina Atena/Mentor: "Poucos são os filhos semelhantes aos pais: a maior parte são piores; só raros são melhores" (II, 276).

Todos os que reparam em Telêmaco, a começar da própria deusa, reconhecem por sua aparência, porte e gestos uma evidente semelhança com o divino Ulisses, porém a verdadeira filiação não se prova pela aparência, mas sim pela existência. E, como já sabemos, para existir é preciso sair.

É exatamente por isso, portanto, que Atena ali se encontra: para fazê-lo sair. Afinal, como, por si mesmo, Telêmaco seria capaz de sair? Já vimos que o *sair* se determina por uma imposição, seja ela externa ou interna. E Telêmaco se encontra em uma situação realmente complicada: órfão de pai, com a mãe sendo cortejada, vendo seus bens, sua herança ser dilapidada e assistindo a tudo inerte, impotente.

Atena vem na forma de Mentor para despertar Telêmaco e para colocá-lo em movimento; tirá-lo da desconfortável zona de conforto em que ele se encontra. Para tanto, utiliza-se de um infalível argumento mobilizador: sair em busca do pai. Este, que seria e continua sendo um dos *leitmotive* mais utilizados na história da literatura, do teatro e depois do cinema (e, afinal, em todas as formas de arte), remete-nos mais uma vez ao sentido mais amplo e simbólico de filiação. Sair em busca do pai não deixa de significar sair em busca de si mesmo; significa ir em busca de realizar a herança das potencialidades que dormem em nós e que precisam ser descobertas e acionadas para que possamos ser, para que possamos nos realizar. Sair em busca do pai significa, portanto, sair para se autoconhecer e se autorrealizar, pois nesse sentido, simbolicamente, somos "pai" de nós mesmos.

Nesta altura de nossa reflexão, creio que já tenha ficado evidente o porquê da primeira lição sobre o que é próprio do humano não ser outra senão o *ter de sair*. É óbvio, pois tudo o que vem depois deriva, necessariamente, daí.

Sem saída não há existência; sem existência não há vida, não há história para ser vivida nem para ser contada, "para que homens ainda por nascer falem bem de ti" — como argumenta a deusa Atena a Telêmaco.

Nunca foi fácil sair. Todos os exemplos literários que evocamos, trouxemos e analisamos mostram claramente que esse foi e tem sido um movimento difícil e complicado em todos os períodos da história. Nos tempos em que estamos vivendo, entretanto, a supervalorização do conforto e do comodismo (como tem sido comum as pessoas se recusarem a sair e a fazerem coisas por não se sentirem *confortáveis*), por um lado, e o crescimento descontrolado do medo, por outro (medo da violência, do terrorismo, dos vírus, da velhice, da doença), têm tornado a experiência do *ter de sair para existir* ainda mais complexa. No entanto, se cedermos ao comodismo ou ao medo (ou a ambos, o que tem sido o mais comum), como será possível nos autoconhecermos e nos autorrealizarmos? Como será possível que nos realizemos como seres humanos?

O problema da desumanização radical que caracteriza nossos tempos encontra nesta primeira lição sobre o que é próprio do humano uma sólida e séria interpelação. Se quisermos reencontrar o caminho da conciliação com o que é próprio do humano, deveremos inevitavelmente responder à chamada que pode vir de dentro ou de fora, mas que, de uma forma ou de outra, leva-nos a ir em busca dessa "ilha desconhecida" da qual nos falava a personagem de Saramago. Essa "ilha" que está na interseção entre o que está fora e o que está dentro. Como nos ensina o homem que queria o barco, só é possível saber o que somos quando estamos lá; ou seja, para nos autoconhecermos e assim nos autorrealizarmos, é preciso sair e conhecer o mundo, pois é no mundo, nas circunstâncias concretas e desafiadoras da vida *lá fora*, que nos conhecemos em função das nossas reações e atitudes. É saindo, errando e navegando (não apenas pela internet) que descobriremos se somos ou não filhos de nossos pais e poderemos fazer as escolhas que nos constituirão enquanto seres concretos, peculiares, irrepetíveis — pois, como já nos ensinava Shakespeare por meio do seu icônico Hamlet, nós não somos porque pensamos (como queria Descartes), mas sim porque fazemos: ser ou não ser traduz-se, no fim, em fazer ou não fazer; é essa a verdadeira questão. Ela não é intelectual, mas sim ética.

Imediatamente após ter ouvido as palavras e conselhos de Atena/Mentor, Telêmaco começa a mudar. Algo nele começa a despertar. É como se aquelas sábias e potentes palavras tivessem mobilizado algo latente, à espera de ser ativado. A partir de então, todo um processo de movimentos e decisões começa a se desencadear. Depois de muito refletir, Telêmaco decide sair. E, logo depois de se despedir do velho estrangeiro, o jovem se "dirigiu para junto dos pretendentes" não mais como um adolescente assustado e melancólico, mas como "um homem divino". Tomando a palavra pela primeira vez, Telêmaco repreende os arrogantes pretendentes por suas atitudes injustas e ignóbeis, indignas da sua nobre e insígnia condição. Logo em seguida, comunica sua decisão de sair em busca de notícias do pai, deixando todos admirados "pela audácia com que falou" (I, 383). Poucos dias depois, feitos todos os preparativos com a ajuda de Atena, Telêmaco parte do porto de Ítaca, em direção a Pilos. Exatamente no mesmo instante em que o deus emissário Hermes chega a Ogígia, a fim de comunicar a Calipso a ordem de partida de Ulisses. Na confluência das saídas e jornadas de ambos, pai e filho, iremos descobrindo as demais lições sobre o que é próprio do humano.

Segunda lição:

É próprio do humano querer voltar

> A meio caminho de nossa vida
> fui me encontrar em uma selva escura:
> estava a reta minha via perdida (I, 1-3).[1]

Eis aqui os primeiros versos de uma obra que, trazendo em si as marcas explícitas e confessas da influência homérica, alcançou um lugar comparável em termos de impacto e importância na literatura universal. A *Divina comédia*, de Dante Alighieri, escrita na virada do século XIII para o XIV d.C. (21 séculos depois da *Odisseia*) e que narra, em primeira pessoa, a jornada do poeta pelo Inferno, Purgatório e Paraíso, pode, em certo sentido, ser considerada uma versão cristã medieval da *Odisseia*.

Tal como na epopeia helênica, o herói se vê obrigado a *sair* — como, aliás, todos os heróis bíblicos, míticos, literários e "reais" dos quais já falamos — e empreender um périplo que, neste caso, se realiza em um âmbito místico-espiritual, mas que conflui para o mesmo resultado que também já comentamos: o conhecimento do humano, o autoconhecimento e a possibilidade da autorrealização.

Assim como na *Odisseia* de Homero, a *Comédia* de Dante descreve uma dinâmica de partida e regresso; uma dinâmica que caracteriza um *arco*

1 ALIGHIERI, Dante. *A Divina Comédia: Inferno.* Tradução Italo E. Mauro. São Paulo: Editora 34, 2012.

ou *ciclo narrativo* que desde o aparecimento do *primeiro livro* acabou se constituindo um arquétipo literário, não por uma imposição externa qualquer, mas por corresponder a uma lógica existencial: para se tornar humano, tão importante e necessário quanto *ter de sair* é *querer regressar*.

Na *Comédia* de Dante, entretanto, a *partida* ou *saída* apresenta-se como o ponto inicial do *regresso*. Regresso que aqui, nos versos do insigne florentino, remetem à *reta via perdida*; à *verdadeira via* da vida, que o poeta confessa haver perdido, *a meio caminhar de nossa vida*:

> Como lá fui parar [na selva escura] dizer não sei;
> tão tolhido de sono me encontrava,
> que a verdadeira via abandonei.[2]

Em Dante, o *regresso* não se refere a um lugar geográfico, como na *Odisseia* de Homero (o reino de Ítaca), mas a um lugar moral, ou existencial, se assim se pode dizer.

Nesse sentido, a odisseia de Dante explicita um aspecto que na *Odisseia* de Homero aparece apenas implícito: a dimensão humanizadora da experiência do regresso; a necessidade deste para que o processo de humanização se complete, se concretize. A *divina comédia* de Dante apresenta-se, portanto, como uma pertinaz chave de leitura para o desvendamento da *Odisseia* como narrativa que nos ensina o que é próprio do humano, principalmente no que se refere ao fechamento do *arco* ou *ciclo* enquanto *querer regressar* depois do *ter de sair*. É por esse motivo que escolhemos a *Comédia* de Dante para abrir este segundo capítulo, que trata sobre a segunda lição do que é próprio do humano a partir da *Odisseia*: aquela que nos ensina que é próprio do humano *querer voltar*.

2 Ibidem, I, 10-13.

Dante talvez tenha sido o que primeiro cantou um dos temas mais explorados pela literatura universal, principalmente a partir da Era Moderna: a crise da meia-idade.

À medida que o coletivismo medieval vai abrindo espaço para o individualismo burguês, o drama do homem que constrói seu próprio destino vai se afirmando, e, proporcionalmente à conquista da liberdade e da autodeterminação, incrementam-se as experiências de extravio, de frustração, de perda da *via reta*. A Modernidade abriu um campo ilimitado de escolha e autoafirmação; ela está associada ao convite a se embrenhar, a errar, por mares nunca dantes navegados, e se, por um lado, isso "democratizou" a experiência homérica, ampliando as possibilidades de sermos novos Ulisses, por outro, aumentou o risco de nos perdermos em nossa liberdade e de nos extraviarmos em nossas errâncias.

O homem moderno, cujo protótipo está magistralmente delineado na *Comédia*, é aquele que aceitou entusiasticamente a proposta de *sair* e *ser* — no sentido de *se fazer*, de *self made man* — mas que, uma vez tendo saído, feito e acontecido — no sentido da conquista, do sucesso —, não sabe depois o que fazer com o que conquistou e para onde deve ir. A sensação de vazio, de frustração, de perda de sentido está intrinsecamente ligada à crise da meia-idade. Dante a traduz em uma linguagem magnífica:

> Mas quando ao pé de um monte eu já chegava,
> tendo o fim desse vale à minha frente,
> que o coração de medo me cerrava,
>
> olhei para o alto e vi a sua vertente
> vestida já dos raios do planeta
> que certo guia toda estrada a gente.
>
> Tornou-se a minha angústia então mais quieta
> que no lago do coração guardara
> toda essa noite de pavor repleta.

E como aquele que ofegando vara
o mar bravio e, da praia atingida,
volta-se à onda perigosa, e a encara,

minha mente, nem bem de lá fugida,
voltou-se a remirar o horrendo passo
que pessoa alguma já deixou com vida.[3]

Conduzindo o leitor por um cenário dramático, apresentando um caminhante solitário no interior de uma selva selvagem, no lusco-fusco do entardecer, Dante evoca metaforicamente um momento decisivo da nossa trajetória existencial: o *meio caminho da nossa vida*;[4] o zênite, o auge; aquele momento em que, gostemos ou não, somos obrigados a reconhecer que o tempo da juventude está definitivamente encerrado e que, pelo menos do ponto de vista físico, está para se iniciar a fase de declínio, a experiência da encosta abaixo que mergulha nas sombras de um vale escuro e tenebroso.

Encontrando-se no platô em que culmina a íngreme encosta por onde passou a primeira parte do *caminho da nossa vida*, o poeta plasma em palavras *aladas* (como gostava de dizer o inspirado Homero) o sentimento de muitos (de quase todos os humanos, na verdade) que ao aí chegarem percebem-se como que perdidos, atordoados, vazios, defraudados, frustrados. E isso mesmo quando a chegada ao platô se dá acompanhada pelo propalado *sucesso*, *reconhecimento* e *riqueza* — como é o caso, por exemplo, do célebre Gustav Aschenbach, personagem de *Morte em Veneza*, de Thomas Mann, que, "não obstante a admiração que seu povo lhe tributava

3 Ibidem, 13-27.

4 Não deixa de ser curioso o fato de Dante usar aqui o pronome na primeira pessoa do plural, o que, certamente, cria uma cumplicidade interessante e ao mesmo tempo incômoda com o leitor, convidando-o a partilhar mais intimamente da experiência sentimental e, sobretudo, reflexiva que a jornada poética propõe.

[por causa do seu sucesso como escritor e de sua riqueza como burguês inteligente], não conseguia regozijar-se com ela".[5]

Medo, angústia, pavor, horror, aparecem evocados nessas estrofes dantescas, em um contexto em que o clima de tristeza, depressão, melancolia e agonia é claramente perceptível. As imagens, remetendo a caminhos interrompidos, montes intransponíveis, noite, escuridão, mar bravio e onda perigosa completam o cenário desesperador, que, nos versos seguintes, fica ainda mais agoniante, com o aparecimento de três animais selvagens (a onça, o leão e a loba) que se aproximam e o acantonam junto à pedra do monte escarpado.

Em certa medida, os versos de Dante poderiam ser considerados uma versão poética das queixas de uma pessoa de meia-idade em um consultório psicológico nos tempos atuais.

Como dissemos, o *locus* existencial plasmado por Dante configurar-se-á em um motivo muito explorado pela literatura universal nos séculos subsequentes. Já nos referimos a Thomas Mann, porém, a nosso ver, uma das obras que melhor abordaram esse drama é *A morte de Ivan Ilitch*, do gigante Tolstói.[6] Nessa contundente narrativa, de leitura obrigatória nos dias que correm, o protagonista, o juiz de direito Ivan Ilitch, apresenta um currículo perfeito, invejável. Vencendo todos os preconceitos e obstáculos impostos por uma sociedade ainda aristocrática e extremamente seletiva, o pequeno-burguês Ivan, dotado de talentos inegáveis, como inteligência estratégica e emocional, consegue atingir o topo da carreira, com tudo o que se poderia esperar (reconhecimento, sucesso, riqueza), ao mesmo tempo que alcança o platô do *meio da sua vida*. E então, justamente nesse momento em que imaginava gozar dos frutos de uma "vida leve, decente e

---

5 MANN, Thomas. *A morte em Veneza*. Tradução Hebert Caro. São Paulo: Companhia das Letras, 2015, p. 15.

6 TOLSTÓI, Liev. *A morte de Ivan Ilitch*. Tradução Boris Schnaiderman. São Paulo: Editora 34, 2006.

agradável", Ivan sofre uma queda e se vê acometido de uma doença terrível e incurável que desfaz, em poucos meses, aquilo que ele levou toda uma primeira metade da vida para conseguir.

Inconformado, Ivan, padecendo de uma revolta amarga, de "uma dor moral que superava a dor física causada pela doença", procura um sentido para a "tragédia absurda" que despencou sobre sua existência até então considerada por ele "perfeita e feliz". Essa busca de sentido, movimento psicológico inevitável nessas circunstâncias, acaba por levá-lo a uma revisão da vida que desemboca em uma descoberta desconcertante. E, por meio de uma imagem que remete ao universo dantesco, Ivan sintetiza o rumo de sua vida: "Como se eu caminhasse pausadamente, descendo a montanha, e imaginasse que a estava subindo. Foi assim mesmo. Segundo a opinião pública, eu subia a montanha, e na mesma medida a vida saía de mim... E agora, pronto, morre!"[7]

O tema da crise de meia-idade aparece aqui radicalizado, em função da experiência da enfermidade, da dor e da iminência da morte. E, assim como o poeta da *Divina comédia*, mas com uma linguagem mais prosaica (ainda que não menos trágica), o bom burguês, juiz de direito Ivan Ilitch, expressa seu desespero: "Mas o que é isto? Para quê? A vida não pode ser assim sem sentido, asquerosa. [...] Alguma coisa não está certa." E, em um dos trechos mais sublimes da literatura universal, por sua dramática e contundente assertividade, Ivan começa a se aproximar da inevitável e difícil resposta:

> "Talvez eu não tenha vivido como se deve — acudia-lhe de súbito à mente. — Mas como, se eu fiz tudo como é preciso?" — dizia de si para si, e no mesmo instante repelia esta única solução de todo o enigma da vida e da morte, como algo absolutamente impossível.[8]

7 Ibidem, p. 67.
8 Ibidem, p. 67-68.

Vimos, na primeira lição, que *para ser é preciso sair*, que isso é próprio do humano e que esse movimento, absolutamente necessário, quase nunca é fácil. Hesitamos, tememos, postergamos até, mas no fim acabamos por sair... Quem garante, entretanto, que nessa saída tomamos o rumo certo? Quem nos assegura que nesse caminhar estamos *vivendo como se deve*? Como podemos ter certeza de que estamos fazendo *tudo como é preciso*?

Dante, ao chegar *no meio do caminho da nossa vida*, percebeu que havia perdido a *reta via*; que havia se extraviado miseravelmente, como também constataram Gustav Aschenbach de Mann e Ivan Ilitch de Tolstói (e tantos e tantos na literatura, no cinema, na vida...). "Como lá fui parar não sei; [confessa Dante]/ tão tolhido de sono me encontrava,/ que a verdadeira via abandonei."

Saímos a caminhar pelo caminho da nossa vida, mas parece que, muitas vezes, caminhamos como sonâmbulos, encantados com as coisas e valores do mundo (da *opinião pública*, como reconhece Ivan Ilitch; as ilusões do sucesso, da riqueza, do prestígio), e então, quando, de repente, chegamos ao *meio desse caminho*, despertamos e nos vemos perdidos *em uma selva escura*, dominados pelo medo, pelo tédio, pelo asco, pelo vazio.

É óbvio que neste ponto começamos inevitavelmente a pensar se não seria possível caminharmos *despertos*; se não haveria uma maneira de evitar cair nesse *sono* de que nos fala Dante e despertar, de preferência, bem antes de chegarmos ao *meio do caminho da nossa vida*. Sobre isso, entretanto, falarei mais adiante, quando chegarmos à lição pertinente. Por ora, quero destacar esse aspecto tão peculiar e recorrente da experiência humana que se vincula estreitamente com a temática desta segunda lição do que é próprio do humano e que, tão recorrentemente, se verifica apenas no *meio do caminho da nossa vida*: a constatação da necessidade do *regresso*; do *querer voltar*.

Tudo indica que, independentemente de havermos tomado a via correta ou não, depois de sair e de haver feito o que devíamos ter feito (ou não), chega, inevitavelmente, o tempo de voltar, de regressar. E esse momento, que em geral acontece no *meio do caminho da nossa vida*, pode ser mais ou menos amargo, mais ou menos escuro e dramático, ainda que, conforme aprendemos com a literatura e com a vida, será sempre duro, escarpado, difícil.

Mas, para que possamos seguir em frente e nos aprofundar devidamente nesta lição que começamos a explorar a partir de Dante, Mann e Tolstói, faz-se necessário, evidentemente, retornar (*regressar*, sic) ao nosso *livro guia*, ao nosso mestre dos mestres, para ver como lá se formulou, pela primeira vez, a ideia de que é próprio do humano querer regressar depois de haver partido.

Se o leitor está lembrado, na lição anterior deixamos Ulisses no "vasto mar, numa ilha rodeada de ondas", retido pelos encantamentos de uma ninfa chamada Calipso, que o impedia de prosseguir na sua difícil e tumultuada viagem de regresso, que já durava praticamente dez anos.

Depois de dedicar a quase integralidade dos quatro primeiros cantos da *Odisseia* à epopeia da saída de Telêmaco, Homero, no quinto canto, retoma a história de Ulisses. Entretanto, mesmo nessa altura da narrativa, o leitor ainda não sabe como nem por que o herói ali foi parar. É apenas nos cantos seguintes, por meio de uma estratégia narrativa sofisticada, que Homero (fazendo Ulisses contar aos Feáceos[9] sua própria epopeia) esclarecerá a sequência de sucessos anteriores, reatando o passado ao presente e estabelecendo a partir daí uma dinâmica progressiva e linear à história.

No início do Canto V, entretanto, vamos encontrar a deusa Atena (tal como no início do Canto I) convocando um novo concílio dos deuses, presidido por Zeus, "que troveja nas alturas, o maior e mais poderoso" (V, 5), a fim de falar das "muitas desgraças de Ulisses", pois "preocupava-a que ele estivesse na gruta da ninfa".

---

9 Povo que ele encontrará depois que conseguir sair da ilha da ninfa Calipso, denominada Ogígia.

Advogando, mais uma vez, a favor de Ulisses, cuja injustiça sofrida (como já comentamos) atenta contra a fama dos próprios deuses, Atena informa que ele jaz "numa ilha, em grande sofrimento, no palácio da ninfa Calipso, que à força o retém".

> E assim ele não pode regressar à sua terra pátria,
> pois não tem naus equipadas de remos, nem tripulação
> que o possa transportar sobre o vasto dorso do mar.
> E agora os pretendentes conspiram para matar o filho amado
> no seu regresso; pois partiu para saber notícias do pai
> para Pilos arenosa e para a divina Lacedemônia. (V, 13-20)

Zeus, renovando sua indignação, ratifica suas anteriores deliberações e, além de confirmar a total liberdade de ação de Atena na condução do *Caso Telêmaco*, determina a imediata embaixada de seu filho Hermes, o mensageiro dos deuses, à "ninfa de belas tranças", a fim de comunicar-lhe a ingente liberação do "sofredor Ulisses", para que ele regresse o quanto antes para sua casa, ainda que "sem a ajuda de homens mortais ou de deuses" (V, 32) — ou seja, contando apenas com recursos próprios.

É pelo relato de Ulisses aos Feáceos, que se inicia no Canto VII, que ficamos sabendo que já faz sete anos que ele chegou, sozinho, à ilha de Ogígia, salvo de um terrível naufrágio pela ninfa Calipso. Sua odisseia, entretanto, teve início três anos antes, quando, por causa de seu ardiloso plano do cavalo de madeira, os gregos conseguiram, depois de longos dez anos de cerco à cidade dos troianos, finalmente vencê-los.

Após haver participado do incêndio e destruição de Ílion (nome grego de Troia), Ulisses, assim como todos os outros chefes gregos sobreviventes, inicia, acompanhado por centenas de seus comandados distribuídos em 12 naus, o regresso à sua Ítaca natal. Depois de uma rápida incursão pela terra dos Cícones — onde a cobiça desmedida de alguns guerreiros resulta na trágica perda de muitas vidas e muitos barcos —, a comitiva chega ao país dos Lotófagos (comedores da flor de lótus), onde, mais uma vez, desobedecendo às ordens de Ulisses, muitos provam do alimento alucinógeno, o que os faz *esquecer do seu desejo de regressar para casa.*

Prosseguindo com um número cada vez mais reduzido de homens e barcos, o grupo de Ulisses continua sua desastrosa viagem, chegando a seguir à ilha dos ciclopes, criaturas gigantescas de um olho só, "arrogantes e sem lei" e que "ignoram-se uns aos outros" (IX, 105 e ss.). Ali, Ulisses vivencia um dos episódios mais dramáticos e célebres da sua *Odisseia*, tendo boa parte de seus companheiros devorada pelo ciclope Polifemo e sendo obrigado a usar de toda a sua astúcia para escapar do violento monstro, filho do deus Posêidon. Polifemo, por sua vez, tendo sido, "por meio do dolo", cegado, enganado e afrontado por Ulisses, amaldiçoa-o, invocando a intercessão de seu pai, rei dos mares e sacudidor da Terra. A partir de então, Ulisses, para além dos perigos inerentes da travessia, da indisciplina de seus homens e da desmedida de suas próprias paixões, terá de contar com a inimizade de Posêidon, que promete inviabilizar o já difícil e tumultuado regresso do herói para casa.

"Com o coração triste e angustiado, sulcando com os remos o mar cinzento", Ulisses e seus companheiros chegam, a seguir, a Eólia, "ilha flutuante" cercada por "muralhas de bronze", onde vive Éolo, "filho de Hipotas, caro aos deuses imortais" (X, 1 e ss.). Ali são bem recebidos e o "divino" Éolo, se compadecendo de seus sofrimentos, não só se prontifica a facilitar-lhes o regresso, providenciando-lhes víveres e indicando-lhes o melhor caminho, como ainda presenteia Ulisses com um saco de pele de boi, em que ele mesmo, usando de seus excepcionais poderes, havia atado os "ventos turbulentos", que poderiam ser úteis em caso de calmaria no trajeto de regresso pelo mar.

Ajudados assim pelos excelentes éolos, os ítacos navegam durante nove dias e nove noites e, no alvorecer do décimo dia, ao vislumbrarem já os campos da sua pátria, alguns companheiros de Ulisses, movidos pela inveja e imaginando haver ouro e prata no presente dado por Éolo, aproveitando-se do fato de seu líder haver cochilado uns instantes antes de aportar na terra tão almejada, tomam-lhe o saco e o desatam, a fim de conferir seu conteúdo. Mas eis que, para sua surpresa, ao desamarrarem o fio de prata que fecha a bolsa, acabam por desatar de uma vez todos os ventos, que, fazendo a nau mudar de rumo, os afastam com incrível rapidez da já tão próxima costa de Ítaca e os levam de volta ao porto de partida em Eólia. Os éolos, ao saber do acontecido, concluem ser Ulisses um homem "odiado pelos deuses" e mudam radicalmente sua atitude antes tão hospitaleira e gentil, expulsando-o imediatamente de lá, junto com seus companheiros.

Voltando a navegar, "tristes no coração" e com o "espírito cansado" (X, 76), depois de remar por seis dias, já que, como de propósito, nenhum vento mais soprava, chegam à terra dos lestrígones, gigantes antropófagos que impõem nova desgraça ao périplo já tão infeliz dos ítacos. Arremessando enormes pedras desde as colinas próximas ao porto, onde Ulisses e seus companheiros fundearam suas naus, os lestrígones esmagam quase todas as embarcações, além de matarem dezenas de homens. Agindo rápido e com destreza, Ulisses consegue, com o fio de sua espada, cortar a corda que prendia sua nau ao porto e, assim, escapar, deixando para trás um cenário pavoroso de terrível destruição.

Reduzidos em número e ânimo, aportam, dias depois, na ilha de Eia, onde vive "Circe de belas tranças, terrível deusa de fala humana" (X, 136). Esta, atraindo alguns companheiros enviados por Ulisses para explorar a ilha, oferece-lhes um fausto banquete envenenado que os transforma fisicamente em porcos. Contrariando o desejo dos homens que ficaram na embarcação e que querem partir imediatamente, deixando os colegas metamorfoseados para trás, Ulisses, movido por uma "necessidade onerosa", vai em direção ao encantado palácio de Circe, na intenção de salvar seus amigos. No meio do caminho é advertido e orientado por Hermes, o deus mensageiro, que lhe dá um antídoto contra a poção da terrível ninfa e o orienta sobre como deve proceder a fim de conseguir não só a libertação dos companheiros como ajuda para retornar à sua pátria.

Tendo provado do banquete sem sofrer qualquer alteração na forma, Circe, surpresa, pede que Ulisses se una a ela na cama. Este aceita, mas impõe condições e obriga a deusa a fazer um juramento, para garantir que, sem dolo, lhe devolva os amigos reumanizados e lhe mostre o melhor caminho de regresso à casa. Circe consente, mas adverte que, antes de retomar o rumo da pátria, deve primeiro cumprir outra viagem: descer à morada dos mortos, governada por Hades, e lá consultar a alma do tebano Tirésias, "o cego adivinho, cuja mente se mantém firme, [pois] só a ele, na morte, concedeu Perséfone [a companheira de Hades] o entendimento, embora os outros lá esvoacem como sombras" (X, 490 e ss.).

Transtornado, porém mais uma vez resiliente ao seu destino, Ulisses realiza um dos feitos mais icônicos e, a partir de então, mais recorrentes na história da literatura universal: a descida aos infernos. Ali, cumprindo o ritual prescrito por Circe, não apenas consulta o adivinho cego, que lhe profetiza o difícil, mas certo retorno, como ainda entrevista dezenas de almas de célebres heróis e heroínas do passado, companheiros mortos na Guerra de Troia e até mesmo sua querida mãe, morta durante o longo período de sua ausência.

Retornando à casa de Circe, depois de haver realizado a pavorosa viagem, Ulisses é, então, instruído por ela sobre como proceder diante dos perigos e desafios que ainda deve enfrentar antes de atingir seu objetivo: como passar incólume pelo mar das sereias, cujo canto maravilhoso atrai os incautos para a morte certa; como contornar a região das rochas de Planctas e, por fim, como enfrentar a passagem quase impossível entre Cila e Caríbdis, duas criaturas monstruosas que guardam uma garganta estreita no meio do mar, que destroem toda e qualquer embarcação e afogam ou devoram todos os marinheiros.

Ulisses, guardando as palavras de Circe, consegue vencer, não sem imenso prejuízo de vidas e de víveres, todos esses desafios e, com um mirrado e esgotado grupo de companheiros, chega à ilha do Sol, onde pastam os robustos rebanhos do solar deus Hiperíon. Lembrando-se mais uma vez das advertências do adivinho Tirésias e da ninfa Circe, Ulisses instrui seus amigos quanto ao terrível castigo que fatalmente cairá sobre o mortal que ouse sequer tocar em um só dos bois do rebanho do deus sol. Acossados pela fome e pela carência de víveres, diante de uma estada que vai se estendendo indefinidamente em função da falta de condições de navegação promovida pelo iracundo Posêidon, os colegas de Ulisses, aproveitando a ausência deste, que havia subido a uma colina para rezar pedindo iluminação e orientação para aquela difícil situação, acabam por abater alguns dos touros proibidos. Aterrorizado com a cena que encontra ao descer da colina, Ulisses, mais uma vez, chora amargamente e desdiz sua sorte; "saciada a necessidade de chorar e lamentar", o sofrido herói aceita resiliente a situação e procura afastar da mente os pensamentos obscuros sobre o futuro. Sete dias depois, havendo o vento deixado de soprar "com força de tempestade", zarpam e, quando já se encontram em um ponto em que não se vê mais terra alguma, apenas céu e mar, Zeus Crônida, instado por Hiperíon, ofendido pelo abatimento do seu gado, desencadeia uma terrível tempestade, com ventos e raios, que acaba por fulminar a última embarcação das 12 que saíram de Troia e faz perecer todos os tripulantes. Resta apenas Ulisses, que, náufrago, depois de ser arrastado novamente até a garganta de Cila e Caríbdis e de lutar desesperadamente para não perecer afogado, navega, por nove dias, à deriva, agarrado a um pedaço de madeira da nau destruída, até ser, finalmente, resgatado por Calipso.

Voltando ao início do Canto V, no ponto em que Hermes comunica à Calipso a ordem de Zeus, ficamos sabendo, pela boca da própria, que é ela mesma quem salva Ulisses, quando ele ali chega, "trazido pelas ondas e pelo vento [...] montado numa quilha, pois Zeus estilhaçara a nau" (V, 131).

Como já mencionamos muitas vezes, Calipso (como Circe) é uma *ninfa*, ou seja, um espírito feminino ou uma deusa associada a locais ou elementos da natureza, como fontes, grutas, bosques ou ilhas.[10] Assim como as sereias, as ninfas eram admiradas e temidas, despertando nos homens uma mescla de fascínio e terror. Conhecidas por "engendrar e educar heróis",[11] elas também, entretanto, aparecem muitas vezes como figuras sedutoras que desviam, imobilizam e impedem esses mesmos heróis de realizarem seu destino, de atingirem suas metas.

Em um primeiro momento, Calipso aparece como um socorro bem-aventurado e um bálsamo apaziguador para um Ulisses desesperado e indizivelmente castigado de dores, sofrimentos e desventuras. Depois de tudo que até então passou, incluindo seus dez anos de guerra, além dos três de desafortunada errância, Ulisses vai encontrar na paradisíaca Ogígia, sob os cuidados da bela e amorosa Calipso, um descanso, um respiro, uma paz inaudita.

A ninfa o salva, o acolhe, cuida de suas feridas e o alimenta, não apenas com néctar e ambrosia, alimento dos deuses, mas com muitas iguarias que frutificam na encantada ilha. Sem necessidade de trabalhar ou sequer de se esforçar para garantir a sobrevivência, Ulisses passa seus dias amenos desfrutando dos prazeres idílicos que nunca se esgotam e, à noite, depois de tomar sua refeição em um trono especialmente posicionado diante do fogo na aconchegante gruta, recolhe-se ao interior dela, onde "gozava o prazer do amor" com a estonteante ninfa.

Em muito pouco tempo, a solitária ninfa se apaixona pelo sofrido Ulisses e, além de lhe proporcionar todos os prazeres que um homem pode desejar, oferece-lhe nada mais nada menos que o dom da imortalidade: "Amei e alimentei Ulisses [conta Calipso a Hermes]; prometi-lhe que o faria imortal e que ele viveria todos os dias isento de velhice" (V, 135-6).

---

10 GRIMAL, Pierre. *Dicionário de mitologia grega e romana*. Tradução V. Jabouille. Rio de Janeiro: Bertrand Brasil, 1993.

11 Verbete "Ninfas". In: CHEVALIER, Jean; GHEEBRANT, Alain. *Dicionário de símbolos*. Coordenação Carlos Sussekind. 2ª ed. Rio de Janeiro: José Olympio, 1990, p. 635-636.

Encarando da perspectiva do senso comum, podemos pensar que Ulisses, depois de tanto lutar e sofrer, alcançou, por fim, seu prêmio, atingindo a meta que qualquer homem, em geral, costuma almejar: uma vida tranquila, regalada, em uma ilha paradisíaca, sozinho com uma deusa que lhe satisfaz todos os desejos e ainda com a possibilidade de permanecer sempre jovem, sem ter de experimentar os achaques da velhice e a própria morte. Não seria essa a concretização plena da vida *leve, tranquila e agradável* que tanto queria Ivan Ilitch de Tolstói e, assim como ele, todos nós?

Contrariando, portanto, todos os exemplos com que abrimos esta lição, podemos dizer que Ulisses, *nel mezzo del cammin [della sua] vita*, em vez de se encontrar em uma *selva escura*, em um beco sem saída, viu-se no próprio *paraíso* — não aquele de Dante, destino das almas virtuosas que deixaram seu corpo mortal, mas aquele que a imaginação sensível deseja ardentemente ainda nesta vida corporal, onde o prazer é antes físico e psicológico do que espiritual. E tudo isso sem data de validade!

Ora, se não for essa a representação mais perfeita e completa do *sucesso* e da *felicidade*, o que mais seria? No entanto...

Como já dissemos, quando Hermes chega a Ogígia para comunicar a ordem de "liberação" de Ulisses a Calipso, já se passaram sete anos. Hermes, ao aterrissar na ilha, antes de se dirigir à côncava gruta a fim de se encontrar com a ninfa, apesar da urgência de sua demanda, dá-se o direito de gozar por uns instantes das deliciosas sensações que o local proporciona. Pois, como adverte Homero:

> Até um imortal, que ali chegasse, se quedaria,
> só para dar prazer ao seu espírito com tal visão.
> E aí se quedou, maravilhado, o Matador de Argos.[12] (V, 73-75)

---

12 Matador de Argos é um dos epítetos do deus Hermes, que venceu e matou a terrível criatura mitológica.

Só depois de "no coração se ter maravilhado com tudo" é que Hermes entra na "gruta espaçosa", encontrando lá, sozinha, Calipso. Homero nos informa que, naquele momento, Ulisses está ausente, sentado na praia, "a chorar no sítio de costume, torturando o coração com lágrimas, tristezas e lamentos" (V, 82-83).

Homero não relata desde quando Ulisses passou a apresentar esse comportamento; entretanto, pela locução *de costume* usada no verso acima citado, pode-se depreender que tal atitude vem sendo habitual há algum tempo.

Quando, após a partida de Hermes (cuja ordem contraria amargamente os sentimentos da ninfa, diga-se de passagem),[13] Calipso vai em busca de Ulisses a fim de lhe comunicar a ordem de partir, encontra-o ali na praia, com "os olhos nunca enxutos de lágrimas". E Homero instrui o leitor:

> Gastava-se-lhe a doçura de estar vivo,
> chorando pelo retorno. E já nem a ninfa lhe agradava.
> Por obrigação ele dormia de noite ao lado dela
> nas côncavas grutas: era ela, e não ele, que assim o queria. (V, 152-155)

Ao contrário de encontrarmos um Ulisses plenamente satisfeito e realizado, nos deparamos com um homem triste, amargurado, cuja *doçura da vida se lhe gastava* dia após dia. Desatento a todas as maravilhas, comodidades e prazeres que a paradisíaca ilha lhe proporciona, nosso herói passa dias a fio sentado na praia, chorando, mirando fixamente a linha do horizonte, com o espírito distante de lá. E quando, por fim, o sol se põe, em um torturante espetáculo de repetição, ele se recolhe para estar com a ninfa, não mais por prazer, mas por obrigação. E o motivo causador de todo esse estado depressivo e melancólico de Ulisses aparece claramente explicitado

---

13 Eis a réplica de Calipso ao comunicado de Hermes: "Sois cruéis, ó deuses, e os mais invejosos de todos!/ Vós que às deusas levais a mal que com homens mortais/ partilhem seu leito, quando algum mortal a escolhe por amante!" (V, 18-20).

nos versos que reproduzimos acima: o desejo de *regressar*; Ulisses *chora pelo retorno*.

Se analisarmos com cuidado os mesmos versos, poderemos concluir que a presente situação de Ulisses não se configura de imediato. Quando Homero diz que "já nem a ninfa lhe agradava", pode-se deduzir que em algum momento no passado ela o agradou, sim. E, efetivamente, como não lhe poderia haver agradado uma deusa que o salvou, o acolheu e lhe proporcionou alívio, descanso e prazer depois de tanta dor, sofrimento e aflição?

Passado o tempo da convalescença, do descanso e da renovação das forças, entretanto, todo aquele prazer e tranquilidade que, em um primeiro momento, foi tão providencial passa, pouco a pouco, a se tornar insípido e, logo, detestável. Assim, aquilo que para Ulisses foi, a princípio, motivo de agradecimento e júbilo torna-se, depois de certo intervalo de tempo, fonte de tristeza e aflição.

A experiência de Ulisses nos permite refletir sobre uma das verdades mais centrais e profundas daquilo que é próprio do humano. A experiência de Ulisses na ilha de Ogígia nos mostra que, por mais que acreditemos e propalemos que o ideal da felicidade humana está na posse inalienável de todos os bens que nos asseguram o prazer e o bem-estar, incluindo aí a juventude eterna e a imortalidade, a vivência real dessa possibilidade não satisfaz o coração humano; não corresponde àquilo que é próprio do humano.

A Ulisses é oferecida não só a imortalidade — esse sonho arquetípico da humanidade, que remonta aos tempos mais remotos —, mas também a juventude eterna — outro sonho que parece ilusoriamente se concretizar nas conquistas científicas recentes e, principalmente, nas promessas delirantes de um futuro não tão distante. No entanto, Ulisses, de maneira consciente e deliberada, as recusa. Prefere envelhecer a ficar eternamente jovem; Ulisses prefere a morte à vida sem prazo de validade; Ulisses prefere a dor, o sofrimento, a dúvida, a incerteza ao prazer, à tranquilidade e à certeza. E tudo isso por quê? Porque Ulisses quer regressar; Ulisses quer voltar.

Quando Calipso, dirigindo-se à praia onde o herói costuma passar as horas do dia chorando e lamentando o seu destino, comunica a decisão de Zeus, com a qual ela foi obrigada a concordar e obedecer, Ulisses "estremece" (V, 171). Mas esse *estremecimento* ainda não é de alegria. Informado de que a sua saída, ainda que imediata, deve se dar não de forma mágica ou maravilhosa, com o patrocínio direto de alguma divindade, mas a partir de seus próprios meios e esforços, o experiente Ulisses desconfia.

Calipso ordena que pegue um machado de bronze para ele mesmo "cortar grandes troncos" a fim de fazer uma "ampla jangada" e com ela sulcar o "mar brumoso".

> E eu te darei pão, água e rubro vinho que alegra o coração,
> para assim manter longe de ti a fome e a sede.
> E roupas te darei também; e enviarei ainda um vento favorável,
> para que inteiramente ileso tu regresses à terra pátria,
> se é isso que querem os deuses, que o vasto céu detém. (V, 165-169)

Ulisses, que não presenciou a embaixada de Hermes e que, portanto, só tem as surpreendentes palavras de Calipso para acreditar, responde com a astúcia de um homem bem provado nos dolos da vida:

> Não é na despedida que estás a pensar, ó deusa, mas noutra coisa.
> Tu me dizes para atravessar numa jangada o abismo do mar,
> perigoso e terrível — coisa que nem conseguem velozes naus,
> embora elas se regozijem com o vento favorável de Zeus!
> Contra a tua vontade é que não embarcarei em jangada alguma
> a não ser que tu, ó deusa, ouses jurar um grande juramento:
> que não prepararás para mim qualquer outro sofrimento. (V, 173-179)

Ulisses não se importa em colocar mãos à obra a fim de obter os meios necessários para partir, tampouco teme lançar-se ao mar com uma frágil jangada — ele mesmo declara, poucos versos adiante, que, se algum deus o ferisse no mar, ele aguentaria, "pois tenho no peito um coração que aguenta a dor. Já anteriormente muito sofri e muito aguentei no mar e na guerra: que mais esta dor se junte às outras" (V, 222-224). O que, sim, ele teme são as armadilhas de uma deusa ressentida e ciumenta.

Calipso, entretanto, sorrindo da desconfiança do herói sofredor e louvando sua esperteza, profere seu "grande juramento", assegurando suas melhores intenções: "no peito não tenho um coração de ferro" — confessa-lhe a triste ninfa; "também sei sentir compaixão" (V, 191).

Convencido da sinceridade das palavras de Calipso e com o coração apaziguado, Ulisses pode agora permitir que o estremecimento da esperança finalmente substitua aquele da desconfiança, e nos seus olhos um novo brilho desponta, indicando que sua alma já viaja e que seus sentimentos prefiguram o tão almejado retorno ao lar e o reencontro com a amada esposa e com o querido filho.

Percebendo a súbita mudança no ânimo de seu amado, a agora melancólica ninfa, depois de o advertir sobre os perigos e sofrimentos que, apesar de sua total isenção neles, Ulisses deverá padecer, procura compreender os motivos de uma escolha que para ela é tão estranha e incompreensível. Afinal, Calipso está convicta de ser superior a Penélope, em termos de "corpo ou estatura", pois "não é possível que mulheres compitam em corpo e beleza com deusas imortais" (V, 212-213). E Ulisses, acionando a sua melhor verve galanteadora, ao mesmo tempo que expõe seus sentimentos mais profundos e verdadeiros, responde à ninfa:

> Deusa sublime, não te encolerizas contra mim. Eu próprio
> sei bem que, comparada contigo, a sensata Penélope
> é inferior em beleza e estatura quando se olha para ela.
> Ela é uma mulher mortal; tu és divina e nunca envelheces.

> Mas mesmo assim quero e desejo todos os dias
> voltar à casa e ver finalmente o dia do meu regresso. (V, 215-220)

Efetivamente, Ulisses não parece estar mentindo quando diz que, "quando se olha para ela", Penélope é inferior em graça e beleza. Afinal, ela, Calipso, é uma deusa, e Penélope, uma simples mortal. Realmente, não há como negar que, enquanto Penélope envelhece, perdendo a cada dia um pouco da sua já inferior beleza, a ninfa mantém e manterá para sempre a sua, superior. Entretanto, apesar de todas essas evidências inegáveis, Ulisses deseja "todos os dias" e não vê a hora de regressar e de voltar para os braços da sua mortal e agora já vinte anos mais velha esposa. Como explicar tais sentimentos e desejos?

O posicionamento de Ulisses parece contradizer fragorosamente os sonhos e ideais mais almejados e propalados pelo senso comum, seja nos tempos passados, seja na contemporaneidade: a *vida leve, prazerosa, agradável*; uma vida na qual o sossego, a paz, a juventude e a imortalidade estejam asseguradas. Mas é justamente por haver, de alguma forma, provado de tudo isso; por haver *alcançado* concretamente o que para boa parte da humanidade mantém-se sempre como sonho e desejo, que Ulisses pode nos ensinar quão ilusório e impróprio do humano é tal projeto.

É certo que se poderia contestar o valor antropológico dessa *experiência* de Ulisses, afinal ele não passa de uma personagem de ficção, atuando em uma narrativa absolutamente fantástica, completamente distante da *realidade*. Entretanto, levando em consideração não apenas o que nos ensinou Aristóteles (em relação à ideia de *catarse*), mas também o que demonstraram Shakespeare, Cervantes, Dostoiévski e muitos outros, a arte — e em especial a literatura — tem a capacidade de *demonstrar* a *realidade* daquilo que é próprio do humano de forma tão ou mais certeira e convincente do que qualquer experimento científico-comportamental. Não é por estar no plano *ficcional* que a exposição de uma *experiência do humano* é menos *real* ou *verdadeira*. As personagens, o ambiente e outros recursos narrativos podem e, aliás, devem ser efetivamente ficcionais; entretanto, nada mais real do que os sentimentos, pensamentos e reações que essas personagens expressam diante das situações ficcionais *criadas* pelos grandes gênios da ficção. Considerando o conceito de verossimilhança de Aristóteles (o reconhecimento de que uma situação, apesar de ficcional, apresenta-se perfeitamente verossímil), podemos afirmar que a literatura pode ser compreendida como um incomparável *laboratório do humano*. Levando as personagens a determinadas situações, o escritor, de certa forma, *força* uma realidade para então *observar* suas reações e decisões, revelando aspectos efetivos não só da sua própria personalidade como também do próprio gênero humano. Assim, por exemplo, Shakespeare nos brinda com um verdadeiro tratado sobre a ambição e a cobiça por intermédio do casal Macbeth; ou Dostoiévski nos apresenta, em *Crime e castigo*, o melhor e mais convincente estudo sobre a experiência da culpa que qualquer filósofo, psicólogo ou neurocientista poderia elaborar.

A literatura, portanto, não é *apenas* arte, mas, *justamente* por ser arte, ela é também uma forma de conhecimento; e, quando se refere ao humano, arriscaria dizer que é a melhor e mais eficaz forma de conhecimento. Como dizia Gregorio Marañón, grande médico e cientista espanhol do século XX: pode-se aprender mais sobre as paixões humanas lendo Shakespeare do que o *Tratado das paixões* de Descartes e os manuais científicos sobre endocrinologia.[14]

Assim, apesar de *ficcional*, a narrativa literária é um modo privilegiado de alcançar e desvendar *verdades essenciais* sobre o que é próprio do humano. E, dessa forma, a despeito do caráter *fantasioso* que envolve a história contada por Homero (aliás, como vimos atrás, podendo ser ele mesmo um personagem fictício), reconhecemos a *verdade* que ela nos

14 MARAÑÓN, Gregorio. *La edad crítica*, Madrid, 1925, prólogo. *Apud* ENTRALGO, P. L. "Vida, obra y persona de Gregorio Marañón". In: ______. *Obras completas de Gregorio Marañón*. Madrid: [*s. l.*], 1965. v. 1: Introducción, p. LI

transmite em termos de *experiência do humano* e o quanto ela nos serve para encontrarmos e reconhecermos o que, efetivamente, é *próprio do humano.* Em suma, a literatura é a *mentira* que melhor exprime a *verdade* a respeito do humano.

Então, quão gratos devemos ser a Homero por, mediante essa ficção fantástica e impossível do ponto de vista realista, nos mostrar quão iludidos e enganados andamos ao imaginar que a felicidade humana se encontra na aquisição de uma vida regalada, cheia de prazeres e eternamente jovem?

A *experiência* de Ulisses narrada por Homero seria retomada por inúmeros escritores ao longo dos séculos. Mais modernamente, porém, a imagem que talvez se tenha instituído como a mais representativa e icônica, inspiração para centenas de outras obras literárias, plásticas e cinematográficas, é, sem dúvida, a de Fausto, principalmente na versão genial plasmada por Goethe.[15] Aqui, a força sobrenatural que oferece o poder, a força, a juventude e a imortalidade não é encontrada inopinadamente como a Calipso de Homero, mas invocada, conjurada. Ela se chama Mefistófeles. Por meio de um pacto, essa figura diabólica concede a Fausto a realização de todos os seus desejos e permite a este ter uma experiência semelhante àquela experimentada por Ulisses, porém ainda mais ampla e profunda, na medida em que, para além do prazer e da juventude, Mefistófeles ainda lhe concede poder e domínio inauditos — tudo com o que um homem dos tempos modernos poderia sonhar. Indo, assim, muito além da *experiência* de Ulisses, Fausto chega, no entanto, ao mesmo *lugar* de Ulisses: o desencanto, a frustação e a melancolia. Percebendo a vacuidade de todos os sonhos de poder, juventude e glória, Fausto, arrependido, amaldiçoa o pacto diabólico e deseja *poder retornar* a ser *o que era antes* e a *recomeçar* de forma totalmente diferente

15 GOETHE, Johann Wolfgang von. *Fausto: uma tragédia.* Tradução J. K. Segall. São Paulo: Editora 34, 2007.

Todas essas magníficas narrativas antigas, medievais, modernas e contemporâneas que, de alguma maneira, repetem a *experiência de Ulisses*, apontam, em suas diversas variantes, para uma mesma verdade: depois de ter saído, havendo tomado ou não o rumo certo; havendo ou não realizado aquilo deveria ser realizado; *nel mezzo del cammin di nostra vita*, nos deparamos com a *hora da verdade*. Nos deparamos com a inevitável necessidade de *retornar*, de *regressar*.

Para alguns, como vimos, esse momento da verdade, de tomada de consciência, se dá a partir da experiência da frustração e da vacuidade da vida, como no caso de Dante, que no auge de seu caminho se percebeu em uma *selva escura*, encurralado por suas paixões e seus falsos valores. Para outros, como o Ivan Ilitch de Tolstói, é a doença, a impotência, a solidão e a inevitabilidade da morte que os faz constatar que *não viveram a vida que devia ser vivida*. Para outros, ainda, como o Auschenbach de Mann ou o Fausto de Goethe, são justamente o poder, o sucesso e a fama que, em vez de satisfazerem a alma e o coração, produzem um sentimento paradoxal de fracasso, de tristeza e de frustração. Em todos eles, porém, observamos que a *crise da vida* desemboca no desejo e na constatação de que, para se consertar, se emendar e seguir adiante, é preciso *voltar, regressar, retornar ao começo*, àquilo que se deixou para trás, àquilo que se foi, àquilo que se era antes e se perdeu; aos verdadeiros valores.

Nesse contexto, a *experiência* de Ulisses, ainda que, de certa forma, tenha servido de referência para todas as outras, apresenta, entretanto, uma especificidade que muito contribui para uma compreensão mais profunda e completa daquilo que é próprio do humano.

Ulisses, diferentemente dos heróis sucedâneos, nunca se esqueceu de onde partiu e, por mais que tenha, voluntária ou involuntariamente, errado por caminhos tortuosos e experiências longínquas, nunca perdeu o sentido da sua meta.

Como revelávamos na lição anterior, Ulisses foi aquele "homem astuto que tanto vagueou", que "muitos povos e cidades observou" e "cujos espíritos conheceu"; Ulisses foi aquele que, a princípio, hesitou e até se recusou a sair, mas que, havendo saído, grandes feitos realizou, alcançando fama e glória inauditas entre os homens, ainda que à custa de grandes trabalhos e sofrimentos. Ulisses foi aquele que, depois de haver se colocado entre os maiores dos maiores — talvez o primeiro — de toda a Grécia, teve a oportunidade de tornar-se semelhante a um deus imortal... E, no entanto, foi aquele que recusou a imortalidade, que desdenhou da *divina felicidade* e escolheu voltar; escolheu descer do pedestal, escolheu envelhecer, escolheu a finitude, a trilha da vida que acaba na morte.

Ulisses foi aquele que escolheu voltar, envelhecer e morrer porque, de alguma forma, *sabia* ou *soube* (no momento oportuno) que assim devia ser. No "primitivismo" de uma mentalidade "arcaica", imersa em um mundo e uma cultura ainda tão distantes do humanismo clássico e do antropocentrismo moderno, Ulisses parece compreender aquilo que é próprio do humano com mais clareza e simplicidade do que os Dantes, Faustos, Auschenbachs e Ivans Ilitchs que viriam depois e que nos representam tão bem. Talvez por ainda andar tão próximo dos deuses, por ainda não haver perdido a percepção instintiva da dimensão espiritual da realidade e da sacralidade do Cosmos e da Natureza, Ulisses consegue discernir com grande facilidade, por exemplo, o disparate da oferta da imortalidade e da eterna juventude, numa existência identificada com o prazer, a comodidade e a satisfação dos desejos. Ulisses, na sua "tosca" humildade, conhece seu lugar no Cosmos, no ciclo da vida. Sabe que não é próprio do humano não morrer; que não é próprio do humano não envelhecer; que não é próprio do humano permanecer perenemente em uma felicidade prazerosa e idílica. Ulisses, que experimentou a necessidade de ter de sair para ser e que, uma vez havendo saído, fez o que tinha de ser feito e assim se fez sendo e fazendo, *nel mezzo del cammin [della sua] vita* percebe que, assim como há o tempo de sair, há também o tempo de voltar, de regressar. E então, vencendo a tentação de "congelar", de se "eternizar" no auge, no ápice, no zênite da sua vida, no esplendor das forças, da beleza, do poder, da juventude, da riqueza,

Ulisses, reconciliando-se com aquilo que é próprio do humano, lança-se voluntária e conscientemente, com todo o seu coração e a sua inteligência, no caminho de regresso, que se identifica com a experiência do ocaso, do envelhecimento e da morte. A jornada homérica de Ulisses nos ensina, portanto, que tão fundamental quanto sair para ser, para existir, é próprio do humano saber descer, voltar, retornar e, então, morrer — uma morte que, entretanto, não necessariamente é deixar de ser, existir, já que o tempo de voltar é também o tempo de contar, de narrar, e a narrativa, a história, ao se tornar memória, perpetua a existência para além da morte.

Em um mundo, entretanto, que valoriza tanto a força, a juventude, a riqueza e a felicidade; em um mundo em que se propala tanto a superação do *Homo sapiens* pelo *Homo deus*; em que nos empenhamos tanto por prolongar o máximo possível não só os confortos, os prazeres, mas também a "beleza" e a "juventude" e em que se teme como nunca o envelhecimento, o enfraquecimento e a morte, a *experiência* de Ulisses, tal como vimos analisando nesta segunda lição, pode trazer elementos essenciais para nos reconciliarmos com aquilo que é próprio do humano.

Como tem sido difícil para nós, imersos nesta cultura e nesta mentalidade tão "desenvolvidas" e "civilizadas" em que vivemos, aceitar que a jornada da vida é constituída desses dois tempos: o tempo de sair, de partir, de fazer, de ser; e o tempo de voltar, de retornar, de regressar, que não deixa de ser também *tempo de ser.*

Como tem sido difícil para nós, educados na cultura do ter, do possuir, do estar sempre "bem", na "crista", no "auge", ter de aceitar que depois da subida vem a descida, que depois do auge vem a decadência — e que essa decadência não é algo necessariamente triste, negativo, vergonhoso, mas algo natural, necessário e bom.

Os contemporâneos de Homero já intuíam que toda doença decorria de um desrespeito ao ciclo da vida. Alguns séculos mais tarde, Hipócrates, pai da medicina clássica, fundamentado nos princípios filosóficos que então emergiam e na observação empírica dos fenômenos da natureza (base da própria ciência moderna), desenvolveu e aprofundou essa concepção, mostrando como a saúde humana dependia da harmonização do ritmo da vida com aquele do Cosmos. Séculos adiante, quando as realizações humanas superaram as previsões mais fantásticas, passamos ilusoriamente a acreditar que somos agora capazes de definir nosso próprio ciclo, de reprogramar nossa natureza e de escolher nosso destino. Assim, aquilo que seria próprio do humano já não dependeria de condições estabelecidas por algo ou alguém exterior ou transcendente a nós. Passamos a acreditar que somos nós mesmos que definimos o que nos é apropriado e, curiosamente, por mais que estejamos experimentando um processo de adoecimento inaudito, continuamos insistindo. E os resultados vão ficando cada vez mais desastrosos, seja no âmbito da saúde da alma, seja no da saúde do corpo, seja no da saúde do próprio Cosmos. Até onde vai ser preciso chegar para perceber que *é preciso regressar* e assim respeitar o ciclo da vida?

A segunda lição que extraímos da *Odisseia* de Homero, complemento inseparável da primeira e base fundamental de todas as outras dez que na sequência virão, apresenta-se para nós não apenas como indispensável para a saúde existencial de cada um, mas também para a saúde da civilização humana e do próprio Cosmos.

Terceira lição:

É próprio do humano ter fé e esperança

Existem certas situações ou acontecimentos na vida que, se não nos fazem perder completamente a fé e a esperança na humanidade, no universo ou em Deus (para quem Nele crê) , deixam-nos profundamente abalados, fazendo-nos sentir perdidos e, muitas vezes, desesperados. Em todo caso, tais situações, se não nos destroem psíquica e espiritualmente, servem para destruir toda ingenuidade e puerilidade que porventura existam em nós. Tais experiências interpelativas e desafiadoras podem provir de situações dramáticas que irrompem na trama do cotidiano, ou, em certos casos, podem ser provocadas pela leitura de uma obra especialmente contundente.

Assim ocorreu comigo quando li *Os irmãos Karamázov*, de Fiódor Dostoiévski, especialmente os capítulos 3 a 5 do Livro V, intitulado "Pró e contra", centrado no diálogo entre os dois irmãos mais novos, Ivan e Aliócha Karamázov. Nele, Ivan abre sua alma para o irmão caçula, revelando sua visão trágica da existência, expressa na contradição entre a *sede de viver* e a *impossibilidade de aceitar a ordem das coisas*:

> Tenho vontade de viver e vivo, ainda que contrariando a lógica — explica Ivan a Aliócha. Vá que eu não acredite na ordem das coisas, mas a mim me são caras as folhinhas pegajosas que desabrocham na primavera, me é caro o céu azul, é caro esse ou aquele homem de quem, não sei se acreditas, às vezes a gente não sabe por que gosta, me é caro um ou outro feito humano

> no qual a gente talvez tenha deixado de acreditar há muito tempo e mesmo assim, movido pela lembrança antiga, o respeita de coração.[1]

Por outro lado, como aceitar a "bestialidade" do homem (que, aliás, Ivan pondera ser um termo inadequado e injusto para com as bestas, incapazes de serem tão deploráveis como o ser humano), principalmente quando manifestada na crueldade em face dos inocentes, das crianças? E, após fazer um longo inventário de maldades e atrocidades requintadas cometidas ao longo da história, destacando aquelas impetradas principalmente contra crianças inocentes, Ivan, interpelando seu irmão religioso, cristão ortodoxo e aspirante a monge, pergunta-lhe, exaltado: "Onde está o teu Deus, criador de todas as coisas, justo e bondoso, que permite absurdos como esses?" Diante do silêncio do irmão, Ivan segue adiante no seu questionamento aguçado e coerente:

> E o estranho, o surpreendente não seria o fato de Deus realmente existir; o que, porém, surpreende é que essa ideia — a ideia da necessidade de Deus — possa ter subido à cabeça de um animal tão selvagem e perverso como o homem, por ser ela tão santa, tão comovente, tão sábia e tão honrosa ao homem. Quanto a mim, há tempos que decidi não pensar na questão: foi o homem que criou Deus ou Deus que criou o homem?[2]

Reconhecendo a limitação da sua "inteligência euclidiana", "criada apenas com a noção das três dimensões", Ivan se exime de resolver essa questão:

> Eu, meu caro, [...] quem sou eu para entender o que toca a Deus? Reconheço humildemente que não tenho nenhuma capacidade de resolver tais problemas, minha inteligência é euclidiana, terrena, portanto, como

---

1 DOSTOIÉVSKI, Fiódor. *Os irmãos Karamázov*. Tradução Paulo Bezerra. São Paulo: Editora 34, 2008, v. 1, p. 318.
2 Ibidem, p. 324.

> iríamos resolver aquilo que não é deste mundo? [...] Todas essas questões são absolutamente impróprias para uma inteligência criada apenas com a noção de três dimensões.[3]

Diante disso, Ivan não só admite a existência de Deus mas a aceita "até de bom grado". O que ele, entretanto, não aceita e não pode "concordar em aceitar" é "o mundo criado por ele".

> Sou um percevejo — pondera Ivan — e confesso com toda humildade que não consigo entender absolutamente para que tudo foi organizado dessa maneira. [...]
> Oh, por minha mísera inteligência terrestre e euclidiana, sei apenas que o sofrimento existe, que não há culpados, que todas as coisas decorrem umas das outras de forma direta e simples, que tudo transcorre e se nivela — ora, isso é apenas uma asneira euclidiana, e eu mesmo sei disso, e não posso concordar com viver segundo essa asneira![4]

E assim, em face dessa situação absurda, que a "asneira euclidiana" não é capaz de resolver, a única solução, segundo Ivan Karamázov, é "devolver o bilhete de entrada":

> É por isso que me apresso a devolver meu bilhete de entrada. E se sou homem honrado, sou obrigado a devolvê-lo o quanto antes. E é o que estou fazendo. Não é Deus que não aceito, Aliócha, estou apenas lhe devolvendo o bilhete da forma mais respeitosa.[5]

Na percepção de Ivan Karamázov, portanto, a felicidade nesta vida só é possível "antes que venha a lógica"; antes que emerja a inteligência e nos

---

3 Ibidem, p. 325.
4 Ibidem, p. 338.
5 Ibidem, p. 340.

faça ver que nada disso a que chamamos vida faz sentido, que é tudo um absurdo, uma brincadeira de mau gosto de Deus e que a única coisa inteligente e coerente a fazer é simplesmente "devolver o bilhete de entrada" e sair dessa barafunda com a maior dignidade possível, ainda que "nossas entranhas", nosso "ventre", insistam em nos querer fazer viver.

Essas duras e contundentes palavras de Dostoiévski, ditas por um de seus personagens mais complexos e profundos, no cerne da sua última e mais conclusiva obra,[6] se, por um lado, parecem sintetizar as ideias essenciais do niilismo (corrente filosófica da segunda metade do século XIX que iria influenciar pensadores como Nietzsche), por outro, apontam para uma visão quase profética da percepção de mundo e da existência que se estabeleceria na humanidade depois de eventos como a Primeira Guerra Mundial, a Revolução Russa, a crise de 1929, a ascensão dos totalitarismos, a Segunda Grande Guerra, o holocausto e a bomba atômica — sem falar nas tragédias mais recentes da nossa história, cada vez mais eivada de genocídios, catástrofes causadas pela destruição sistemática do planeta, novas epidemias, doenças...

Depois de Hitler, Mussolini e Stalin, assim como depois de Dostoiévski, Nietzsche e Sartre, tornou-se muito difícil, para não dizer impossível, ter fé na humanidade, no universo e mesmo em Deus — pelo menos naquele Deus das consciências inocentes, que ainda não haviam *comido do fruto da inteligência, da lógica euclidiana.*

Já algumas décadas antes de Dostoiévski, no momento em que a Revolução Científica dava seus primeiros passos, em companhia da Revolução Industrial, no início do auge da Era Moderna, outra mente visionária, Mary Shelley, em uma obra que se tornou o protótipo do gênero ficção científica, colocava na boca do grande cientista Victor Frankenstein (que, arrependido

6 *Os irmãos Karamázov* foi publicado na Rússia em 1880, um ano antes da morte do seu autor, que ocorreu em 9 de fevereiro de 1881.

por haver fabricado, a partir de um *ensemble* das melhores peças anatômicas e neurais transplantadas de cadáveres, uma criatura monstruosa que lhe havia fugido do controle, com consequências desastrosas) a seguinte advertência a um ambicioso explorador que o havia resgatado:

> Aprenda comigo — se não com meus preceitos, ao menos com meu exemplo — o quão perigosa é a aquisição de conhecimento e o quão mais feliz é aquele que crê que sua cidade nativa é o mundo, do que aquele que aspira tornar-se maior do que permite sua natureza.[7]

Assim, depois de haver comido do fruto da árvore do conhecimento do bem e do mal, depois de haver roubado o fogo dos deuses e, principalmente, depois de haver descoberto que o mundo é infinitamente mais vasto que a sua cidade nativa, e que parece ser possível tornar-se muito maior do que a sua natureza permite; enfim, depois de haver *adquirido o conhecimento*, seja ele euclidiano, cartesiano ou quântico, parece já não ser mais possível ao homem crer em uma *ordem justa e boa* que premia os justos e piedosos e castiga os soberbos e cruéis.

Havendo perdido a fé nos deuses, os homens, que, na aurora da Modernidade, passaram a crer tanto em si mesmos, nos últimos dois séculos constataram que, quanto mais adquirem conhecimento e quanto mais se conhecem, mais perdem essa fé em si próprios, experimentando uma crescente e voraz sensação de solidão e desespero. E se, de repente, em algum momento nos pareceu que a fé no *Übermensch* (o super-homem) de Nietzsche poderia ser a alternativa para a perda da fé na razão, na ciência e no progresso, nos tempos atuais, as constantes frustrações com nossas experiências super ou transumanas parecem desvanecer nossas últimas esperanças.

---

7 SHELLEY, Mary. *Frankenstein ou o Prometeu moderno*. Tradução Adriana Lisboa. Rio de Janeiro: Nova Fronteira, 2011, p. 62.

Assim, enquanto alguns insistem nas velhas e batidas soluções já testadas e conhecidas da fé na razão euclidiana, na capacidade da ciência e do progresso em resolver todos os nossos problemas, outros, atraídos pela ilusória segurança dos antigos sistemas mágico-religiosos, pregam um retorno à *velha ordem*, atraindo milhares para ideologias fanático--obscurantistas, como se fosse possível, depois de haver *comido o fruto do conhecimento*, simplesmente esquecer seu sabor e seus efeitos.

Entre uns e outros, encontramos os *perplexos*; sim, os *perplexos* como Ivan Karamázov, que, sendo suficientemente inteligentes para perceber, por um lado, toda a *asneira* que está por trás das pretensões absurdas da *inteligência euclidiana*, e, por outro, a falácia ilusória do resgate acrítico das tradições pré-modernas, sentem-se perdidos e desnorteados, tentados a devolver o quanto antes o *bilhete de entrada*.

E é justamente para esses *perplexos* seres humanos, desnorteados a respeito do que é próprio do humano e sentindo-se encurralados no beco sem saída da pós ou ultramodernidade, que a literatura pode apontar uma passagem, uma solução para o duro e aparentemente insuperável obstáculo.

Foi, pelo menos, o que aconteceu comigo, há mais de vinte anos, quando descobri o caráter libertador da literatura clássica — o que vi acontecer também com milhares de pessoas, igualmente perplexas, que passaram por essa mesma experiência.

Foi lendo (e discutindo com outros leitores) obras como *Os irmãos Karamázov* e *Odisseia* que pude vislumbrar novos significados para palavras e vivências que já pareciam esgotadas ou mortas, como é caso daquelas que vamos explorar nesta terceira lição do que é próprio do humano: fé, esperança e justiça.

Para além dos impasses que a lógica euclidiana nos coloca, insuficiente para solucionar o mistério do humano, e para além das visões simplistas e ingênuas que certas "psicologias", "teologias" ou "ciências" rasas e baratas facilmente nos disponibilizam nas livrarias, igrejas e redes sociais, a Grande Literatura abre-nos um verdadeiro portal, que nos possibilita aceder às questões mais profundas da experiência humana a partir de uma perspectiva que pode ser libertadora.

Diante disso, voltemos ao nosso livro guia. E, novamente, logo no primeiro Canto vamos encontrar uns versos muito contundentes que nos servirão de ponto de partida para a reflexão sobre essa terceira lição do que é próprio do humano.

Como já vimos, no início do primeiro Canto da *Odisseia*, os deuses se encontram reunidos em conselho, deliberando, entre outras coisas, o destino do sofredor Ulisses. Abrindo os trabalhos, Zeus, "pai dos homens e dos deuses", tendo no coração a memória de Egisto, recentemente assassinado por Orestes para vingar seu pai, Agamémnon, morto assim que chegou de Troia pelo próprio Egisto, que, por sua vez, havia se amancebado com sua esposa durante a sua ausência, assim se dirige aos outros deuses imortais:

> Vede bem como os mortais acusam os deuses!
> De nós (dizem) provêm as desgraças, quando são eles,
> pela sua loucura, que sofrem mais do que deviam!
> Como agora Egisto, além do que lhe era permitido,
> do Atrida[8] desposou a mulher, matando Agamémnon
> à sua chegada, sabendo bem da íngreme desgraça —
> pois lha tínhamos predito ao mandarmos
> Hermes, o vigilante Matador de Argos:
> que não matasse Agamémnon nem lhe tirasse a esposa,
> pois pela mão de Orestes chegaria a vingança do Atrida,
> quando atingisse a idade adulta e saudades da terra sentisse.
> Assim lhe falou Hermes, mas seus bons conselhos o espírito
> de Egisto não convenceram. Agora pagou tudo de uma vez. (I, 32-43)

8 Descendente de Atreu, rei de Micenas, cidade da Grécia Antiga.

Não deixa de ser curioso encontrarmos nessa fala de Zeus como que uma resposta à perplexa pergunta de Ivan Karamázov diante do Deus mudo de Aliócha. Dando voz aos deuses, Homero nos permite recolocar o problema apresentado pelo agudo personagem de Dostoiévski desde uma nova perspectiva: em vez de culpar Deus ou os deuses pela *absurda ordem das coisas*, caracterizada pela injustiça, crueldade e caos, não seria mais *lógico* atribuir tal culpa antes aos homens, que por causa da *sua loucura* acabam por provocar mais sofrimento *do que deviam*?

Novamente aqui (como já apontamos na lição anterior) a aparente ingenuidade e o primitivismo da visão arcaica de Homero parecem apresentar uma solução muito simples para um problema que a evolução histórica do pensamento acabou por tornar bastante complexo e complicado.

E deve-se notar que, apesar de todo esse suposto primitivismo da antropologia homérica, que permite que os deuses falem em conselhos convocados no céu e que interajam livremente com os homens na Terra, a perspectiva destes em relação à *ordem das coisas* não parece ser muito diferente daquela do moderno e agnóstico Ivan Karamázov. Os arcaicos e piedosos gregos, se, por um lado, nem por um instante duvidam da existência dos deuses, por outro angustiam-se e maldizem seu destino, culpando os imortais por suas misérias e desgraças.

A diferença aqui está em que, se em Dostoiévski Deus está calado, mudo, em Homero ele fala, defende-se e explica a verdadeira *ordem das coisas*. É evidente que não se deve interpretar essa *fala de Deus* por uma perspectiva religiosa ou mística. Os deuses de Homero falam das verdades que estão no coração do homem (cuja origem pode, sim, até ser mística e religiosa) e que para serem expressas precisam, necessariamente, recorrer a esse recurso poético-narrativo. A sensibilidade do poeta dos tempos arcaicos, ainda livre da *carga da lógica euclidiana*, não via constrangimento algum em dar voz aos deuses e assim ousar dizer as verdades mais profundas utilizando-se de figuras míticas e simbólicas. Já para o escritor dos tempos modernos, sobrecarregado pelos séculos de compromissos lógicos, formais e científicos, tal procedimento já não é mais possível — isso, porém, não impedirá que gênios modernos como Dostoiévski encontrem novas formas de dizer as mesmas verdades proferidas pelos deuses homéricos; já veremos. De qualquer forma, ainda que de modo "arcaico" e "ingênuo" (ou nem tanto), o que Homero nos possibilita aceder é algo de extraordinária importância para a compreensão daquilo que é próprio do humano.

Na visão arcaica de Homero, a verdadeira *ordem das coisas* está caracterizada pela harmonia e pela justiça. Essa, pelo menos, parece ser a intenção dos deuses e a própria justificativa de seu papel divino, especialmente no que se refere a Zeus, *pai dos deuses e dos homens*. Governando o Universo no limiar entre os céus e a Terra, sua *função* é a de fazer prevalecer o Bem, o Equilíbrio (a *Diké*, como os gregos denominavam a Justiça), seja no plano cósmico (a harmonia do ritmo dos dias e das noites, das estações do ano, do curso dos astros), seja no plano ético (a devida retribuição às ações e palavras humanas em função de sua virtude ou vício).

Concebendo a dinâmica universal a partir de uma tensão entre o princípio da desordem (Caos) e o da ordem (Cosmos), presente em todas as instâncias da realidade, inclusive entre os deuses, a visão de mundo homérica atribui a Zeus o princípio ordenador por excelência e, assim, seu papel é o de fazer que o princípio da ordem prevaleça ou seja reestabelecido o quanto antes, toda vez que ele tenha sido rompido ou desrespeitado.

Não é por acaso, portanto, que o princípio desencadeador de toda a trama da *Odisseia* tenha sua origem não no mundo dos homens, mas no mundo dos deuses. Convocados estes por Zeus, a pedido de Atena, a questão é colocada na forma de pleito, já que o atraso por demais dilatado do *piedoso e justo* Ulisses, mais do que qualquer outra coisa, compromete a imagem dos deuses junto aos homens. Afinal, o que podem pensar estes a respeito dos imortais diante de uma injustiça tão flagrante que subsiste por tanto tempo? Haveriam os deuses voltado as costas ao destino dos homens? Haveria Zeus desistido de fazer reinar a justiça, castigando os justos e premiando os injustos?

Diante de tais argumentos de Atena, Zeus contesta, em uma mescla de surpresa e indignação:

> Que palavra passou além da barreira dos teus dentes?
> Como me esqueceria eu do divino Ulisses, cujo espírito
> sobreleva ao de qualquer outro homem e aos deuses imortais,
> que o vasto céu detém, nunca faltou com sacrifícios? (I, 64-67)

E, depois de justificar sua aparente negligência pela oposição vingativa que contra Ulisses vinha perpetuando Posêidon, Zeus, considerando uma possível saída da situação que não afronte abertamente o deus dos mares, acaba por fechar um acordo com Atena para viabilizar o retorno do sofredor Ulisses e assim reestabelecer a justiça, salvaguardando a *ordem das coisas* e a boa fama do deus dos deuses.

Para além da simpatia ou do apelo à compaixão pelo pobre e justo sofredor, o argumento relativo à manutenção da ordem justa e harmônica como princípio fundamental da divindade acaba exercendo papel decisivo.

Esse pequeno, mas peculiar episódio na narrativa de Homero não apenas estabelece o desencadeamento de toda a trama que se desenrolará a partir daí como também, efetivamente, revela, de forma contundente e emblemática, toda a concepção sobre o papel dos deuses e a *ordem das coisas* na mentalidade grega arcaica; qual seja: se há injustiças no mundo, são oriundas da *loucura* dos homens, de sua natural tendência a desobedecer a sua *justa medida*, a fazer aquilo que *não é próprio do humano.*

Aos deuses (e especialmente a Zeus, o princípio ordenador por excelência) cabe, antes de qualquer coisa, garantir a ordem do Cosmos e manter sua justiça. Nesse sentido, aos homens de boa vontade, que buscam e esperam a justiça, cabe ter fé e contar, no tempo e na medida oportunos, com a ajuda e a intervenção dos deuses para a realização daquilo que é bom, justo, honesto.

E efetivamente, ao longo de toda a narrativa homérica, a fé e a esperança aparecem como características constitutivas daquilo que é *próprio do humano*, pois sem essas virtudes nada é possível; nem a saída, tampouco o retorno. Entretanto, é interessante observar que essas virtudes essenciais, ponto de partida para todas as outras que analisaremos nas lições seguintes, têm sempre a sua fonte em uma instância transcendente e não imanente; ou seja, elas nascem e desabrocham a partir da intervenção direta dos deuses.

Como vimos na primeira lição, antes do aparecimento de Atena, metamorfoseada em Mentor, Telêmaco encontra-se em um conformismo amargo e desesperançado diante da situação injusta imposta pelas circunstâncias de uma suposta orfandade paterna e pelo comportamento *loucamente desmedido* dos pretendentes. É a partir de uma intervenção externa — o aparecimento de Mentor —, que repercute de forma profunda no coração de Telêmaco, que este vê brotar em si uma fé e uma esperança desconhecidas até então.

Ainda que as palavras proferidas pela deusa/Mentor não apresentem fatos ou provas concretas da sobrevivência de Ulisses e de seu iminente retorno, elas são recebidas como algo real, verdadeiro, que, antes de qualquer coisa, inspiram e despertam a esperança no até então desesperançado jovem, mobilizando-o de forma surpreendente:

> Tendo assim falado, partiu a deusa de olhos esverdeados, [...];
> no coração de Telêmaco inspirara força e coragem;
> e fê-lo pensar no pai, mais ainda do que antes.
> E ele apercebeu-se em seu espírito
> e no coração sentiu espanto: soube que ela era um deus.
> E logo se dirigiu para junto dos pretendentes, um homem divino. (I, 319-324)

Tais situações, em que a visita de uma deusa ou deus se dá, seja por intermédio de uma forma humana "emprestada" (como Mentor), seja por meio de uma figura onírica (em sonho), ou mesmo de uma visão explícita (no caso de Hermes ou Atena em face de Ulisses, em diversas ocasiões), são extremamente recorrentes em toda a *Odisseia* e os seus resultados sempre muito semelhantes: elas têm a função de inspirar fé e esperança nas personagens, apaziguando suas angústias e medos, enchendo-as de coragem e iniciativa.

No final do Canto IV, por exemplo, Penélope, ao saber da partida do filho para Pilos e Esparta em busca de notícias do pai, e informada do plano dos pretendentes de aproveitar sua saída para armar-lhe uma emboscada, vê-se totalmente desesperada. Amparada pela fiel ama Euricléa, esta lhe recomenda que reze a Atena, "filha de Zeus, detentor da égide", pois ela, assevera a velha criada, "poderá salvá-lo da morte" (IV, 753).

Sentindo-se mais reconfortada com essas palavras, Penélope "acalmou o choro e estancou as lágrimas dos olhos". Em seguida, "tomou banho e vestiu o corpo com roupa lavada" e "subiu até os mais altos aposentos" para então rezar a Atena. Rezando alto e com fervor, desfazendo-se em súplicas, banhada em lágrimas, Penélope acaba por adormecer. E, então, a deusa, tendo ouvido sua prece, "criou um fantasma" (IV, 796) semelhante a uma antiga companheira da juventude que lhe aparece em sonho e a consola, com palavras "aladas":

> Tu dormes, Penélope, entristecida no teu coração?
> Os deuses que vivem sem dificuldade não querem
> que tu chores nem te lamentes, pois ainda regressará
> o teu filho. Nenhuma ofensa ele cometeu contra os deuses. [...]
> Tem coragem: não sintas demasiado medo no teu espírito.
> Pois com ele vai um guia, a quem outros homens
> pedem para estar ao seu lado: ela é poderosa,
> Palas Atena. E tem pena do teu sofrimento:
> foi ela que me mandou aqui para te dizer isto. (IV, 804-807; 824-829)

Depois de haver assim falado, o "fantasma" desapareceu pela "fechadura da porta e misturou-se com o sopro do vento" (IV, 839). Quando acordou do sono, Penélope sentia o coração reconfortado e a alma cheia de esperança, apesar da gravidade da situação e das circunstâncias aflitivas.

De modo semelhante, a mesma deusa Atena se faz presente, de diversas maneiras, nos momentos mais dramáticos e decisivos da jornada de Ulisses, ora consolando-o, ora insuflando coragem, ora advertindo-o dos iminentes perigos, ora aconselhando-o sobre como proceder, agir, falar.

Verifica-se, portanto, que, na concepção homérica, os deuses — ou seja, a dimensão transcendente, oculta, misteriosa, mística do humano — não apenas aparecem como defensores e mantenedores da ordem e da justiça como também atuam diretamente na concretização delas, agindo no plano imanente, sugerindo, seja por meio de sonhos, seja por meio de aparições ou na forma de "terceiros", atitudes de fé, de esperança, de confiança. Como promotores do equilíbrio e da beleza do Cosmos, os deuses, especialmente os olímpicos, aqueles que se encontram nas mais altas esferas da transcendência, aparecem como os responsáveis por suscitar e fomentar a *kalokagathia*, ou seja, a *realização da beleza* no plano humano, ético.[9]

Apenas correspondendo a essa vocação e empenhando-se na sua realização — a *realização da sua própria beleza* — é que o ser humano pode efetivamente realizar-se enquanto ser. A *kalokagathia*, enquanto esforço por realizar aquilo que é justo, bom e belo, é o que não apenas dá sentido ao *ser*, ao *existir* do humano, como também é a maneira humana de atingir a imortalidade. Afinal, esta, em seu sentido verdadeiramente humano, não se realiza da mesma forma como nos deuses — tal como a Ulisses foi

9 O conceito grego de *kalokagathia* é brilhantemente explicado e analisado por Werner Jaeger em sua clássica *Paideia: a formação do homem grego*. Tradução A.M. Parreira. São Paulo: Martins Fontes, 2001.

oferecida por Calipso —, mas antes como *fama*, legado que é deixado por aquele que realizou a *própria beleza* durante o tempo da sua vida na Terra. Na medida em que realizou sua própria beleza, o ser humano perpetua sua vida mortal como *exemplo*, servindo para inspirar e referenciar seus descendentes, seus concidadãos e todos aqueles que virão depois dele e que ouvirão sua história.

Essa concepção antropológica, ou seja, de *ser humano*, esboçada aqui na *Odisseia* em forma de narrativa poética, estabeleceu a base da mais tarde chamada *visão humanista*, que, sistematizada filosoficamente por Sócrates, Platão e Aristóteles, durante o período clássico da Civilização Helênica, perpetuou-se ao largo de toda a história, sendo retomada, reformulada e atualizada por inúmeros filósofos, poetas, artistas, escritores.

É ela, por exemplo, que está no cerne de uma das mais icônicas formulações éticas da Modernidade: *ser ou não ser? Eis a questão!* A famosa pergunta de Hamlet,[10] célebre personagem de Shakespeare, no alvorecer da Era Moderna (século XVII), recoloca a ideia homérica na medida em que *ser* aparece como resultado do *fazer*, do *realizar*; nesse caso realizar a justiça, aquilo que é o certo, o que tem de ser feito. Hamlet, cujo pai foi covardemente assassinado, é instado por seu fantasma a realizar a justiça e assim restaurar a *ordem das coisas*. Angustiado por dúvidas e imobilizado pelo *excesso de razão* diante de uma sina que ele qualifica de *maldita*, Hamlet, representando claramente a atitude moderna perante os dilemas éticos e existenciais, hesita e perde a oportunidade de *realizar sua própria beleza*; ao deixar de fazer o que tinha de fazer no tempo oportuno, acaba por fazer o que não devia no momento equivocado. E, ao fazer dessa forma, Hamlet é consciente de estar escolhendo o *não ser* em vez do *ser*. A mesma questão homérica daquilo que é próprio do humano, porém aqui vivida tragicamente.

---

10 SHAKESPEARE, William. *Hamlet*. Tradução Millôr Fernandes. Porto Alegre: L&PM Pocket, 1997.

Como se pode perceber, voltamos aqui para a questão essencial do que é *próprio do humano*, na perspectiva do autoconhecimento e da autorrealização. Para *ser humano*, é preciso sair e é preciso retornar, e é nesse ter de sair e querer retornar que se realiza ou não a nossa *kalokagathia*. E, para que esta efetivamente se realize, é preciso *fazer aquilo que se deve fazer*; é preciso, desde o momento em que saímos até o momento em que retornamos (ou seja, até o fim, até a morte), que façamos *a coisa certa*, isto é, que realizemos, em todas as circunstâncias e situações, aquilo que é justo, aquilo que é bom, aquilo que é belo; aquilo que é virtuoso, que é excelente (a *areté*, como chamavam os gregos.)[11]

Entretanto, é importante destacar que, para os gregos homéricos, essa realização só é possível por causa dos deuses. Na verdade, ela só existe por causa dos deuses — são eles que provocam, que dão origem, que inspiram e fornecem os meios de realizá-la. Toda e qualquer pretensão de autorrealização cuja origem e direção não partam dessa dimensão *divina* acaba redundando, segundo os gregos, na *hybris*, ou seja, na soberba: na ilusão de que somos capazes de realizar nossa própria beleza apenas por nós mesmos, sozinhos, sem depender de nada nem de ninguém, como se fôssemos deuses. O resultado dessa atitude é trágico e desastroso, pois a *hybris* é o pior dos equívocos e o maior de todos os pecados, origem de todas as *loucuras*, que, por sua vez, desencadeiam as desgraças que acometem os homens e as quais estes, depois, injustamente, atribuem aos deuses.

Assim, se para os gregos a *hybris* é o pior dos vícios, a atitude oposta, a *humildade*, é, portanto, a primeira das virtudes. Para que a verdadeira *kalokagathia* se realize, é preciso que o ser humano reconheça sua limitação, sua incapacidade para atingir, por seus próprios meios, a *areté*, a excelência, meta da existência. Por sua vez, é o reconhecimento humilde da sua condição limitada e frágil que possibilita a ativação da virtude fundamental que lhe está intrinsecamente ligada: a fé.

---

11 JAEGER, Werner. *Paideia*, op. cit.

Percebendo instintivamente, ou melhor, intuitivamente, que a meta e o sentido da existência humana são a sua realização enquanto beleza (em consonância com a ordem estética do Cosmos) e, consequentemente, observando que tal objetivo é inalcançável sem a ajuda e a intervenção da própria fonte da beleza e da excelência, o homem homérico descobre na fé o único meio de atingir a sua meta e realizar o seu destino.

O piedoso judeu do século I d.C., formado na cultura grega da época helenística e convertido ao cristianismo, Saulo de Tarso (mais conhecido como o apóstolo Paulo) definiria a fé como a posse ou a certeza das coisas que não se veem.[12] Entretanto, ele mesmo e muitos místicos, mártires e apóstolos antes e depois dele fundamentaram suas vidas e enfrentaram corajosamente a perseguição, a tortura e a morte a partir de uma realidade que para eles era mais visível ou concreta do que aquela que os olhos da carne permitiam ver. Começando pela aceitação daquilo que não se vê, a fé acaba por proporcionar a visão e a experiência das coisas invisíveis.

Em certo sentido, pode-se dizer que a mesma perspectiva pode ser encontrada na concepção homérica da fé. Na medida em que, na sua humildade, personagens como Ulisses, Telêmaco e Penélope respondem, em seu coração, ao chamado da justiça e ao desejo da realização do certo, do bom e do belo, eles se abrem para a experiência da fé. E assim, tocados pela inspiração divina, começam a *ver com os olhos do espírito*; tal como Telêmaco, conforme citamos acima, "apercebe-se em seu espírito" que aquele que o visitava "era um deus".

A partir de então, a partir dessa *experiência de fé*, que lhe abre os olhos do espírito e provoca um "espanto no coração", Telêmaco, Ulisses, Penélope

---

12 Carta de São Paulo aos Hebreus, 11:1. In: *Bíblia de Jerusalém*. 8ª ed. São Paulo: Paulus Editora, 2012. Cabe destacar que a crítica escriturística, desde a Idade Média, tende a atribuir a Carta aos Hebreus não a São Paulo, mas a um discípulo direto deste que incorporou e transmitiu seus principais ensinamentos. Neste sentido, podemos dizer que tal concepção de fé seja efetivamente paulina, ainda que não propriamente formulada por São Paulo.

e todos os outros que se abrem a essa experiência passam a ser conduzidos e a pautar suas decisões e ações a partir dessa realidade, garantindo assim a realização do seu destino, da sua *própria beleza.*

Acredito que para a maioria de nós, filhos de Euclides, Descartes, Darwin e Nietzsche, é inevitável não nos admirarmos com essa perspectiva tão plácida e confortante, porém, por outro lado, tão crédula, aparentemente ingênua, infantil. E assim, se postulamos que é próprio do humano ter fé e esperança na justiça e na beleza, como é possível resgatarmos essa mesma fé depois da *morte de Deus* ou da perda da crença ou da não aceitação da *ordem das coisas*, conforme o aparentemente irretocável argumento de Ivan Karamázov? Depois de havermos passado por tudo o que passamos, desde Homero até a covid-19, como é possível crer, como é possível fazer a experiência da fé de Ulisses, Telêmaco e Penélope?

Sabemos que a experiência da fé não é, necessariamente, incompatível com a experiência da razão. Aliás, no seu nascedouro, a experiência racional se fundamentou na experiência da fé. Segundo Platão, Sócrates, pai da racionalidade aplicada às questões éticas e humanas, atribuía sua vocação filosófica a nada menos que um deus, ou *daimon*, como ele mesmo chamava, que era quem lhe indicava as coisas que devia ou não fazer, assim como as perguntas que devia formular aos cidadãos de Atenas no século V a.C.[13] Entretanto, com o tempo, a experiência da razão foi se afastando da experiência da fé, adquirindo tal autonomia que, quando não postulou a sua total inconsistência e invalidade, pelo menos se a deixou como algo suspeito e relegado ao desinteresse — isso quando não se acabou por reduzi-la a mero fenômeno psicológico ou sociológico, completamente "explicável" pelas ciências.

Em sua odisseia de autoafirmação, entretanto, a razão, cada vez mais autônoma e pretensiosa, acabou por se deixar levar pela *hybris* e reivin-

13 PLATÃO. *A apologia de Sócrates*. Tradução L. Rangel. São Paulo: Abril, 1972 (Col. Os Pensadores).

dicou, nos últimos tempos, o apanágio dos deuses, prometendo tudo explicar e tudo resolver. Ainda são muitos os "crentes" que, mesmo em nossos tempos tão desconcertados, continuam fiéis à "deusa" Razão, hoje mais conhecida como Razão Científica. Os mais lúcidos e inteligentes, no entanto, acabam, inevitavelmente, chegando à mesma conclusão de Ivan Karamázov, percebendo o absurdo pretensioso das suas postulações e promessas redentoras. E assim, sem poder ir mais além dos fatos e padecendo de uma incapacidade de dar conta da "quarta dimensão", já que a razão lhe impõe a limitação da tridimensionalidade da realidade, o homem Ivan-karamázoviano termina na perplexa desesperança, pronto para devolver o "bilhete de entrada".

Levando o questionamento daquele que comeu do *fruto do conhecimento* até as últimas consequências, Dostoiévski, por meio do perplexo Ivan Karamázov, apresenta-nos, de forma icônica, o beco sem saída em que a perspectiva moderna nos colocou. Porém, se, por um lado, o "devolver o bilhete" parece ser a única solução coerente e digna para o dilema existencial, por outro, este que pode ser considerado não apenas um dos maiores escritores da Modernidade, mas também um dos seus pensadores mais inspirados e completos, depois de nos levar até as últimas consequências da razão, aponta-nos outra saída, absolutamente surpreendente e desconcertante.

No desenrolar da trama de *Irmãos Karamázov*, a saída é apontada pelo irmão caçula, Aliócha, que, depois de experimentar a profunda angústia que as palavras de Ivan lhe provocaram, levando-o, juntamente com outros acontecimentos terrivelmente desacorçoantes que lhe sucedem nos capítulos subsequentes do romance, a estar prestes a perder a fé, acaba por reencontrá-la (em um outro patamar) por meio de uma experiência inesperada, surpreendente e arrebatadora.

Entretanto, para mostrar a *saída* apontada por Dostoiévski de forma mais simples e resumida (e assim indicar o ponto de reconciliação com a perspectiva homérica neste contexto ultramoderno em que nos encontramos), escolho deixar de acompanhar nosso querido Aliócha para nos depararmos com outro personagem, protagonista de outra narrativa à qual já nos referimos no Preâmbulo deste livro: o homem ridículo.

Protagonista e narrador da *narrativa fantástica* (assim denominada pelo próprio Dostoiévski) "O sonho do homem ridículo"[14] (aparecida em 1877, portanto apenas três anos antes de *Irmãos Karamázov*), esse homem ridículo, ao mesmo tempo que condensa uma série de personagens-tipo que aparecem em toda a obra de Dostoiévski, prenuncia aquele que melhor caracterizaria a perspectiva perplexa e cética do homem hiper-racional da Modernidade: Ivan Karamázov. Tal como este, o homem ridículo, sujeito com uma sensibilidade e uma inteligência acima da média, vai fundo na investigação da *ordem das coisas* e do sentido da vida e, claro, acaba, inevitavelmente, chegando à mesma conclusão: tudo não passa de uma "brincadeira de mau gosto", algo cujo sentido a razão é incapaz de compreender e que, portanto, não faz sentido algum.

Depois de tentar enfrentar todo esse mal-estar que é a existência por meio da indiferença, por meio de uma atitude de "tudo tanto faz", o homem ridículo, percebendo, no fim, a inutilidade e o ridículo da existência, acaba por chegar à mesma conclusão de Ivan Karamázov: que a atitude mais coerente e digna de um homem consciente do absurdo da vida é a de "devolver o bilhete", ou seja, sair da vida de forma deliberada e voluntária. Diante disso, o homem ridículo compra uma arma e decide dar-se um tiro na cabeça tão logo sinta que tenha "resolvido completamente" o problema do absurdo da existência. No dia determinado, entretanto, um incidente inesperado acaba provocando uma reviravolta na sua maneira de ver as coisas, e mudando completamente sua atitude diante da vida e da existên-

14 DOSTOIÉVSKI, Fiódor. "O sonho do homem ridículo". In: ______. *Duas narrativas fantásticas*. Tradução Vadim Nikitin. São Paulo: Editora 34, 2003.

cia. Ao se dirigir para casa, depois de participar de uma reunião na casa de alguns conhecidos onde, ao discutir filosofia, ciência e política, chega à conclusão final do acerto de seu raciocínio, é, entretanto, interpelado por uma menina. Uma menina de uns 8 anos, muito pobre, vestida quase em farrapos, que grita desesperada, dando a entender que algo de muito grave ocorreu com sua mãe. Ela pede socorro, mas o homem ridículo, que já decidiu há muito tempo que tudo o que acontece no mundo "na verdade tanto faz" e que naquele momento caminha para casa a fim de tirar a própria vida, sendo coerente com seu modo de encarar as coisas, não apenas se desvencilha da criança que lhe "agarrou pelo cotovelo" como ainda lhe enxota, como se fosse um cão vira-latas.

Ao chegar em casa, procurando permanecer frio e calmo, focado em seu plano já plenamente calculado, senta-se em frente à única mesa que existe no seu miserável quarto de pensão e retira da gaveta o revólver especialmente comprado para essa ocasião. Coloca a arma diante de si em cima da mesa, mas percebe que já não pode seguir em frente com sua decisão enquanto não resolver a questão que aquele encontro inusitado com a menininha lhe suscitou, pois, se já concluiu que para ele tudo é indiferente, por que então, neste momento, está sentindo pena daquela criança? E então, para o homem ridículo, "era como se agora eu já não pudesse morrer, sem antes resolver uma coisa qualquer. Numa palavra — confessa o homem ridículo — essa menininha me salvou, porque com as questões eu adiei o tiro".[15]

Depois de muito raciocinar, irritar-se e desesperar-se, sem encontrar uma solução, o homem ridículo acaba, de repente, por adormecer, "sentado à mesa na poltrona, coisa que nunca tinha [lhe] acontecido", pois, como ele mesmo pondera, o excesso de razão é irreconciliável com o sono.

Tendo "adormecido sem perceber", quase que por um descuido, o homem ridículo então começa a sonhar. E, em seu sonho, ele apanha

15 Ibidem, p. 101.

o revólver e dispara um tiro, mas não na cabeça, como havia planejado ("mais precisamente na têmpora direita"), e sim contra o coração. A partir de então, uma sequência incrível e fantástica de coisas passa a acontecer, levando o homem ridículo a uma verdadeira revelação; ao "anúncio da Verdade", como ele mesmo denominará.

Isento-me da descrição detalhada do sonho do homem ridículo (que retomarei mais adiante, em uma das lições subsequentes) para me ater apenas ao seu efeito, pois o que aqui nos interessa é destacar apenas que foi *pelo sonho* que o hiper-racional e moderno homem ridículo "conheceu, viu a Verdade". E que "Verdade" foi essa que esse homem ridículo *viu*? Deixemos que ele mesmo fale:

> Porque eu vi a Verdade, eu a vi e sei que as pessoas podem ser belas e felizes, sem perder a capacidade de viver na terra. Não quero e não posso acreditar que o mal seja o estado normal dos homens. E eles, ora, continuam rindo justamente dessa minha fé. Mas como vou deixar de acreditar: eu vi a Verdade — não é que tenha inventado com a mente, eu vi, vi, e sua *imagem viva* me encheu a alma para sempre.[16]

Depois de haver procurado incessantemente a Verdade pela razão e de pensar havê-la encontrado, quando concluiu que tudo não passa de um grande absurdo, no sentido em que toda ela se reduz a uma guerra de todos contra todos, o homem ridículo, interpelado por uma *experiência* incontrolável, inesperada e *irracional*, simbolizada pelo encontro com *aquela menininha*, vê sua lógica racional, cerebral e *euclidiana* ser ultrapassada pela lógica emocional, cordial e onírica que o sonho revelou. E, ainda que não tenha como contestar racionalmente aqueles que o ridicularizam e caçoam dele, dizendo que o que ele *viu* não passa de um sonho, o homem ridículo responde tranquilo, alegre e convicto:

16 Ibidem, p. 122.

> Mas por acaso não dá no mesmo, seja isso um sonho ou não, já que esse sonho me anunciou a Verdade? Pois, se você uma vez conhece a Verdade e a enxerga, então sabe que ela é a Verdade e que não há outra e nem pode haver, esteja você dormindo ou vivendo. Ora, que seja um sonho, que seja, mas a vida que vocês tanto exaltam, eu queria extingui-la com o suicídio, e o meu sonho, o meu sonho — ah, ele me anunciou uma vida nova, regenerada e forte![17]

Essa vida nova, regenerada e forte, é uma vida fundamentada não mais apenas na *razão*, na perspectiva tridimensional, *euclidiana*, da existência, mas na *fé*; na fé que permite *ver* aquilo que os olhos da carne e da razão não podem ver e que a lógica e o cálculo científico não são capazes de abarcar.

Essa Verdade que o homem ridículo *vê*, ele a vê pelo *coração*, ou seja, por meio do órgão que permite vislumbrar aquela *quarta dimensão* de que falava Ivan Karamázov. Sim, aquela mesma *quarta dimensão* que aparecia de forma tão explícita e cristalina na *Odisseia* de Homero, e que o desenvolvimento exacerbado e hegemônico do conhecimento e da razão científica acabou por relegar ao esquecimento e mesmo à total negação, qualificando-a muitas vezes como fantasia, sonho, irrealidade, superstição.

Os contestadores do homem ridículo, que se riem dele, dizem que essa Verdade pregada por ele não passa de *um sonho*, e, por isso mesmo, uma simples quimera, destituída de qualquer valor objetivo. Ele, porém, sem negar que tudo efetivamente foi experimentado em um sonho, responde que tudo acabou por se revelar com "imagens e forças tão reais", tão "plenas de harmonia", tão "envolventes e belas", e "a tal ponto verdadeiras", que, ainda que as "nossas frágeis palavras" sejam incapazes de dar conta delas, acabam por se impor e exigir que não apenas sejam comunicadas, mas fundamentalmente vividas; ou seja, que um novo modo de viver seja pautado por elas. E, no fim, acaba dizendo:

---

17 Ibidem, p. 102

> Sabem, vou lhes contar um segredo: tudo isso, talvez, não tenha sido coisa nenhuma! Porque aqui se passou uma coisa tal, uma coisa horrivelmente verdadeira, que não poderia ter surgido em sonho. Que seja, foi o meu coração que gerou o meu sonho, mas será que o meu coração tinha forças para gerar sozinho aquela horrível Verdade que depois se passou comigo? Como é que eu sozinho pude fantasiá-la ou sonhá-la com o coração? Será possível que o meu coração miúdo e a minha razão caprichosa, insignificante, tenham sido capazes de se elevar a tal revelação da Verdade![18]

A experiência aqui narrada pelo homem ridículo de Dostoiévski, tão difícil de ser traduzida em *nossas frágeis palavras* e ainda impossível de ser *explicada pela nossa caprichosa e insignificante razão*, apresenta-se como a expressão moderna da realidade da fé; aquela mesma realidade que, de forma tão "natural" e "simples", é comunicada por Homero na *Odisseia*.

Trata-se, sim, da mesma realidade, experimentada agora não mais de modo *mítico* ou *religioso* como na narrativa arcaica, mas não menos *mística* e *simbólica*. As personagens aqui já não são figuras coletivamente reconhecidas e aceitas, estruturadas em um universo hierárquico e objetivamente organizado, mas emersas das profundezas inconscientes e subjetivas do coração. Não mais deuses e deusas conhecidas e cultuadas, materializadas em fantasmas ou mentores, mas meninas e criaturas desconhecidas que, entretanto, comunicam a heróis perplexos, céticos ou desesperados o mesmo conteúdo e geram os mesmos sentimentos que consolaram e mobilizaram os heróis e heroínas primitivos, arcaicos e crédulos das narrativas antigas.

Efetivamente, a experiência da fé, absolutamente necessária para trazer esperança e confiança na justiça e na realização da *própria beleza* nas personagens homéricas, continua sendo necessária para dar esperança e sentido autêntico às personagens modernas e hipermodernas de Dostoiévski e do

18 Ibidem, p. 115-116.

nosso tempo. A diferença parece estar apenas em que, depois de havermos *comido do fruto do conhecimento* e de havermos experimentado todas as possibilidades e os limites que a *razão tridimensional* nos proporcionou ao longo de todos esses séculos que nos separam de Ulisses, Telêmaco e Penélope, hoje, talvez, só nos é possível ter fé depois de haver experimentado o extremo da descrença e da desesperança. Dessa forma, pelo menos, aconteceu com o homem ridículo e também com Aliócha Karamázov, que, depois de haver se entregado à descrença e ao desespero, havendo se deparado com um gesto inesperado e surpreendente de generosidade, vê seu coração endurecido e amargurado despertar, romper o "cerco da razão" e se abrir para o sonho, para a *visão* que o faz renascer. E assim como muitos séculos antes aconteceu com Telêmaco, Penélope e Ulisses quando foram visitados por Atena, Aliócha Karamázov, que caíra por terra como um "jovem fraco", depois de sua experiência de fé (que também se revela em parte por meio de um sonho), "levantara-se um combatente firme para o resto da vida nesse instante mesmo de seu êxtase. E depois, ao longo de toda a sua vida, Aliócha nunca pôde esquecer esse instante. 'Alguém me visitou a alma naquela hora' — dizia mais tarde com uma fé inabalável em suas palavras..."[19]

Guiados pela mão do mais lúcido escritor e pensador da Modernidade, podemos assim nos reconciliar e entender o mais inspirado poeta e sábio da Antiguidade para que, sem renunciar a tudo o que a razão, o conhecimento e a ciência nos legaram, consigamos ir além da terceira dimensão e, dessa forma, aprender essa terceira e fundamental lição, que nos ensina que para realizar nossa *kalokagathia* é preciso ter fé e esperança na justiça; fé e esperança em uma *ordem justa das coisas*, que, apesar de toda a sensação de caos e desordem que cerca nossa existência, continua a existir, a atuar e *quer ser, se realizar.*

19 DOSTOIÉVSKI, Fiódor. *Os irmãos Karamázov.* Tradução Paulo Bezerra. São Paulo: Editora 34, 2008, v. 2, p. 488.

Reconhecendo, pois, como nos ensina o filósofo do século XVII Blaise Pascal, que o *coração tem razões que a própria razão desconhece,*[20] podemos seguir em frente nesta jornada de conhecimento daquilo que é próprio do humano. Partindo da lição que Homero nos ensinou, e que Dostoiévski e tantos outros atualizaram e repropuseram, aprendemos que, para seguir nessa odisseia do autoconhecimento em busca da nossa autorrealização (da *realização da nossa própria beleza*), devemos começar justamente pela fé e pela esperança; pela fé de que as respostas que buscamos se encontram nas profundezas de nosso coração, para além da razão. Ou seja, que devemos, como Ulisses, Telêmaco, Penélope, Aliócha e o homem ridículo (afinal, não somos todos nós, em alguma medida, seres ridículos?), abrir-nos para essa realidade interior, suprarracional, que alguns chamaram de deuses, outros de *daimon*, outros de Espírito e outros ainda, simplesmente, de *coração*, para seguir, com esperança, nosso destino de humanização.

Compreendendo, então, que é *próprio do humano* ter fé e esperança em algo que nos ultrapassa, protege-nos e está comprometido com a realização da nossa beleza e da própria justiça, podemos seguir adiante, aprendendo com o que as outras lições que seguem nos ensinam.

---

20 PASCAL, Blaise. *Pensamentos*. Tradução Sérgio Milliet. São Paulo: Abril, 1973 (Col. Os Pensadores), n. 277, p. 111.

Quarta lição:

É próprio do humano saber refletir e discernir

É interessante notar como cada povo ou cultura, em certo momento de sua história, acaba por produzir sua própria odisseia. Tal fenômeno parece estar relacionado com o processo de amadurecimento da sua língua, que, nitidamente, expressa certo estágio de amadurecimento de sua consciência. Longe de aplicar qualquer esquema positivista ou evolucionista à interpretação das culturas, verifica-se, entretanto, que não foram poucas as literaturas que atingiram um inegável grau de autonomia e independência ao apresentar obras de caráter épico que acabam por traduzir, em seu próprio idioma e em seu específico contexto cultural, a mesma experiência existencial e de referência humanística que encontramos na *Odisseia* de Homero. É como se, na verdade, todo o desenvolvimento da literatura de uma língua e cultura exigisse e confluísse necessariamente para uma obra desse tipo.

Assim, pelo menos, é o que se pode constatar ao considerar alguns casos, por exemplo, a *Eneida* de Virgílio para a cultura e língua latina, a *Divina Comédia* de Dante para a italiana, *Os Lusíadas* de Camões para a portuguesa, *Don Quixote de La Mancha* de Cervantes para a castelhana, ou *Fausto* de Goethe para a alemã. Apresentando, obviamente, características muito peculiares e originais, cada uma dessas obras, ao mesmo tempo que representa certa culminância no processo de amadurecimento de suas respectivas linguagens e formas de expressão literária, determinando um novo patamar linguístico e literário para suas culturas, constitui-se também em exemplos emblemáticos de representação daquilo que é universalmente próprio do humano.

Não é casual, portanto, a recorrência a algumas dessas obras na construção da reflexão sobre o que seria próprio do humano a partir da *Odisseia*. Nesta altura, acredito que já deve ter ficado muito claro a você, leitor e leitora, o quanto a grande literatura, tomando a narrativa de Homero como ponto de inspiração e referência, consciente ou inconscientemente, parece estar, em distintos momentos da história, em diferentes contextos linguísticos e culturais, buscando encontrar novas maneiras de expressar as mesmas verdades, qual seja, o que seria *o próprio do humano*, qual a forma de encontrar o seu caminho de autorrealização.

Ao adentrarmos no tema desta quarta lição, que trata da importância da reflexão e do discernimento como decorrência da experiência da fé, foi inevitável lembrar de um trecho extremamente eloquente daquela que, para mim e para muitos escritores, críticos e leitores, pode-se considerar a odisseia brasileira por excelência: *Grande sertão: veredas*, de João Guimarães Rosa.

Livro escrito em meados do século XX, fundamentado na vivência memorialística e etnográfica do escritor mineiro nascido e criado em uma das fronteiras do inabarcável sertão do Brasil, *Grande sertão*, dialogando com inúmeras tendências e temas da literatura universal, expõe a saga do jagunço Riobaldo, que, depois de haver saído e realizado sua própria beleza, procura reconciliar-se consigo mesmo, com o seu semelhante e com Deus, ao narrar sua longa e épica trajetória de vida a um generoso e paciente ouvinte.

Por meio de uma linguagem extremamente peculiar que, na conciliação entre o resgate do mais tradicional e a experimentação mais audaciosa, projeta o português-brasileiro como idioma literário autônomo, Guimarães Rosa acaba por reinventar um imaginário épico que recoloca o tema universal do humano em uma perspectiva muito original.

Em um dos momentos culminantes da narrativa, quando Riobaldo se questiona sobre aquilo que seria o essencial na vida, aquilo que põe sentido na existência de um ser humano, chega a esta profunda e brilhante formulação:

> Sempre sei, realmente. Só o que eu quis, todo o tempo, o que eu pelejei para achar, era uma só coisa — a inteira — cujo significado e vislumbrado dela eu vejo que sempre tive. A que era: que existe uma receita, a norma dum caminho certo, estreito, de cada pessoa viver — e essa pauta cada um tem — mas a gente mesmo, no comum, não sabe encontrar; como é que sozinho, por si, alguém ia poder encontrar e saber? Mas esse norteado, tem. Tem que ter. Se não, a vida de todos ficava sendo sempre o confuso dessa doideira que é. E que: para cada dia, e cada hora, só uma ação possível da gente é que consegue ser a certa. Aquilo está no encoberto; mas, fora dessa consequência, tudo o que eu fizer, o que o senhor fizer, o que beltrano fizer, o que todo-o-mundo fizer, ou deixar de fazer, fica sendo falso, e é o errado. Ah, porque aquela outra é a lei, escondida e visível, mas não achável, do verdadeiro viver: que para cada pessoa, sua continuação já foi projetada, como o que se põe, em teatro, para cada representador — sua parte, que antes já foi inventada, num papel...[1]

Nesta altura das nossas reflexões, não creio que seja difícil identificar que "coisa" é essa, "cujo significado e vislumbrado" o jagunço Riobaldo sempre pelejou para achar e que, paradoxalmente, sempre teve. Essa "receita", essa "norma dum caminho certo, estreito, de cada pessoa viver", essa "pauta", parece coincidir com aquilo que viemos apresentando nas lições anteriores e que, seguindo Homero e a sensibilidade grega antiga, denominamos a *kalokagathia*, a *realização da própria beleza*. Ou seja, *a coisa justa, a coisa certa a se fazer* em cada Agora, em cada situação e circunstância da nossa vida. Esse, efetivamente, é o cerne, a essência mesmo daquilo que é *próprio*

---

1 GUIMARÃES ROSA, João. *Grande sertão: veredas*. Rio de Janeiro: Nova Fronteira, 2001, p. 500.

do humano e que permite que nos realizemos e que vivamos uma vida que valha a pena, que tenha sentido e que nos livre de fazer da nossa existência o "confuso dessa doideira que é".

Entretanto, acompanhando o raciocínio de Riobaldo, "como é que sozinho, por si, alguém ia poder encontrar e saber?" Pois esse "norteado", esta "lei", está "no encoberto", no escondido, no "não achável do verdadeiro viver"...

"E procurar encontrar aquele caminho certo — continua Riobaldo, um pouco mais adiante em suas reflexões — eu quis, forcejei; só que fui demais, ou cacei errado".[2] Procurando acertar, Riobaldo errou, foi "demais", além da *justa medida*. E, nesse ponto, o jagunço dos sertões pouco ou nada se distancia do rei de Ítaca, que por muitas terras e mares errou, forcejou e passou da medida, sofrendo as consequências. Mas, convenhamos, como é que se vai acertar sem antes errar? Como se pode conhecer a *justa medida* sem antes haver ultrapassado a medida ou ter ficado aquém? Porque, como nos ensina (mais uma vez) Dostoiévski, por intermédio de um dos personagens mais encantadores da literatura universal, o "idiota" príncipe Míchkin,

> ... não se vai compreender tudo de uma vez, não se vai começar diretamente pela perfeição! Para atingir a perfeição é preciso primeiro não compreender muita coisa! E se compreendemos muito rapidamente, então vai ver que não compreendemos bem.[3]

Para chegar à *justa medida* é necessário que se rompa com a mediocridade, que se rasgue a *receita* do ordinário e se descumpra a *pauta* da mundanidade, para que, na caça do *caminho certo*, se erre, se fique, se passe, se conserte, se volte e assim se encontre a verdadeira *pauta*, o verdadeiro papel a ser representado.

---

2 Ibidem, p. 501.

3 DOSTOIÉVSKI, Fiódor. *O idiota*. Tradução Paulo Bezerra. 4ª ed. São Paulo: Editora 34, 2015, p. 617.

Nesses caminhos de *caça* e *errância*, Riobaldo chegou ao extremo de querer vender sua alma ao diabo, porém, na perspectiva de quem saiu e já retornou, depois de tudo viver e experimentar, o épico sertanejo questiona: como se vai vender algo que não lhe pertence? "Mas minha alma tem de ser de Deus: se não, como é que ela podia ser minha?"[4]

Querendo encontrar a *pauta*, a *receita*, Riobaldo descobre que o fundamento de tudo está *no oculto, no invisível*; é lá, no oculto do coração, como também descobriu (como *viu*) o homem ridículo, onde habitam Deus e o diabo, na encruzilhada dos caminhos, que se encontra a resposta. E assim, portanto, duas coisas são necessárias: fé e discernimento.

Riobaldo apela a seu interlocutor: "O senhor reza comigo. A qualquer oração. Olhe: tudo o que não é oração, é maluqueira..."[5] Por meio do seu Ulisses do sertão, Guimarães Rosa reafirma a lição que comentamos no capítulo anterior: tudo começa na fé, na capacidade de *ver* e *ouvir* a *voz* e ler a *pauta* que se esconde no interior do coração. E que outra coisa não é a oração senão a habilidade de falar e escutar o próprio coração? É daí que tudo começa. Mas, para seguir adiante e transformar *oração* em *ação* na realização dessa vocação própria do humano, que é a de realizar sua própria beleza, um segundo passo é necessário.

Deus, deuses ou *daimons*, comprometidos com nossa realização, inspiram, orientam e guiam, seja mediante os toques sutis que nos chegam pela oração, pelo sonho ou pela intuição, seja por meio dos encontros e acontecimentos que nos sucedem ao longo da nossa trajetória. Entretanto, seguir ou não esses toques, conselhos ou indicações cabe exclusivamente a nós, seres humanos livres que somos.

Em consonância com os mestres da espiritualidade de todas as tradições ao longo dos séculos, os mestres da poesia e da literatura *sabem* que a decisão de seguir ou não a *pauta* cabe fundamentalmente a cada um de nós, seres humanos responsáveis que devemos ser.

4 GUIMARÃES ROSA, João. *Grande sertão: veredas*, op. cit., p. 501.
5 Ibidem.

Deus, deuses ou *daimons* sopram e falam direta e especificamente com cada um em particular, na medida em que cada um tem uma vocação, uma missão e uma beleza própria, peculiar, a realizar. A inspiração é transcendente, mas a responsabilidade pela decisão e ação é sempre imanente: cabe a cada um assumir os seus atos.

Nesse sentido, portanto, ter fé é fundamental, mas não basta. Para realizar aquilo que é próprio do humano é preciso saber refletir, discernir e, uma vez decidido, ter coragem para agir.

Sobre a coragem falarei na lição seguinte. Concentrar-me-ei agora na necessidade de saber refletir e discernir. Vejamos o que a *Odisseia* tem a nos ensinar sobre isso.

Retornemos ao Canto primeiro, já bem conhecido por você, leitor(a), quando Atena, assumindo o aspecto de Mentor, visita Telêmaco a fim de mobilizá-lo e fazê-lo sair em busca de notícias de seu pai. Como vimos, mediante essa interpelação, Atena não apenas está preparando o retorno e a realização da missão e destino de Ulisses como também incitando Telêmaco a crescer e *realizar sua própria beleza*.

A princípio, Atena/Mentor desperta o dormente e acuado Telêmaco com *palavras aladas*, que o incitam a reconhecer, por um lado, sua inaceitável condição e, por outro, a querer reagir, saindo em busca do pai, de si mesmo e do seu próprio destino. Em seguida, a deusa mentora orienta-o, propondo-lhe *bons conselhos*: "A ti darei bons conselhos, se me ouvires com atenção." (I, 296)

Sabendo, entretanto, que para que tais *conselhos* frutifiquem e se tornem operativos, é preciso que o jovem perceba o caráter peculiar destes. Por isso, Atena os dota de um conteúdo e uma atmosfera especial, associando às palavras sensações, sentimentos e intuições diferenciadas que o levarão a reconhecer sua transcendência: "Tendo assim falado, partiu a deusa de olhos esverdeados, voando como uma ave para o céu [...]. E ele apercebeu-se em seu espírito e no coração sentiu espanto: soube que ela era um deus." (I, 320)

De forma plástica e poética, Homero traduz nesses versos aquela sensação intuitiva que experimentamos quando somos interpelados por palavras conjugadas com acontecimentos e situações que nos obrigam a reconhecer nelas algo de diferente e especial; algo de caráter próprio e individual, como se o universo (ou Deus) estivesse efetivamente conversando conosco, nos mandando uma mensagem pessoal, nos aconselhando. O efeito, sabemos, é imediato e contundente. Como Telêmaco, sentimo-nos espantados e, em nosso espírito e coração, apercebemo-nos de que algo fora do comum nos ocorreu e que a partir deste momento coisas novas nos acontecerão, obrigando-nos, então, a adotar uma nova conduta, uma nova perspectiva de vida. "No coração de Telêmaco" — nos conta Homero — tal experiência "inspirara força e coragem; e fê-lo pensar no pai, mais ainda do que antes", e o fez voltar para junto dos pretendentes com uma postura diferente; não mais como a de um menino assustado, mas como a de "um homem divino".

Do ponto de vista "externo", nada de extraordinário aconteceu: Telêmaco é visitado por um velho conhecido de seu pai, de nome Mentor, que lhe diz algumas palavras e lhe dá alguns conselhos. Mas, do ponto de vista "interno", subjetivo, o filho de Ulisses vivencia uma *experiência mística*; uma experiência que determinará uma mudança radical e definitiva em sua vida, que, a partir de então, será norteada pela *fé*.

Viver com fé e pela fé projeta a existência para outro patamar. A experiência da fé estabelece um ponto de partida, de apoio e de orientação que fundamenta e viabiliza a *kalokagathia* de cada indivíduo. Entretanto, acompanhando os desdobramentos da trajetória de Telêmaco, Penélope, Ulisses e outros personagens da *Odisseia*, constatamos que a fé, embora essencial e necessária, não é suficiente. Abrindo as portas da percepção e da consciência para as dimensões mais profundas e misteriosas da existência, que na *Odisseia* corresponde ao reconhecimento e à ação dos deuses, a fé, apesar de transcender a razão, não elimina nem dispensa a operacionalidade desta; muito pelo contrário.

Voltando ao episódio da iniciação de Telêmaco, percebemos que Atena/Mentor, após despertar e inspirar o jovem com palavras e conselhos, o deixa só, a fim de que essas mesmas palavras e conselhos, como boas sementes lançadas em terreno fértil, germinem e brotem, maturando e frutificando com a participação e o auxílio do discernimento, da razão. "Pensa no que te diz respeito — lhe diz Mentor — e medita sobre minhas palavras." (I, 305) E, assim, Telêmaco, ao final daquele dia tão surpreendente e intenso, cheio de revelações e interpelações, recolhe-se sozinho para o recesso de seu quarto, e aí, "durante toda a noite, embrulhado em lã de ovelha, [...] refletiu sobre o curso que lhe traçara Atena" (I, 444-445).

No dia seguinte, "quando surgiu a que cedo desponta, a Aurora de róseos dedos" (II, 1), o "amado filho de Ulisses" levantou-se lépido, disposto e decidido. Efetivamente, depois de passar a noite toda refletindo e discernindo as palavras e conselhos da deusa, entendeu ser aquele mesmo o seu *curso*, sua *pauta* e seu *destino*. Assumindo uma postura nova e surpreendente, o até ontem tímido e mirrado menino apresenta-se com firmeza e graciosidade inéditas perante a Assembleia que se reunia no Areópago da cidade de Ítaca e, sentando-se na cadeira que era de seu pai, solicita corajosamente a palavra, a fim de comunicar sua decisão de ir em busca de notícias de Ulisses e pedir a ajuda de seus concidadãos para realizar tal empreendimento.

Atena/Mentor despertou e inspirou o jovem, com seus conselhos e *palavras aladas*, mas a tomada de decisão coube apenas a ele, frutificada na experiência solitária da reflexão. A experiência da fé não anula o trabalho da razão, antes o exige. A vida na fé e pela fé não compromete a liberdade, mas a torna efetiva e operativa.

E, de fato, se assim não fosse não seria possível o processo de amadurecimento, pois uma fé cega, sem a participação da razão e da liberdade, não é uma fé operativa e humanizadora; não está comprometida com a realização da beleza. Como esclarece a própria deusa, quando Telêmaco, a caminho de Pilos e Esparta, pede novos conselhos a seu *mentor*: "Telêmaco, algumas coisas serás tu a pensar na tua mente, outras coisas um deus lá porá: na verdade não julgo que foi à revelia dos deuses que nasceste e foste criado" (III, 25).

Na concretização daquilo que é próprio do humano deve-se, pois, contar com a fé, com aquilo que *um deus lá põe* em nosso coração, porém, é necessário também *pensar com nossa própria mente*, encetando uma dinâmica em que a reflexão e o discernimento jogam um papel colaborativo com o sentimento e a intuição.

Essa verdade antropológica que Homero introduz de modo tão didático na narrativa iniciática da "Telemaquia" volta a aparecer não mais na forma de conselho, mas na ação prática, quando o texto passa a descrever as aventuras de Ulisses. Este, como herói já iniciado, fundamenta seu agir, conforme vimos na lição anterior, na intuição e na fé, habituado a contar com a intervenção e o conselho dos deuses, especialmente de Atena, sua padroeira e protetora. Entretanto, tal como aconselhava Atena a Telêmaco no processo de iniciação, Ulisses apresenta uma atitude bastante peculiar em seu modo de ser e agir, principalmente diante de situações difíceis, que exigem importantes e rápidas tomadas de decisão. Ulisses confia desconfiando; crê refletindo; obedece discernindo.

Um exemplo eloquente dessa atitude aparece, por exemplo, em um episódio narrado no quinto Canto, quando Ulisses, finalmente liberado por Calipso, após construir, com as próprias mãos, uma jangada, lança-se ao mar a fim de retomar seu regresso à casa.

"Durante dezessete dias — conta-nos Homero — navegou sobre o mar; e ao décimo oitavo dia apareceram as montanhas sombrias da terra dos Feáceos" (V, 278). Entretanto, voltando de junto dos etíopes, aonde tinha ido receber sacrifícios e homenagens, Posêidon, o "poderoso Sacudidor da Terra", viu Ulisses a distância e "muito se irou". Deduzindo a intervenção dos deuses do Olimpo naquela situação, Posêidon decide agir, a fim de honrar sua promessa de persegui-lo "pelo caminho do sofrimento" e de atrapalhar o máximo possível o seu regresso a Ítaca.

"Segurando na mão o tridente", Posêidon reúne as nuvens, incita "de todos os lados toda espécie de ventos" e faz despencar sobre o mar uma terrível tempestade. Percebendo o que está para lhe acontecer, Ulisses vê seu coração e seus joelhos enfraquecerem e se desespera, imaginando o seu inevitável fim no abismo do mar, sepultado para sempre sob as águas, sem ritos fúnebres, sem testemunhas que o pranteiem e que depois possam narrar suas àgruras às gerações futuras.

Atingido pela violência das ondas, Ulisses vê sua pequena e frágil jangada se desconjuntar e desfazer. Entretanto, do meio de todo aquele inferno de vagas e redemoinhos, emerge uma ajuda inesperada: Ino, filha de Cadmo, que, tendo sido humana, acabou por granjear "da parte dos deuses uma honra divina" (V, 335), sendo transformada em uma ninfa do mar, atendendo pelo nome de Leucótea.

Apiedada e comovida por ver o grande sofrimento do herói, a deusa, emergindo do mar, "semelhante a um mergulhão", pousou na jangada e a Ulisses dirigiu estas palavras:

> Vítima do destino, por que razão Posêidon, o Sacudidor da Terra,
> assim quis o teu sofrimento, semeando tais desgraças?
> Por outro lado não te destrói, embora encolerizado.
> Mas faz agora como te digo; pareces-me bom entendedor. (V, 338-342)

E então, estendendo-lhe um véu transparente, Leucótea instrui Ulisses, recomendando-lhe que, despindo-se de todas as suas roupas, atasse o "véu imortal" debaixo do peito e, abandonando a jangada, se atirasse ao mar, esforçando-se para alcançar a nado a terra dos Feáceos, onde seria seu destino encontrar a salvação. E acrescenta:

> Não tenhas medo: nada irás sofrer e não te afogarás.
> Mas assim que com as mãos tiveres tocado a terra firme,
> desata de novo o véu e atira-o para o mar cor de vinho,
> para longe da terra, voltando as tuas costas. (V, 346-350)

Ulisses, a princípio surpreso e admirado, logo depois que a deusa salta da jangada de volta para o mar, põe-se a refletir e, "desanimado", diz ao "seu magnífico coração":

> Ai, pobre de mim! Será de novo um dos imortais a tecer
> um dolo, dizendo-me para abandonar a jangada?
> Mas não me deixarei ainda convencer, pois longe está
> a terra que vi com os olhos, onde ela disse que me salvaria.
> Não, é isto que farei; isto que parece-me a melhor coisa:
> Enquanto as madeiras permanecerem bem atadas,
> aqui ficarei e enfrentarei os sofrimentos.
> Mas quando as ondas tiverem estilhaçado a jangada,
> então tentarei nadar, visto que não há outra solução melhor. (V, 356-364)

Contudo, enquanto Ulisses assim "refletia no coração e no espírito", conta Homero, Posêidon fez surgir uma onda gigante, "terrível e perigosa", que ao atingir a jangada fez desatar e espalhar todas as suas pranchas, lançando o sofrido pai de Telêmaco no meio das vagas. Nadando desesperadamente, Ulisses conseguiu alcançar uma das pranchas soltas e subir nela "como se montasse um cavalo". Despindo-se, então, das roupas "que lhe oferecera a divina Calipso", Ulisses tomou o véu ofertado por Ino, estendeu-o e o atou sob o peito, atirando-se em seguida à água.

Logo percebeu que o véu tinha o efeito de um colete salva-vidas, que o mantinha boiando, impedindo-o de afundar, a despeito de toda a força e violência do repuxo das vagas e dos redemoinhos. E assim, depois de muitas horas de luta contra as ondas e correntes marinhas, livrando-se de ser esmagado nas rochas do litoral escarpado, Ulisses, por fim, chega, são e salvo, a uma pequena praia na foz de um rio da terra dos Feáceos.

Sentindo-se esmagado, com "o corpo dorido e água salgada [que] corria-lhe da boca e das narinas", Ulisses jazeu na areia "sem fôlego, incapaz de falar, incapaz de se mexer. Apoderara-se dele um cansaço ingente" (V, 455). Porém, logo quando voltou a si e "ao peito regressou o alento, desprendeu do corpo o véu da deusa marinha e deixou que caísse no rio que fluía ao mar.

> Uma onda forte levou-o na corrente e de imediato Ino
> recebeu o véu nas mãos. E afastando-se do rio, Ulisses
> ajoelhou-se num canavial e beijou a terra dadora de cereais. (V, 460-464)

Percebe-se, nesse tenso e emocionante episódio, uma sequência de acontecimentos e reações que nos possibilitam reforçar e aprofundar as ponderações sobre a relação entre fé, discernimento e reflexão que estamos a desenvolver nesta quarta lição sobre o que é próprio do humano.

Tal como vínhamos observando a partir da postura de Telêmaco perante a intervenção e os conselhos de Atena/Mentor, a atitude de Ulisses, já amadurecida por anos de experiências, provas e sofrimentos, fundamenta-se, como sempre, na fé.

Confiando na palavra e na promessa da deusa Calipso, Ulisses arrisca lançar-se ao mar caprichoso e ameaçador em uma tosca e frágil jangada. Mesmo consciente da perigosa indisposição de Posêidon, seu divino desafeto, Ulisses fundamenta sua decisão na fé que tem nos deuses, particularmente em Atena, e na convicção da justiça de seu desejo maior, que é o de rever sua pátria, sua mulher e seu filho.

Mobilizado pela fé, Ulisses sabe, entretanto, que os perigos e as ameaças que o esperam são grandes e terríveis. Ulisses tem fé, mas também tem medo e, portanto, ainda que confiante, permanece sempre alerta, atento. E então, quando, no auge do perigo, é novamente socorrido por uma intervenção mística, sobrenatural, Ulisses, antes de obedecer de imediato ao conselho da deusa, *reflete*, conversando com seu "magnífico coração".

O verbo *refletir* remete, etimologicamente, tanto ao ato de vergar, curvar-se sobre si mesmo (do latim *reflecto*), como também ao fenômeno da reflexão especular; de ver a própria imagem refletida em um espelho. Do ponto de vista psicológico, a *reflexão*, portanto, pode ser interpretada como a ação de curvar, de voltar o espírito, o intelecto, para dentro e deixar que os conteúdos que provêm de fora, por meio dos sentidos, e os que emergem de dentro, das profundezas do coração, reflitam na mente, para que a razão os pondere e os julgue.

É por isso que, como vimos antes, ao analisar a passagem de "Telemaquia", Atena/Mentor, depois de proferir suas palavras e de ofertar seus conselhos ao jovem Telêmaco, retira-se, deixando-o só, no silêncio do seu quarto. Pois ela sabe que, para que as inspiradas palavras e imagens tenham o efeito esperado, é preciso que o coração, agitado pelo poder afetivo dessas mesmas palavras, se acalme, serene, e assim, como em um lago de águas cristalinas, o espírito possa ver refletida a verdade, a *pauta*, a *coisa certa a se fazer*.

A reflexão, portanto, apresenta-se como o movimento subsequente da revelação, que chega e atinge o coração, se este, claro, estiver aberto ao misterioso e profundo graças à fé, à atitude humilde e generosa da *visão* e da *aceitação* daquilo que é inabarcável e incompreensível pela razão estreita dos sentidos e da mente. Uma vez afetado, o coração *convoca* o espírito para que este, curvado, fletido sobre o *espelho* do coração, possa, então, *discernir*, ou seja, *tirar o cerne*, o âmago das palavras, das imagens, dos conteúdos lá depositados e, a partir disso, decidir e agir.

Percebemos, então, como o *discernimento* sucede a *reflexão*, que, por sua vez, sucede a *revelação*. *Discernir* apresenta-se como uma operação essencial nesse amplo contexto de reflexão e julgamento que fundamenta a ação ética humana que aponta para a *kalokagathia*. O discernimento possibilita julgar e distinguir a origem e a qualidade dos conteúdos e dos conselhos que advêm das profundezas, do interior, das fontes misteriosas da existência.

Como nos mostra a *Odisseia*, nem tudo que vem dos deuses é necessariamente bom. Se Telêmaco, Penélope e Ulisses podem contar com os bons conselhos e a ajuda de Atena, este último é igualmente cônscio da inimizade e má vontade de Posêidon, que também é um deus.

Da mesma forma, Ulisses já tivera experiências suficientemente traumáticas com deusas, como Calipso e Circe, para olhar sempre com prudência e desconfiança para as intervenções e conselhos que provinham de fontes divinas ou sobrenaturais. Daí, por exemplo, sua relutância em obedecer prontamente às instruções de Ino no episódio recém-narrado. Antes de aceitar, acolher e obedecer, Ulisses pondera, reflete, *discerne*.

É óbvio que nesse processo contam diversos fatores, como experiência, acuidade de espírito e, no caso específico, senso de oportunidade: se refletisse demais, Ulisses teria se afogado. De qualquer modo, entretanto, percebemos que a reflexão e o discernimento são o que impedem que se estabeleça uma relação ingênua com a realidade, seja esta "concreta", objetiva, ou "mística", subjetiva. Ela é, em certo sentido, o elemento que determina a distinção entre uma atitude de autêntica fé daquela que não passa de pueril credulidade.

Do ponto de vista espiritual, a experiência da reflexão, em seu sentido mais amplo (que abrange a revelação, a reflexão e o discernimento), está associada com a vivência da sabedoria e, em diversas tradições, relacionada com a maturidade na fé. No contexto da espiritualidade cristã oriental, os chamados Padres do Deserto, nos primeiros séculos da nossa era, desenvolveram uma consistente doutrina sobre essa sabedoria denominada por alguns monges, como Hesíquio de Batos (séculos III-IV d.C.), "Caminho da Reflexão". Em um dos seus tratados, inserido em uma das coletâneas mais importantes da Tradição Ortodoxa, a *Filocalia*, este que foi sacerdote da Igreja de Jerusalém na época do Imperador Teodósio, exortava:

> Siga seu caminho, o caminho da reflexão, com ciência e prudência. E a própria reflexão lhe ensinará com a ajuda de Deus aquilo que você não sabe. Ela o ensinará, esclarecerá, explicará e lhe dará a conhecer o que até então sua inteligência não era capaz de conhecer, quando você caminhava na obscuridade das paixões e das obras tenebrosas, quando você estava coberto por um abismo de esquecimento e confusão.[6]

Não deixa de ser surpreendente a semelhança entre essas palavras e aquelas, reproduzidas no início desta lição, que Guimarães Rosa colocou na boca do jagunço Riobaldo e que, por sua vez, parecem ecoar as cantadas por Homero, ao dar voz aos homens e deuses da longínqua Antiguidade.

No essencial, todas elas parecem concordar que, na realização daquilo que é próprio do humano, seja enquanto *kalokagathia*, enquanto santidade ou enquanto a "pauta" ou "norma dum caminho certo, estreito, de cada pessoa viver", é fundamental, a partir das experiências aparentes e ocultas, externas e internas, objetivas e subjetivas, saber refletir e discernir, a fim de *achar a coisa certa*.

Nosso destino — estão a nos ensinar Homero, Hesíquio de Batos e Guimarães Rosa — está já *inventado*, "como o que põe, em teatro, para cada representador", porém "a gente mesmo no comum, não sabe encontrar". Mas, com a ajuda de Deus, dos deuses ou, se quisermos, das forças misteriosas que operam no universo, podemos encontrar. Com a ajuda dele, deles ou delas, e também, é lógico, com a ajuda da reflexão; seguindo o Caminho da Reflexão.

Não é à toa, portanto, que, na tradição dos padres népticos (aqueles que cultivam a *atenção ao coração*), o *discernimento dos espíritos* desempenha um papel fundamental no Caminho da Reflexão. Pois, se no âmbito biológico o coração é lugar por onde passa tanto o sangue arterial

---

6 DE BATOS, Hesíquio. "Capítulos sobre a sobriedade e a vigilância", n. 119. In: ______. *Padres népticos: Filocalia*. Tradução Luis Kehl, 2009, t. 1, v. II.

(puro) quanto o venoso (impuro), no âmbito psicológico e espiritual, ele é também o lugar de onde procedem as virtudes e os vícios, onde habitam e falam o Espírito Santo e os espíritos malignos, os demônios.[7] Por isso, cabe ao monge, iniciado no Caminho da Reflexão, desenvolver a habilidade de *discernir os espíritos*, reconhecendo as inspirações que são puras e santas daquelas que são impuras e diabólicas.

Modernamente, essa ideia foi retomada pelo grande Dostoiévski, que, no já citado *Irmãos Karamázov*, apresenta, pela boca do irmão mais velho, Dimitri, em diálogo com o nosso conhecido irmão caçula, Aliócha, a imagem de que o Bem e o Mal travam uma luta constante, e que o campo de batalha é o coração humano.[8]

Em tempos esquizofrênicos como os nossos, o resgate e a reflexão sobre essa lição do que é próprio do humano apresenta-se como fundamental. Isso porque, se, por um lado, tendemos a hipervalorizar o racional, no sentido cartesiano ou *euclidiano*, como nos ensinava Ivan Karamázov na lição anterior, por outro, como que por efeito compensatório, mostramos cada vez mais a tendência a abdicar da nossa capacidade e necessidade de refletir e discernir, aceitando indiscriminadamente os conteúdos e as palavras que nos chegam de fora e de dentro; das instâncias mundanas ou psíquicas e espirituais. Assim, nos tornamos vítimas, seja de ideologias simplórias e empacotadas, prontas para levar e consumir (como as fake news), seja dos sentimentalismos e "espiritualismos" baratos ou, pior, essencialmente malignos e deletérios.

Havendo perdido a capacidade de refletir e discernir, já não sabemos mais distinguir verdades e mentiras, deuses e demônios, o bem e o mal. E é por isso que se tornou tão fácil manipular os humanos, levando-os a acreditar

---

7 Cf. GALLIAN, Dante. "O destronamento do coração: breve história do coração humano até o advento da modernidade". In: ______. *Memorandum*, Belo Horizonte, 2010, v. 18, p. 27-36.

8 DOSTOIÉVSKI, Fiódor. *Os irmãos Karamázov*. Tradução Paulo Bezerra. São Paulo: Editora 34, 2008, v. 1.

que o bem e o mal, o certo e o errado podem ser encontrados de forma clara e explícita nos discursos e nas postagens das redes sociais. Ao perdermos a capacidade de refletir e discernir, tendemos a acreditar que o verdadeiro campo de batalha entre o bem e o mal está fora e não dentro de nós; de que há efetivamente "gente do bem" e "gente do mal"; que há o "lado do bem" e o "lado do mal" na política, na ideologia, na religião.

À medida que avançamos em nossa reflexão sobre o que pode nos ensinar a *Odisseia* (e todos os clássicos da literatura) em relação ao que é próprio do humano, mais evidente se mostra o nosso desencaminhamento. Precisamos, urgentemente, como aconselha o jagunço Riobaldo, *caçar* e *encontrar* essa *norma do caminho certo*, que é *estreito*, mas essencial, para que *a vida de todos nós não fique sendo essa doideira que é.*

Depois de nos ensinar que é preciso ter fé, Homero nos ensina que é preciso saber refletir e discernir. Saber refletir e discernir para encontrar, em cada Agora, aquilo que é certo, aquilo que deve ser feito. Isso pressupõe, portanto, o desenvolvimento de um acurado *espírito crítico*, uma inteligência ao mesmo tempo ampla e amadurecida que, transcendendo os preconceitos racionalistas, saiba acolher os dados da intuição e que, superando os preconceitos sentimentalistas, saiba julgar com bom senso os dados da realidade para além do senso comum. Aprendendo com Homero, Guimarães Rosa, Dostoiévski e todos esses outros mestres da sabedoria milenar da humanidade, precisamos urgentemente resgatar e fomentar uma fé inteligente e uma inteligência intuitiva e crítica, aquela que, efetivamente, é a inteligência própria do humano. A única que pode, efetivamente, nos levar pelo caminho do verdadeiro autoconhecimento e da verdadeira autorrealização, que é o caminho da verdadeira humanização.

Mas, para seguir adiante nesse caminho, é preciso saber não só o que é o certo, mas saber também *como* fazê-lo; como realizá-lo. E para isso, como também nos ensina Riobaldo, "carece de ter coragem".

Passemos à próxima lição.

Quinta lição:

É próprio do humano ser corajoso

No alinhavo das memórias de seu passado de jagunço com as reflexões sobre os mistérios e os enigmas da existência, Riobaldo, a partir da posição privilegiada que a velhice propicia, extrai e compartilha muitas lições que, não só a seu atento ouvinte ("moço instruído da cidade"), mas também a nós, perplexos leitores da modernidade, apresentam-se como verdadeiras preciosidades. E, dentre todas essas, a que talvez seja a mais importante, aquela que, como se fosse um refrão, é evocada nos momentos mais fortes e especiais da narrativa, é a seguinte: "Viver é perigoso" e, portanto, "carece de ter coragem".

Na altura em que chegamos a esta reflexão sobre as lições do que seria próprio do humano a partir da *Odisseia* de Homero e das outras inúmeras odisseias que a genialidade literária produziu ao longo dos séculos, não é fácil discordar do Riobaldo de Guimarães Rosa, pois, como vimos, desde quando o ser humano decide *sair para ser, para se tornar humano*, uma série de desafios e perigos se apresenta, tornando o viver um risco.

Telêmaco poderia ter-se poupado de muitos contratempos e ter corrido muito menos riscos se, em vez de seguir os conselhos de Mentor, tivesse ficado quieto no seu canto, esperando pacientemente o retorno do pai, se este estivesse mesmo destinado a voltar. Afinal, pensando a partir de um ponto de vista estritamente prático, de que maneira sua saída poderia ser útil para o retorno do genitor desaparecido? Em que medida sair em busca de notícias de seu pai poderia ajudar na sua volta? Não seria, obviamente, mais seguro permanecer e simplesmente esperar, para ali estar quando ele voltasse, se voltasse? Entretanto, quem teria sido Telêmaco caso não tivesse saído e encarado o risco? Teria sido Telêmaco, o filho de Ulisses?

E este, por sua vez, quem teria sido, caso tivesse aceitado a oferta de Calipso de permanecer na sua ilha, vivendo como um deus, isento das dores e achaques da velhice e livre da morte? Certamente teria deixado de passar por tantos e tão graves perigos, os quais teve de enfrentar depois que deixou Ogígia naquela tosca jangada até seu definitivo retorno a Ítaca. No entanto, caso tivesse escolhido essa vida, teria completado sua obra, teria realizado sua *kalokagathia*?

"Triste de quem vive em casa, contente com seu lar", como já aprendemos com Fernando Pessoa em nossa primeira lição. "Triste de quem é feliz", de quem vive apenas *porque a vida dura*, pois, nesse caso, *tem por vida a sepultura*. Viver, viver de verdade, na realização da nossa própria beleza, é e será sempre *perigoso*. Viver seguro, sem riscos, sem perigo, não é propriamente viver, é simplesmente *durar*.

Assim, se *viver é* inevitavelmente *perigoso*, para se realizar enquanto ser humano é, pois, necessário ter coragem; *carece de ter coragem*.

Coragem é palavra de origem latina, que conjuga o termo *cor*, cujo principal significado é coração, com o sufixo *aticum*, que normalmente é usado para indicar ação para a palavra que o precede. Nesse sentido, etimologicamente, coragem (*coraticum* em latim) pode ser entendida como agir com o coração, ou agir de acordo com o coração.

Já vimos, nas lições anteriores, que na perspectiva homérica (assim como bíblica e em praticamente em todas as tradições da humanidade até o advento da Modernidade) o coração é compreendido, por excelência, como o lugar do *ser*. É nele, no coração, onde habitam as verdades essenciais a respeito do divino e do humano. Ele é o órgão que recebe as *palavras aladas* dos deuses e dos homens; onde são depositadas as sementes de fé e de esperança e, paradoxalmente, onde se originam todos os vícios e as paixões; lugar escolhido pelos demônios para fazer morada.[1]

Aprendemos, especialmente na lição passada, que é também no coração onde se opera a reflexão, pois é para dentro dele que o espírito (ou intelecto) flete ou curva-se, a fim de ver refletidos os conteúdos e as verdades a serem discernidas, compreendidas. E assim, uma vez vista e discernida no coração a *pauta*, a *coisa certa a ser feita*, *aquilo que corresponde à nossa kalokagathia*, resta *agir de a(cor)do, agir con(cor)de, agir com o coração.* E para agir conforme o coração *carece de ter coragem.*

Aprendemos, na terceira lição, que é próprio do humano ter fé; que sem fé é impossível realizarmos nossa *kalokagathia*, nosso destino humanizante e humanizador. Aprendemos, na quarta lição, que, entretanto, ter fé apenas não basta: é próprio do humano saber refletir e discernir. Agora, nesta quinta lição, vamos aprender que, para além da fé e da reflexão, é próprio do humano *saber agir*; saber agir a partir da fé e da reflexão; saber agir de acordo com o coração; agir com o coração, agir com coragem, *coraticum*, *coragere.*

Pode-se afirmar, portanto, que existe uma relação bastante próxima entre a *kalokagathia*, realização da beleza, e a *kardiokathia*, realização do coração, daquilo que manda o coração. A *kardiokathia* encerra um processo que, partindo da fé, da revelação, se desenvolve na reflexão e culmina na ação. E, como todo processo, essa *realização do coração* tem um tempo próprio.

Vimos que a experiência da revelação sem reflexão, sem discernimento, pode gerar equívocos. Assim também, a tomada de decisão sem a devida reflexão leva à precipitação, ao atropelo. Por outro lado, entretanto, uma reflexão que tarda em assumir a forma de decisão, de ação, tem também consequências trágicas. A impulsividade do coração sem a devida reflexão produz ações

1 Cf. GALLIAN, Dante. "O destronamento do coração: breve história do coração humano até o advento da modernidade". In: ______. *Memorandum*, Belo Horizonte, 2010, v. 18, p. 27-36.

temerárias; o excesso de reflexão, em câmbio, produz a covardia. A palavra grega que denomina o coração (*kardia*), pode significar também *meio* ou *mediania*. A coragem, portanto, apresenta-se como a *justa medida* entre a temeridade e a covardia.

Tanto a *Ilíada* quanto a *Odisseia* estão cheias de exemplos e referências de atitudes temerárias. Como Aquiles, por exemplo, que se deixou levar por seus impulsos e paixões; e muitos outros que não souberam refletir e *ouvir seus corações*, agindo como loucos e extrapolando a *justa medida*, provocando injustiças e atraindo para si o castigo dos deuses.

A covardia, entretanto, pode ter uma dupla origem. Ela pode, por um lado, ser fruto de uma paixão irracional, o medo; ou pode também proceder de uma razão desmedida, que, em última análise, não deixa de ser igualmente uma paixão. Na literatura, o exemplo mais emblemático dessa covardia "racional" me parece ser aquela que aparece na aqui já citada *opera magna* do bardo de Stratford: *Hamlet*.

Já conhecemos a trama: Hamlet, príncipe da Dinamarca é interpelado pelo fantasma do pai, covardemente assassinado pelo irmão enquanto dormia, na "floração de seus pecados",[2] e pede ao filho que não apenas o vingue, mas que faça justiça, livrando o reino de um cruel usurpador. O fantasma do velho Hamlet procede de modo estratégico, aparecendo antes a outras pessoas, amigos, gente da confiança do jovem Hamlet, justamente para que fique claro que tal aparição não é fruto de um delírio ou de uma alucinação do melancólico príncipe. Falando de forma simples e coerente, as palavras do fantasma calam fundo no *coração* de Hamlet, incitando-o a *fazer aquilo que tinha de ser feito*, ainda que a sua *sina* lhe parecesse *maldita*: "Nosso tempo está desconcertado; maldita sina que me fez nascer um dia para concertá-lo",[3] exclama Hamlet no final do primeiro ato da peça.

---

2 SHAKESPEARE, William. *Hamlet*. Tradução Millôr Fernandes. Porto Alegre: L&PM, 1997, Ato I, cena V.
3 Ibidem.

Plenamente convicto e cheio de ardor, certo do que lhe cabe fazer, Hamlet, já no início do segundo ato, começa a adotar uma postura astuta (virtude esta, aliás, que será o tema da nossa próxima lição) com vistas à realização da sua *sina*, do seu destino. Entretanto, à medida que o tempo passa, Hamlet decide postergar sua ação justiceira (que para a nossa sensibilidade pós-moderna talvez possa soar como pura vingança, mas que pelos códigos éticos do contexto não podia se resolver de outra forma senão com a morte do usurpador, única pena condizente diante do crime de regicídio), justificando-o com a necessidade de provas mais consistentes do que a palavra de um espectro. Diante disso, Hamlet, aproveitando a chegada providencial de uma trupe de atores ambulantes, decide montar uma peça a ser encenada diante de toda a corte, com vistas a "explodir a consciência do rei" e a obter a prova concreta e indiscutível de que necessitava para concretizar sua ação. Na peça, os atores representam, em forma de mímica, exatamente os acontecimentos narrados em detalhe pelo fantasma, e o resultado acaba por ser efetivamente revelador: o rei assassino se deixa flagrar na manifestação de seus afetos, reagindo de modo desconcertante e denunciante em face da encenação. Não resta dúvida, portanto, de que a história contada pelo fantasma é real e de que a ação de justiça requerida a Hamlet está plenamente justificada. Todavia, encontrando sempre, por meio de elaborados raciocínios, novas desculpas para postergar a realização daquilo que tinha de ser feito, Hamlet vai se enredando em uma lúgubre e desesperadora rede de procrastinação, cujas consequências serão trágicas. E assim, no auge do drama, no meio do terceiro ato, no qual Shakespeare nos brinda com um dos monólogos mais icônicos da dramaturgia universal — "ser ou não ser: eis a questão" —, Hamlet acaba por concluir que o excesso de razão nos faz todos covardes:

> E assim o matiz natural da decisão
> Se transforma no doentio pálido do pensamento.
> E empreitadas de vigor e coragem,

> Refletidas demais, saem de seu caminho,
> Perdem o nome de ação.[4]

Seja por medo, que nos paralisa ou nos faz fugir, seja por refletir demais, o que enfraquece o *matiz natural da decisão*, a ausência da coragem acaba por comprometer nosso próprio *ser*. Não é à toa, portanto, que o questionamento existencial de Hamlet, o *ser ou não ser*, relaciona-se diretamente com o *agir ou não agir*; com o *fazer ou não fazer*. Eis, pois, o que efetivamente nos define. Não *sou* apenas porque *penso*, como queria Descartes (*cogito ergo sum*); *sou* quando ajo, quando *faço aquilo que devo fazer* — eis o que me *faz ser*. Pensar é necessário, mas para *ser* é preciso *agir*, e *agir com o coração*. Para *ser, carece de ter coragem*.

Ao deixar de fazer o que tinha de ser feito no tempo certo, Hamlet acaba por fazer o que não devia no momento errado. E essa é a fórmula que leva inevitavelmente a um desfecho trágico não só nas narrativas literárias e nas peças de teatro, mas também na própria vida. Para realizar aquilo que é próprio do humano e assim realizarmos nossa própria *sina*, nosso próprio destino, gostemos ou não, é preciso, portanto, saber refletir e saber agir; saber agir de acordo com o que nos fala nosso coração. Para realizar aquilo que é próprio do humano, *carece de ter coragem*.

Mas vejamos o que nos ensina a *Odisseia* a respeito da coragem.

Nos primeiros cantos do poema, depois de ter a fé e a esperança despertadas pelas *palavras aladas* ditas por Atena/Mentor, Telêmaco, como vimos, passa a noite refletindo e discernindo, *envolvido na lã de carneiro*. Levanta-se quando *desponta a aurora de róseos dedos* e, decidido, encaminha-se para a ágora, onde se reúnem os cidadãos de Ítaca, a fim de comunicar sua intenção de sair em busca de notícias do pai. Entretanto, diante da oposição dos pretendentes, que, inclusive, influenciam o posicionamento da

---

4 Ibidem, Ato 3, cena I.

maioria da assembleia, o filho de Ulisses, antes tão confiante e motivado, parece vacilar e, desanimado, dirige-se sozinho para a praia, onde faz uma prece à deusa Atena:

> Ouve-me, tu que como um deus visitaste ontem
> a nossa casa e me ordenaste ir numa nau sobre
> o mar brumoso para me informar sobre o regresso
> de meu pai há muito desaparecido.
> Todas estas coisas querem os Aqueus impedir,
> sobretudo os pretendentes na sua terrível arrogância. (II, 262-266)

No momento seguinte, a própria deusa, novamente assemelhando-se a Mentor "no corpo e na voz", aproxima-se do jovem herói e lhe diz:

> Telêmaco, de futuro nem covarde nem vil serás,
> se na verdade a coragem de teu pai se insuflou em ti,
> pois ele era homem para cumprir ato e palavra:
> a tua viagem não será inútil nem infrutífera.
> Mas se não fores filho dele e de Penélope,
> não espero que alcances aquilo que tanto desejas. (II, 270-275)

Telêmaco já havia acolhido a palavra da deusa por intermédio da voz do mentor; já havia refletido e discernido seu sentido e conteúdo, *vendo* assim claramente *o que lhe cabia fazer*. Restava agora *sair* para realizá-lo. Mas para *sair* e *fazer carece de ter coragem*. E coragem não é sentimento frio e constante; a coragem carece de ser testada e provada diante das dificuldades e dos desafios da vida. Como uma pequena fogueira que se acende, ela precisa ser constantemente alimentada, atiçada, para que não se extinga, para que não se apague. E é nas profundezas do próprio coração, lá onde se encontra o princípio da fé, do desejo e da razão, que se deve buscar o combustível que alimenta o ardor e incita à ação, principalmente quando as condições externas se apresentam particularmente difíceis e hostis.

Entretanto, como bem nos ensinava o jagunço Riobaldo na lição anterior, na realização da nossa *sina*, da nossa *pauta*, *daquilo que é preciso ser feito*, principalmente *nas encruzilhadas da grande travessia*, como é que alguém pode *achar sozinho*? Como é que alguém pode, sozinho, recrudescer o ardor da coragem no coração e seguir adiante?

Telêmaco pode contar com sua deusa/mentor, a quem invoca e que lhe aparece, sempre que necessita, para lhe dar *bons conselhos* e lhe *insuflar coragem*, quando esta parece arrefecer. Situação esta que se repete com Penélope e Ulisses, que, apesar de já iniciados e experimentados nos desafios da vida, não prescindem da ajuda de homens, mulheres, deuses e deusas para auxiliá-los, orientá-los e, principalmente, encorajá-los. Na rica e complexa dinâmica das situações e das personagens, a *Odisseia* nos ensina que a coragem, virtude essencial para a realização daquilo que é próprio do humano, nasce e se desenvolve na harmoniosa confluência entre o interno e o externo, entre o eu e o outro, entre a solidão e a companhia, entre o transcendente e o imanente. Assim, para encontrar coragem, Ulisses não apenas se apoia nos encontros providenciais com Atena, que muitas vezes se apresenta sob o disfarce de homens e de mulheres comuns, como também, em várias ocasiões, se vê obrigado, na solidão, a *conversar com seu próprio coração.*

A coragem, como o próprio coração, na perspectiva homérica já faz parte do ser desde o momento em que ele é concebido e se forma. Insuflada pela semente paterna e materna, ela necessita, entretanto, ser *ativada*, *atiçada* e *provada*, e para tanto se deve contar com a ajuda dos deuses e dos homens (principalmente de alguém que faça o papel de mentor) e também, a partir de certo momento no processo de amadurecimento, da própria consciência, que trata de conversar com seu coração.

Para além da sua dinâmica instrumental, porém, a *Odisseia* também nos permite conhecer muito sobre os conteúdos essenciais e determinantes da virtude da coragem. A partir dos trechos que reproduzimos acima, depreendemos, por exemplo, que a coragem se apresenta como elemento definidor do ser. Pois, como revela Atena/Mentor, Telêmaco só poderia se certificar da sua real filiação (o ser realmente filho de Ulisses e Penélope), e, portanto, da sua própria identidade depois de haver *agido de acordo com seu coração*, ou seja, de ter respondido com coragem ao desafio existencial.

Dessa forma, segundo a *Odisseia*, é justamente a coragem aquilo que nos define e nos afirma enquanto seres humanos, pois é por meio dela que *somos* em "ato e palavra", tal como demonstrou Ulisses, segundo diz Mentor ao instruir Telêmaco. Somos ou não somos não somente pelo que pensamos, nem pelo que falamos apenas, mas pelo que falamos e fazemos, em *ato e palavra*. Mas para ir além do pensamento, para *ser* e *cumprir em ato e palavra*, como vimos, *carece de ter coragem*. É, portanto, a *coragem* que mostra o que e quem realmente somos. Só depois de haver *agido com e de acordo com o coração* é que podemos saber quem realmente *somos*. A coragem é, assim, a exteriorização da nossa *kalokagathia*, a objetivação da nossa subjetividade.

Para além da dimensão propriamente constitutiva do ser, a coragem — também nos ensina a *Odisseia* — se apresenta como elemento determinador do próprio destino. Em outras palavras, o homem que age com coragem, que age de acordo com seu coração, não só faz aquilo que deve como também (justamente por fazer aquilo que deve) *força*, de alguma maneira, que o universo, o Cosmos, faça também a sua parte na concretização do seu destino, que, em certa medida, está inserido no próprio destino do Cosmos.

É o que se depreende, por exemplo, deste trecho que encontramos no início do Canto VII, quando Ulisses, depois de haver chegado à terra dos Feáceos, ao subir, ainda titubeante, receoso, ao palácio do rei Alcino, onde procura encontrar guarida e ajuda para o seu regresso ao lar, é interpelado por Atena, que lhe aparece na forma de uma virgem que segura um cântaro.[5] Esta não apenas lhe indica o melhor caminho para aceder ao magnífico palácio como lhe instrui sobre a maneira como deveria proceder: a quem e de que maneira deveria se dirigir em primeiro lugar, e demais conselhos que lhe garantiriam granjear a confiança e as boas graças dos soberanos. E então, quando Ulisses já se encontra no umbral do grande pórtico, maravilhado por sua riqueza e suas dimensões, a jovem virgem com o cântaro, como que revelando sua divina identidade, ainda lhe diz:

> Entra; e que nada receie o teu coração.
> Pois um homem corajoso sai-se melhor em todas as coisas,
> mesmo quando a uma terra chega como estrangeiro. (VII, 50-52)

A coragem não só possibilita, portanto, fazer a coisa certa no tempo oportuno como também, ao revestir a devida ação com o caráter da convicção e da certeza, garante a sua feliz consumação: *pois um homem corajoso sai-se melhor em todas as coisas*; ou seja, o homem corajoso como que atrai a *sorte*. Ela mesma, a coragem, instrui e garante a plena realização.

Nesse mesmo sentido, a *Odisseia* ensina, ainda, que a coragem dos homens granjeia a simpatia dos deuses e os mobiliza sempre a seu favor. Como na cena em que Telêmaco, depois de, corajosamente, haver pedido a palavra na assembleia dos cidadãos de Ítaca e requisitado a sua ajuda para que lhe facilitassem um barco, uma tripulação e víveres a fim de,

---

5 A expressividade da mensagem que se quer transmitir nessa cena se reforça por meio da imagem que se associa às palavras ditas pela deusa. Ao assumir a forma de uma virgem que segura um cântaro ou jarro, Atena não o faz aleatoriamente. A figura da virgem remete à ideia do não manifesto, do que está para ser realizado. E, por sua vez, o cântaro ou jarro evoca o símbolo do conteúdo profundo e sagrado (água ou vinho) que se potencializará ao ser vertido ou derramado. A imagem da virgem com o cântaro, portanto, aponta para a entrega daquilo que é potente e deve ser realizado: a revelação da palavra a ser cumprida pelo gesto decidido e corajoso. Sobre os diversos significados simbólicos da virgem e do cântaro, ver Verbetes "Virgem" e "Jarro". In: CHEVALIER, Jean; GHEERBRANT, Alain. *Dicionário de símbolos*. Coordenação Carlos Sussekind. 2ª ed. Rio de Janeiro: José Olympio, 1990..

conforme o conselho de Mentor, sair em direção a Pilos e Esparta em busca de informações sobre o pai. Atena reconhece o esforço e a coragem do jovem Telêmaco, mas percebe também a má disposição por parte dos ítacos, acovardados por causa da oposição dos pretendentes, contrários ao projeto do herdeiro de Ulisses. Percebendo a dificuldade e o inevitável fiasco da expedição, ela mesma, agindo como se fosse Mentor ou então o próprio Telêmaco, enquanto este mesmo dormia no palácio, aguardando o dia seguinte para dar continuidade a seu plano, sai, percorrendo toda a cidade e, "aproximando-se de cada homem, proferia seu discurso, dizendo que se deveriam reunir ao cair da noite junto à nau veloz" (II, 385 e ss.). E, assim, a deusa "incitou cada um", ajudando Telêmaco a realizar aquilo que, sozinho, seria impossível.

Acompanhando a trajetória iniciática de Telêmaco, vamos aprendendo que a coragem é uma virtude que se afirma aos poucos, gradualmente, e que se alimenta da própria experiência. A coragem não é a simples eliminação do medo, mas antes o enfrentamento deste, fundamentado na percepção de que, diante do perigo e da natural tendência a recuar e a fugir, prevalece a decisão de permanecer e enfrentar, a fim de *fazer aquilo que tem de ser feito* (cf. XXII, 370).

Como ensina o humaníssimo príncipe Míchkin, o "idiota" de Dostoiévski, "covarde é aquele tem medo e foge; mas quem tem medo e não foge ainda não é covarde".[6] Só quem sente medo pode ser corajoso. Aquele que não sente medo é temerário e não corajoso. Ao temerário sobra ímpeto e falta reflexão, sendo, portanto, incapaz de perceber o perigo, a ameaça. Mas tal atitude não é *própria do humano*. A coragem pressupõe a experiência da covardia. Só quem já foi covarde pode chegar a ser corajoso. Como Telêmaco, aquele que se inicia no caminho da coragem deve começar sentindo-se incapaz e,

6 DOSTOIÉVSKI, Fiódor. *O idiota*. Tradução Paulo Bezerra. 4ª ed. São Paulo: Editora 34, 2015, p. 397.

então, ao fazer a experiência de não fugir diante do perigo e dos desafios da vida, vai deixando de ser covarde para passar a ser corajoso.

"Homem?" — pergunta-se Riobaldo em *Grande sertão: veredas* — "É coisa que treme."[7] Eis uma definição muito peculiar do que é ser humano: um ser que treme, um ser que teme. "Medo agarra a gente é pelo enraizado." Na raiz do ser humano está o medo. É pelo medo que se começa, mas para que nos humanizemos é preciso que, ao longo da vida, a coragem vá ganhando, no coração, o espaço que a princípio é do medo. No processo de humanização, se na raiz está o medo, na floração e nos frutos está a coragem.

> O correr da vida embrulha tudo, a vida é assim: esquenta e esfria, aperta e daí afrouxa, sossega e depois desinquieta. O que ela quer da gente é coragem. O que Deus quer é ver a gente aprendendo a ser capaz de ficar alegre a mais, no meio da alegria, e inda mais alegre ainda no meio da tristeza! Só assim de repente, na horinha em que se quer, de propósito — por coragem. Será? Era o que eu às vezes achava. Ao clarear do dia.[8]

No "clarear do dia" (na hora da *Aurora de róseos dedos*), no momento em que despertamos ou somos despertados para o desafio da vida, para o desafio de *ser*, não devemos nos espantar com o fato de que o primeiro e mais instintivo sentimento com que nos deparamos seja o medo. Entretanto, assim como todas as manhãs, ao nos levantarmos, somos obrigados a vencer a preguiça (essa forma mais elementar e disfarçada do medo), também na luta tremenda da nossa humanização, da nossa *kalokagathia*, o que a vida exige de nós é a coragem. Pois a vida é assim: "esquenta e esfria, aperta e daí afrouxa, sossega e depois desinquieta." E, por mais que a humanidade, ao longo dos séculos (e principalmente nos últimos, que correspondem ao

---

7 GUIMARÃES ROSA, João. *Grande sertão: veredas*. Rio de Janeiro: Nova Fronteira, 2001, p. 168.

8 Ibidem, p. 334.

momento histórico que identificamos como Modernidade), tenha lutado por domar e dominar a vida, procurando torná-la menos caprichosa e insegura, ela teima em continuar sendo traiçoeira e perigosa. Viver continua e seguirá sendo sempre muito perigoso. Portanto, gostemos ou não, para viver, ser e nos realizarmos como humanos careceremos sempre de ter coragem.

Mas se, como estive mostrando a partir da *Odisseia* e dos outros clássicos que aqui evoquei, ser corajoso nunca foi algo fácil e natural, como então sê-lo agora, diante de um mundo no qual a ideia de conforto e segurança aparece como uma garantia obrigatória? Para quê coragem, quando nosso direito de ter, como desejava Ivan Ilitch de Tolstói, uma *vida leve, decente e agradável* está constitucionalmente assegurada, sob a responsabilidade de terceiros devidamente qualificados, a começar por nossos pais, passando pela escola até chegar ao Estado?

Vivemos hoje em um mundo em que a felicidade é vista como um direito, sendo dever do Estado, da sociedade e do mercado proporcionar a todos uma vida absolutamente segura, livre das oscilações, dos apertos e dos medos. Aprendemos, desde muito cedo, que a ciência nos protegerá de todas as doenças, do envelhecimento, dos achaques, das dores e da própria morte; que a família e a escola nos protegerão dos fracassos, desilusões e violências da vida; que o Estado nos protegerá de todas as ameaças internas e externas; e que se, por acaso, algo falhar, contaremos com o apoio infalível de algum psicólogo ou terapeuta, que nos apaziguará, anestesiando-nos e poupando-nos assim da experiência trágica que é estar no mundo e viver.[9]

Diante de tal conjunto de crenças, valores e aparatos, para que a coragem? Se viver deixou de ser perigoso, então não se carece mais de coragem. Trocamos a coragem por sistemas de segurança, condomínios fechados e

---

9 "De algum" mas não "de qualquer", pois, felizmente, não são todos os psicólogos e terapeutas que se permitem ser instrumentalizados dessa maneira.

planos de saúde. No entanto, é evidente que tal aposta tem se mostrado cada vez mais furada. Antes mesmo de se consolidar plenamente, conforme as profecias e promessas da Modernidade, todo este *admirável mundo novo*[10] apresenta inegáveis e profundos sinais de colapso. A propalada civilização do conforto e da segurança tem, a cada dia e com crescente velocidade, se revelado efetivamente uma nova barbárie, trazendo em seu bojo terríveis ameaças. O resultado, como já se pode verificar, é o império do medo.

Nas últimas décadas, muitos teóricos vêm diagnosticando nosso tempo e nossa sociedade como "sociedade líquida" (Zygmunt Bauman) ou "sociedade do cansaço" (Byung-Chul Han), entretanto, talvez o estado, a condição ou o sentimento que mais caracterize a atualidade seja o medo. O medo, que, como ensina o jagunço Riobaldo, está na raiz da condição humana, mas que, nos tempos que correm, deixou de se limitar à raiz e, sem encontrar mais a resistência do enfrentamento que produzia a coragem, infiltrou-se por toda a planta, contaminando e envenenando o caule, os ramos, as folhas, os frutos. Por isso, vivemos em uma sociedade intoxicada pelo medo. Tendo renunciado à coragem, terceirizando-a por meio da contratação de instâncias extrínsecas ao seu próprio coração, o homem contemporâneo, ao ver-se defraudado, verifica, horrorizado, que não tem mais ao que recorrer. Havendo esvaziado seu coração, confiando totalmente na razão e nas suas (in)consequentes criações, o homem contemporâneo encontra-se agora, em seu interior, diante de uma cova escura e vazia, experiência que gera um sentimento que pode ser designado como covardia.

À medida que descobrimos que o viver continua sendo e não vai deixar de ser perigoso, vamos percebendo que, mais do que nunca, carecemos

---

10 Título da obra máxima de Aldous Huxley, excepcional narrativa distópica publicada em 1932, que projeta um mundo em que, supostamente, viver deixou de ser perigoso e arriscado, já que a ciência e o Estado passaram a garantir a total segurança e felicidade dos cidadãos. HUXLEY, Aldous. *Admirável mundo novo.* Tradução L. Vallandro e V. Serrano. São Paulo: Globo, 2014.

de ter coragem. Mas como vamos resgatá-la, agora que transformamos nosso coração em uma cova vazia? Eis que, então, lembramos que temos a literatura e que ela nos ajuda a lembrar das coisas esquecidas, das verdades enterradas nas profundezas do nosso ser. Ela nos lembra de que "assim de repente, na horinha em que se quer, de propósito" se pode despertá-la; ela, a coragem. E assim, então, em um novo "clarear do dia", percebemos que, mesmo no meio do medo e da tristeza, é possível ficarmos alegres e "inda mais alegre ainda no meio da tristeza!" E vamos descobrir que a alegria é a mãe da coragem e que, paradoxalmente, é também sua filha. "Será? Era o que eu às vezes achava" e ainda acho, concordando com Riobaldo. E como ele, não sabendo de quase nada, mas desconfiando de muita coisa, só sei que, como ensina um clássico contemporâneo, "quem tem menos medo de sofrer, tem maiores possibilidades de ser feliz".[11]

11 MÃE, Valter Hugo. *O filho de mil homens*. São Paulo: Biblioteca Azul, 2016, p. 27.

Sexta lição:

É próprio do humano ser astuto

"Astucioso Ulisses, o de mil ardis." É esse o epíteto que, depois de "sofredor", mais aparece para qualificar o grande herói da *Odisseia*. "Tecedor de dolos", "urdidor de enganos", "inventor de histórias", "mestre dos disfarces"... Para além da força, beleza, piedade, resiliência, coragem, é certamente a astúcia a virtude que melhor caracteriza aquele que se afirmaria como modelo de excelência humana na literatura ocidental.

Creio que não serão poucos os leitores que, ao lerem o parágrafo acima, se espantarão com o fato de haver qualificado a astúcia como uma virtude, já que, pelo senso comum e pela tradição filosófica, assim como teológica, ela seria exatamente o oposto: um vício, uma antivirtude. Entretanto, depois de muito reler e refletir sobre a *Odisseia*, em diálogo com outras grandes obras da literatura universal, na perspectiva do que é próprio do humano enquanto realização da própria beleza, cheguei à conclusão de que a astúcia, tal como é proposta na narrativa homérica e em diversas outras histórias, não só pode como deve ser entendida como uma virtude, inclusive como uma das fundamentais. Como veremos, a *Odisseia* (e outros clássicos) nos ensina que, na aventura do autoconhecimento e da autorrealização, de nada adianta termos fé, inteligência e coragem se, no fim, não formos astutos.

Mas deixemos de preâmbulos e mergulhemos mais uma vez em nossa história mestra.

Depois de haver zarpado de Ítaca e de haver visitado Pilos, onde foi recebido hospitaleiramente por Nestor, rei daquelas paragens, Telêmaco, seguindo viagem, chega a Esparta, cidade governada por ninguém menos que Menelau, esposo de Helena, *pomo da discórdia* que desencadeou toda a epopeia homérica.

Como sabemos, foi por causa do rapto de Helena que todos os líderes aqueus foram convocados para a guerra, encabeçados pelo irmão do marido desonrado, Agamémnon, rei de Micenas. Assim, nada mais adequado para quem vai em busca de notícias de um dos generais desaparecidos do que procurar por aqueles que foram os principais responsáveis pela convocação e mobilização.

Em Esparta, Telêmaco é recebido com grande emoção, pois de imediato o rei Menelau reconhece, na expressão de seus olhos e na compleição de seus pés e mãos, a imagem do fiel amigo e sábio conselheiro, o saudoso Ulisses.

Depois de oferecer ao ilustre visitante todas as honras e atenções que a lei da hospitalidade prescreve (das quais falaremos na lição pertinente), Menelau se prontifica a contar histórias e a informar Telêmaco sobre todas as façanhas e virtudes referentes a seu pai. Dentre as inúmeras de que se lembra, Menelau escolhe, entretanto, aquelas que ressaltam a característica que a seus olhos era, sem dúvida, a mais marcante: a astúcia.

Em especial, Menelau relembra que a ideia astuciosa do cavalo de madeira nasceu da mente engenhosa de Ulisses, e que ele não apenas a concebeu mas a levou a cabo, liderando e orientando os demais aqueus que lá dentro se esconderam, com o fito de enganar os troianos e decidir de uma vez por todas o destino da longa e angustiante guerra.

Secundando o marido, a bela Helena também se prontifica a compartilhar suas memórias, narrando um episódio em que, mais uma vez, a astúcia desponta como característica marcante. Conta, então, Helena:

> Não poderei contar nem narrar todas as coisas
> que o sofredor Ulisses padeceu.

> Mas que feitos praticou e aguentou aquele homem forte
> na terra dos Troianos, onde vós aqueus desgraças sofrestes!
> Desfigurando o seu próprio corpo com golpes horríveis,
> pôs sobre os ombros uma veste que o assemelhava a um escravo
> e entrou na cidade de ruas largas e de homens inimigos.
> Ocultou-se por meio da parecença com um mendigo,
> que em nada se lhe assemelhava junto às naus dos aqueus.
> Mas assemelhando-se a ele entrou na cidade dos troianos.
> A todos passou desapercebido. Só eu o reconheci apesar do disfarce,
> e interroguei-o — mas ele, manhoso, desconversou.
> Mas depois que lhe dei banho e o ungi com azeite,
> depois que o vestira com roupas e jurara um grande juramento
> de não revelar a identidade de Ulisses aos troianos
> antes que chegasse às naus velozes e às tendas,
> então me contou qual era o plano dos aqueus.
> E a após ter morto muitos troianos com a sua longa espada,
> voltou para junto dos argivos, trazendo importantes notícias. (IV, 240-258)

Por meio de um estratagema ao mesmo tempo astucioso e audaz, Ulisses, disfarçado de mendigo, consegue entrar na cidade inimiga, ir ao encontro de Helena, a fim de lhe comunicar o plano de resgate e invasão a ser posto em prática e, assim, contar com sua colaboração na ocasião oportuna, e ainda colher preciosas informações sobre Troia e os troianos que seriam essenciais no momento decisivo.

Não deixa de ser muito significativo que, nos primeiros cantos da *Odisseia*, ao apresentar seu protagonista de maneira indireta, por meio da evocação daqueles que o conheceram, Homero acabe por caracterizá-lo principalmente a partir deste traço peculiar: a astúcia. No desenrolar da trama, quando, a partir do quinto Canto, a trajetória de Ulisses passa a ser narrada de forma direta por ele próprio, esse traço não só é retomado, mas desenvolvido e explorado com especial insistência, reforçando a importância que Homero lhe queria atribuir. Comparado com os heróis das epopeias anteriores, em especial a própria *Ilíada*, na qual a beleza, a coragem e a força física apareciam como as virtudes determinantes, Ulisses apresenta-se como um herói original, inédito. Para além das outras virtudes características de todos os que o antecediam e dos que lhe são contemporâneos, Ulisses destaca-se por um atributo que, para Homero, afigura-se como superior, por estar ligado eminentemente com o espírito, com a inteligência; algo, portanto, que aproxima o homem muito mais do mundo divino-espiritual do que do mundo físico-material. A astúcia faz de Ulisses o primeiro herói eminentemente inteligente e, por isso, *completo* na perspectiva do humano.

São célebres os episódios na *Odisseia* em que Ulisses supera desafios e dificuldades utilizando-se principalmente da astúcia. Um dos que transcenderam o universo da narrativa literária e se projetaram para o território do imaginário popular é, por exemplo, aquele em que Ulisses engana o ciclope Polifemo, declarando chamar-se Ninguém quando este pergunta o seu nome.

Já nos referimos rapidamente a esse episódio quando, na Segunda Lição, traçamos um breve itinerário das peripécias de Ulisses desde sua partida de Troia até sua chegada a Ogígia, ilha da ninfa Calipso. Depois de haver deixado a terra dos lotófagos, Ulisses e o que então restava de seus companheiros, navegando pelo *mar piscoso*, chegam a uma ilha deserta habitada apenas por cabras, o que vem a calhar, pois podem se abastecer de leite e carne. Sentados à beira da praia, no dia seguinte ao de sua chegada, enquanto se banqueteiam, avistam no horizonte outra ilha, distante apenas algumas léguas, de onde sobe uma fumaça, indicando, aparentemente, a presença de humanos. Aguçado pela curiosidade (tema da próxima lição), Ulisses decide explorar a referida ilha.

Tomando consigo 12 dos companheiros que ali estão, Ulisses faz a rápida travessia e não demora muito para perceber o grande perigo em que está metido. A ilha é habitada por ciclopes, criaturas monstruosas e gigantescas, detentoras de apenas um olho no meio da testa. Travando contato mais íntimo com um desses ciclopes, de nome Polifemo, Ulisses e seus companheiros se veem presos em sua gruta e, apavorados, descobrem que o monstro considera seus visitantes um reforço apetitoso para suas refeições. Havendo devorado dois durante o jantar e mais dois no desjejum da manhã seguinte, não é difícil concluir que ao término do terceiro dia já não restará ninguém do infeliz grupo.

Evitando que o pânico e o desespero obnubilem sua razão, Ulisses concebe um plano astucioso. Observando atentamente, graças à luz da fogueira constantemente acesa que há ali, o antro em que estão presos, percebe um grande tronco de oliveira que o ciclope deixou a secar para lhe servir de bastão oportunamente. Animando e dando ordens a seus companheiros, logo depois que Polifemo deixa a gruta para pastorear seu rebanho de ovelhas, selando a entrada com uma grande pedra, impossível de remover ainda que por uma centena de homens, Ulisses pede-lhes que, usando suas espadas, inúteis contra o monstro, desbastem parte daquele tronco, deixando-o bem pontiagudo em uma das extremidades. Em seguida, revela aos desolados companheiros seu plano, requisitando-lhes todo o vinho que levam consigo em suas bolsas de couro. Quando, ao final do dia, Polifemo retorna com suas ovelhas, Ulisses, antes que aquele lance mão de mais uma dupla de homens para compor a guarnição de seu jantar, oferece-lhe uma opção de aperitivo que, certamente, lhe agradará muito: vinho.

Atraído pela cor rubra e pelo inebriante odor, Polifemo aceita de bom grado a inédita bebida e, mal terminando de virar a primeira taça, logo pede outra e assim sucessivamente. Sentindo-se alegre e relaxado, logo o monstro mostra uma boa vontade até então inusual, tanto que, conversando com Ulisses, pergunta seu nome. Este, antecipando o que previra que aconteceria em seguida, responde, astuciosamente, que seu nome é

Ninguém, o que o monstro aceita facilmente, sem desconfiar.[1] Algum tempo depois, tal como previu o astuto Ulisses, o grande ciclope, embriagado, entrega-se docemente aos braços de Morfeu. Assim que adormece, Ulisses ordena a seus companheiros que levem o tronco pontiagudo ao fogo e esperem até que a sua ponta se torne incandescente. Em seguida, reunindo toda a sua força e coragem, investe violentamente contra o único olho do monstro, furando-lhe a pálpebra e queimando-lhe a retina e a pupila. Despertando com a dor lancinante, já completamente livre de qualquer embriaguez, Polifemo grita desesperadamente, pedindo socorro e chamando pelos seus irmãos ciclopes que viviam nas redondezas. Estes, ao ouvirem os gritos, logo acorrem, perguntando desde fora o que lhe sucedeu, e Polifemo assim lhes responde: "Ó amigos, Ninguém me mata pelo dolo e pela violência!".

> Então eles responderam com palavras aladas:
> "Se na verdade ninguém te está a fazer mal e estás aí sozinho,
> não há maneira de fugires à doença que vem de Zeus.
> Reza antes ao nosso pai, ao soberano Poseidon". (IX, 408-412)

Assim dizendo, foram-se embora, enquanto Ulisses ficava a *rir-se em seu coração*, "porque os enganara o nome e a irrepreensível artimanha".

> Mas o Ciclope [continua a narrar Ulisses], gemendo, cheio de terríveis dores,
> tateava com as mãos, até afastar a pedra da porta.
> Ali se sentou, junto à porta, de braços estendidos,

---

1 Não deixa de ser muito significativa a utilização desse estratagema nominal de Ulisses. Autodenominando-se Ninguém, Ulisses caracteriza sua própria condição de impotência e incapacidade diante da desesperada situação. Reconhecer-se como ninguém é a base fundamental para que se possa ser alguém. É, como aprendemos há pouco, a partir da humildade que, pela fé, pela coragem e pela inteligência, o ser humano pode se realizar como alguém; um alguém semelhante aos deuses.

> na esperança de apanhar algum de nós que tentasse sair atrás
> das ovelhas. Tão estulto era que assim pensava apanhar-me.
> Mas eu deliberei como tudo poderia correr da melhor forma,
> se eu encontrasse para mim e para os companheiros a fuga
> da morte. Teci todos os dolos e todas as artimanhas,
> em defesa da vida; pois avizinhava-se uma grande desgraça.
> E de todas pareceu-me esta a melhor deliberação. (IX, 414-424)

E a deliberação de Ulisses foi a seguinte: atou as bem-alimentadas ovelhas de espessa lã de Polifemo em grupo de três e fez com que ele e seus companheiros sobreviventes se agarrassem por baixo, de maneira que, ao passar pela porta, ficassem ocultos sob a grande capa de lã das ovelhas, contabilizadas pelo tato do dolorido, irado e agora cego ciclope.

E assim, graças à inteligência, astúcia e presença de espírito, Ulisses, *tecendo todos os dolos e todas as artimanhas em defesa da vida*, consegue escapar à brutalidade do antropófago ciclope e salvar parte dos companheiros que participaram daquela desastrosa visita.

Não é apenas, entretanto, nas situações urgentes e desesperadoras, como essa que narramos, que Ulisses faz uso de sua grande habilidade de *tecer dolos e artimanhas em defesa da vida*. Calejado pelas inúmeras experiências da vida e bom conhecedor das ambiguidades e dos interesses escusos de homens e deuses, Ulisses assume sempre, principalmente diante de estranhos, em situações novas e complexas, uma atitude *prudente*, não hesitando em fazer uso da dissimulação, do disfarce e até da mentira, quando necessário.

Em sua condição de peregrino, sempre em busca de ajuda para o seu tão almejado retorno a Ítaca, Ulisses, ao chegar a uma nova ilha ou cidade, ao ser indagado sobre seu nome, histórico e destino, nunca responde abertamente, mas antes oculta, disfarça e inventa, mostrando inclusive uma criatividade narrativa e um talento teatral extraordinários.

Partindo de meias verdades, intermeadas de histórias de terceiros emprestadas e costuradas com descaradas invencionices, Ulisses não apenas oculta sua identidade até onde lhe pareça conveniente e seguro como consegue angariar simpatia e compaixão por parte de seus incautos ouvintes, deliciando-os com suas mirabolantes mas verossímeis histórias.

O coroamento dessa recorrente estratégia de Ulisses e seu autorizado reconhecimento acontecem no momento em que, no Canto XIII, o herói, finalmente, desembarca em sua tão anelada Ítaca. Transportado pelos Feáceos, habitantes da última etapa de sua longa e tumultuada aventura de regresso, Ulisses chega adormecido à sua terra natal. Os bondosos Feáceos, apiedados dos grandes sofrimentos e cansaços do famoso herói, sem querer despertá-lo de seu pesado sono, o carregam e o acomodam confortavelmente diante da entrada de uma gruta, próximo de uma praia de Ítaca, no momento em que a Aurora começa a tingir o céu com seus róseos dedos.

Ao despertar, Ulisses, entretanto, não reconhece de imediato sua terra pátria, pois, como narra Homero,

> ... estava fora há tanto tempo e à sua volta a deusa
> Palas Atena, filha de Zeus, derramara uma neblina
> para o tornar irreconhecível e para lhe explicar tudo primeiro —
> não fossem a esposa, os cidadãos e os amigos reconhecê-lo
> antes de ele castigar toda a transgressão dos pretendentes. (XIII, 189-193)

Não reconhecendo, pois, o lugar em que se encontra, Ulisses se desacorçoa, lamentando mais uma vez sua sorte, e julga, erroneamente, seus benfeitores, os Feáceos, imaginando ter sido enganado. E, enquanto assim se desola, chorando amargas lágrimas de raiva e desespero, Palas Atena dele se aproxima, "semelhante no corpo a um jovem, pastor de ovelhas, mas muito gentil, com são os filhos de príncipes" (XIII, 223). Enxugando as lágrimas e procurando se refazer emocionalmente, Ulisses interpela o jovem pastor, pedindo-lhe informações sobre a terra, alegando ter chegado ali sem intenção, pois a força do vento havia desviado a rota da embarcação em que estava.

Gentilmente, a deusa, metamorfoseada em pastor, lhe informa que se trata de Ítaca, terra do saudoso Ulisses, ausente há muitos anos. Regozijando-se internamente, Ulisses, entretanto, assume, como de costume nessas situações, uma atitude dissimulada, ocultando a verdade, *retendo o discurso* e "revolvendo no peito um pensamento de grande astúcia" (XIII, 255). E passa, então, a contar uma daquelas histórias mirabolantes, com o intuito de disfarçar sua verdadeira identidade sob uma névoa de palavras e imagens mais espessa que a que envolve as praias e colinas de Ítaca naquele momento.

Sorrindo, Atena, que até então havia se mantido calada e oculta sob a forma do gentil pastor, acariciando-o carinhosamente, assume a configuração de uma "mulher alta e bela" e, revelando-se, dirigiu-lhe estas palavras *aladas*:

> Interesseiro e ladrão seria aquele que te superasse
> em todos os dolos, mesmo que um deus viesse ao teu encontro!
> Homem teimoso, de variado pensamento, urdidor de enganos:
> nem na tua pátria estás disposto a abdicar dos dolos
> e dos discursos mentirosos que no fundo te são queridos.
> Mas não falemos mais destas coisas, pois ambos somos
> versados em enganos: tu és de todos os mortais o melhor
> em conselho e em palavras; dos imortais, sou eu a mais famosa
> em argúcia proveitosa. Mas tu não reconheceste
> Palas Atena, a filha de Zeus — eu que sempre
> em todos os trabalhos estou a teu lado e por ti velo.
> Até por todos os Feáceos te fiz bem-querido.
> Agora vim até aqui para contigo tecer um plano astucioso... (XIII, 290-303)

Como um pai que, em vez de se enfadar e se enfurecer perante uma traquinagem infantil e inocente, se enleva e se orgulha com a espirituosidade e inteligência do filho pequeno, Atena não só não se ofende diante do discurso dissimulado e mentiroso de Ulisses como ainda o aprova e o louva, enquanto expressa todo o seu carinho, afagando-lhe o rosto. E o que a princípio pode parecer uma reprimenda — "homem teimoso, de variado pensamento, urdidor de enganos..." — acaba por se revelar um grande elogio, pois tais dons e habilidades, normalmente associados a vícios e defeitos, são consideradas positivos e louváveis pela deusa. E mais: ela mesma se identifica com tais recursos, reconhecendo-os como seus próprios e prediletos, interpretando-os não como deletérios e aviltantes, mas como virtuosos e proveitosos.

Interessante notar que, após haver qualificado a astúcia de Ulisses por meio de palavras como dolo, engano e mentira, em seguida, ao se equiparar com o herói na distinção dos planos humano e divino, Atena requalifica a atitude, utilizando termos claramente positivos como "conselho" e "argúcia proveitosa". Percebe-se aqui, portanto, que o que em um primeiro plano poderia ser compreendido como um comportamento amoral é entendido pela deusa como algo não só moral, ético, mas também oportuno e virtuoso. Isso porque, na perspectiva homérica, a astúcia apresenta-se como um recurso não só proveitoso mas necessário para a realização da justiça.

Tal perspectiva se revela ainda mais explícita na sequência, quando Atena propõe seu "plano astucioso", que consiste justamente em seguir adiante e ir além nessa estratégia de disfarce e despiste, pois, como bem pondera a sábia deusa, seria estultice se o herói, cedendo ao impulso (compreensível) de ver imediatamente sua esposa e seu filho, se expusesse imprudentemente aos mal-intencionados pretendentes. Depois de tantos anos distante e sem conhecer ainda as reais circunstâncias da situação, uma aparição impensada e precipitada poderia ter consequências desastrosas.

> Em todas as situações [pondera a deusa] deves
> agir com prudência e astúcia,
> até que os corações se revelem. (XIII, 393-395)

E assim, feitas essas advertências preliminares, Atena passa a expor seu *plano astucioso*:

> Mas agora far-te-ei irreconhecível para todos os mortais.
> Engelharei a linda pele sobre os teus membros musculosos
> e da tua cabeça destruirei os loiros cabelos; vestir-te-ei
> com farrapos que repugnância causam a quem os vir.
> Obnubilarei os teus olhos, outrora tão belos,
> para que tenhas mau aspecto perante todos os pretendentes,
> a tua mulher e o filho, que no palácio deixaste. (XIII, 397-403)

Em suma, Atena propõe a Ulisses que ele se passe por um velho mendigo peregrino e que assim, oculto e protegido pela melhor capa de invisibilidade existente no mundo dos homens (aquela que associa velhice, pobreza e feiura), possa então sondar, com segurança e argúcia, as reais condições do terreno e os pensamentos encerrados nos corações.

O leitor pode já imaginar que o astuto Ulisses não só aprova com entusiasmo o plano de Atena como ainda se delicia com a ideia, tão concorde com seu gosto e sua maneira de pensar, ainda que esteja cônscio da nova parcela de dor e sofrimento que tal atuação lhe trará.

Já havia comentado, no início desta lição, que tal maneira de pensar e proceder que encontramos na *Odisseia* pode parecer um tanto suspeita e inadequada à sensibilidade moderna, profundamente influenciada por uma visão supostamente cristã e claramente kantiana da ética.

Segundo Tomás de Aquino, por exemplo, a astúcia é o modo mais típico de *falsa prudência*, pois o termo remete ao sentido simulador e interesseiro da virtude, contemplando apenas o caráter *tático* da ação, sem levar em conta o aspecto moral da sua finalidade.[2] Para este, que se constitui na maior referência teológica e filosófica da Cristandade Ocidental, a prudência, *mãe e causa* de todas as outras virtudes, especialmente as cardeais — justiça, fortaleza e temperança —, é a virtude que orienta e possibilita a realização do bem. "A prudência — pontua o autor da *Suma Teológica* — forma parte da definição do bem"[3] e, portanto, deve estar sempre conciliada com a verdade. Assim, ainda que se possa chegar a uma finalidade reta por caminhos falsos e torcidos — admite o doutor angélico —, o sentido próprio da prudência só é admitido quando não só o fim das ações humanas, mas também os caminhos que a este conduzem sejam conformes à verdade das "coisas reais". Para Santo Tomás, não seria "lícito chegar a um fim bom por vias simuladas e falsas".[4]

Ao explicitar, entretanto, o que entendia por *bem* ou por *reta finalidade*, Tomás de Aquino identifica-o com a *justiça* ou com *aquilo que é justo*, sendo que, por sua vez, para ser verdadeiro o *justo* tem de, necessariamente, estar de acordo com aquilo que o teólogo qualifica de *realidade* — a *verdade das coisas reais*. Ou seja, para Tomás o *bom e justo* não pode ser entendido como algo teórico ou ideal, mas algo concreto e real, determinado pela *força inegável da realidade*. O prudente, nesse sentido, é aquele que, para realizar aquilo que é *bom e justo*, deve, antes de tudo, *ver*, *reconhecer* e *perceber* a *realidade*, a *verdade das coisas reais*. Logo, se, para atingir um fim reto e justo, uma pessoa não leva em consideração as circunstâncias reais e concretas da sua ação, ponderando sobre os meios e as estratégias a adotar, sua atitude não pode ser considerada prudente, ainda que bem-intencionada. Em suma, para Tomás de Aquino, ter boa intenção não é sinônimo de ser prudente. O homem prudente tem de, necessariamente,

---

2 Cf. PIEPER, Josef. *La virtudes fundamentales*. 6ª. ed. Madrid: Rialp, 1998, p. 54.
3 Ibidem, p. 36.
4 Ibidem, p. 54.

estar imbuído de uma finalidade boa e justa, mas só isso não basta. A prudência exige também o conhecimento da *ipsa res*, da realidade em si, para que então possa agir "conforme esta realidade".[5]

Saindo do plano eminentemente teorético e especulativo e aplicando as considerações de Tomás de Aquino ao âmbito dramático e narrativo da *Odisseia* de Homero, percebemos, no entanto, que a *astúcia* de Ulisses se identifica e não se opõe à *prudência* tomasiana, pois, além de sua intenção ser *boa* e *justa* (o retorno à casa e a restauração da ordem, da harmonia e da justiça nessa mesma casa), seu procedimento é *conforme a realidade* das circunstâncias. Se Ulisses não tivesse seguido o "plano astucioso" de Atena e tivesse simplesmente aparecido de peito aberto e cara lavada diante dos mais de cem pretendentes, reivindicando seus direitos e sua honra, desconsiderando a conformidade das *coisas reais*, pode-se imaginar o trágico desfecho: certamente o *fim reto* e a *justiça* não teriam sido atingidos. Nesse sentido, há que se reconhecer que a *astúcia* homérica se concilia perfeitamente com a *prudência* tomasiana, ainda que os recursos utilizados — o disfarce e a dissimulação — possam, a princípio, ser considerados "simulados e falsos".

Não deixa de ser pertinente, neste ponto da nossa reflexão, destacar um aspecto já apontado no Preâmbulo deste livro, quando falava da vantagem de examinar o que é próprio do humano a partir das narrativas e da literatura em vez das postulações teóricas e conceituais, próprias do discurso filosófico e científico. Recriando ficcionalmente situações concretas da vida real, das *coisas reais*, a literatura nos liberta das armadilhas conceituais e abstratas que a reflexão filosófica pura acaba frequentemente armando, ainda que não intencionalmente. Como nos mostra Antoine Compagnon em seu *Literatura para quê?*, a literatura nos diz "muito mais sobre o homem do que graves obras de Filosofia, de História e de Crítica".[6] Isso porque a

5 PIEPER, Josef. *La virtudes fundamentales*, op. cit., p. 41.

6 COMPAGNON, Antoine. *Literatura para quê?* Tradução Laura T. Brandini. Belo Horizonte: Editora UFMG, 2009, p. 25.

literatura está mais próxima da vida, da experiência constantemente cambiável e inabarcável da realidade, impossível de ser definida ou determinada por categorias conceituais. Assim, se a filosofia e a ciência se apresentam como recursos indispensáveis para o conhecimento do que é próprio do humano, a literatura desponta como um elemento *corretor* ou *matizador* essencial, aquilo que impede que esse conhecimento se divorcie da vida e se torne dogmático e opressor.

Nesse sentido, ainda que sem a pretensão de "corrigir" Tomás de Aquino ou toda a tradição filosófica que se estabeleceu a partir dele, com especial destaque para a filosofia moral de Immanuel Kant, o resgate e a proposição da narrativa homérica, enquanto recurso para a compreensão daquilo que é próprio do humano, nos possibilitam, por exemplo, reinterpretar a noção de astúcia, a partir de uma perspectiva em que não apenas a "salva" de sua condição meramente deletéria como ainda a requalifica como virtude fundamental para a plena realização do humano. Afinal, ao contrário do que a postulação teórica de um Tomás de Aquino ou de um Immanuel Kant nos induziria a pensar, a astúcia, tal como caracterizada na *Odisseia*, apresenta-se como um recurso fundamental e indispensável para realizarmos nossa própria beleza e cumprirmos com o fim justo e verdadeiro que nos cabe, em um mundo complexo e contraditório; o mundo das *coisas reais* em que vivemos.

A perspectiva justificável e positiva da astúcia não é, entretanto, exclusiva da narrativa homérica. Curiosamente, ela aparece com especial frequência e relevância no livro sagrado dos judeus e cristãos. No *Antigo Testamento*, por exemplo, ela é, muitas vezes, apanágio dos grandes patriarcas como Abraão, Isaac e Jacó, sendo célebre o episódio em que este último, mediante um estratagema engendrado por sua mãe, Rebeca, intercepta a bênção de seu pai, Isaac, que, por direito de tradição, deveria ser dada ao seu irmão

Esaú (Gn 27). A ação astuta, claramente transgressora do ponto de vista moral, torna-se, entretanto, o recurso propício que garante a transmissão da progenitura, e, portanto, da herança sagrada do povo eleito, àquele que havia sido escolhido por Deus.

No *Novo Testamento*, Jesus de Nazaré, apresentado como o Filho de Deus, mas que gostava de se autodenominar Filho do Homem, não deixa também de, em algumas situações, utilizar-se de estratégias que remetem àquelas adotadas pelo astucioso Ulisses. Segundo o Evangelista João (Jo 7:1-13), por ocasião da festa judaica das Tendas, Jesus, que se encontra na Galileia, indagado por seus irmãos se não irá para a Judeia a fim de se manifestar publicamente como profeta, responde: "Subi, vós, à festa. Eu não subo para essa festa, porque meu tempo ainda não se completou." (Jo 7:8) Entretanto, continua João, "tendo dito isso, permaneceu na Galileia. Mas quando seus irmãos subiram para a festa, também ele subiu, *não publicamente, mas às ocultas*" (Jo 7:9; grifo meu)

Ciente das más intenções de seus "irmãos", contaminados pela inveja e outros sentimentos escusos, Jesus não hesita em mentir, ou, pelo menos, astutamente, expressar uma meia verdade ao dizer que não subia para a festa... com eles; o que não quer dizer que não iria depois, sozinho... E então, ao fazer como achou mais prudente, Jesus foi, à maneira de Ulisses, "não publicamente, mas às ocultas", conforme convém ao pleno cumprimento de sua missão.[7]

Realizador e mestre máximo da nova *kalokagathia* que inaugurava, Jesus não só vive a astúcia como também ensina seus discípulos a praticá-la:

7 Missão esta que, como ele próprio sabia, culminaria na sua prisão e morte, à qual ele se lança com o mesmo ímpeto e a mesma prudência com que Ulisses se engajaria no seu retorno a casa. Jesus sabe que caminha para a morte, mas sabe também que esta deveria ocorrer no tempo e na circunstância oportuna, por isso, enquanto não se *completa o seu tempo*, ele age, justificadamente, com prudência e astúcia.

"Eis que vos envio como ovelhas entre lobos. Por isso, sede astutos como as serpentes e sem malícia como as pombas." (Mt 10:16)[8]

Não deixa de ser curioso o fato de que o que parecia ser visto como uma qualidade ou virtude indispensável para Jesus e seus discípulos diretos tenha passado a ser interpretado como o oposto pela tradição filosófica e teológica que se estabeleceu mais tarde a partir do legado evangélico. Foge do nosso escopo, entretanto, investigar aqui as causas e os fatores que determinaram tal reinterpretação. O importante, me parece, é indicar que, fora do âmbito teológico e filosófico, ou seja, no território da arte, da literatura, essa visão homérica, bíblica e neotestamentária da astúcia, que preserva seu caráter no mínimo ambíguo, paradoxal (atitude característica da serpente-Satã, mas também necessária e útil ao homem que busca a excelência, a justiça e a santidade), preservou-se e foi transmitida, chegando até nós principalmente através dos clássicos.

Sem querer, entretanto, traçar aqui uma "arqueologia" da astúcia na literatura, para efeitos de esclarecimento e fortalecimento dessa visão virtuosa, proveitosa e necessária da astúcia enquanto aspecto do que é próprio do humano, queria destacar apenas um autor, em cuja obra tal atitude aparece de forma emblemática e exemplar. Estou a me referir ao já tantas vezes citado e comentado William Shakespeare.

E, de toda sua vasta produção dramatúrgica, em que a postura astuciosa aparece ora como característica dos mais perversos vilões, ora como

8 Uso aqui, propositalmente, a tradução da Bíblia do Rei James (King James Bible, séc. XVII; traduzida diretamente do grego para o inglês), na qual o termo *astuto* substitui o termo *prudente*, que aparece na Vulgata e em outras versões canônicas do Novo Testamento. Tudo leva a crer que a substituição do vocábulo *astuto*, de sabor semítico e grego, pelo correspondente *prudente* se deva à influência clássica latina, alheia à mentalidade dos contemporâneos de Jesus. O conselho de Jesus, ao se referir à serpente como exemplo de astúcia, remete claramente ao livro do Gênesis, onde, efetivamente, ela é nomeada como "o mais astuto de todos os animais dos campos, que Iahweh Deus tinha feito" (Bíblia de Jerusalém. 8ª ed. São Paulo: Paulus Editora, 2012, Gn 3:1).

apanágio dos mais admiráveis heróis, queria destacar uma peça, em que, me parece, a astúcia recebe atenção toda especial e elevada. Estou a falar de *Rei Lear*,[9] tragédia em cinco atos, encenada pela primeira vez em Londres, no ano de 1606.

O tema central desse drama não é a astúcia, mas a estultice de um rei que *ficou velho antes de ficar sábio*. Havendo decidido livrar-se do ônus do poder com a pretensão de manter o bônus de seus privilégios, Lear, rei da Bretanha, resolve dividir seu reino em três partes iguais e entregá-las às suas três filhas, que, entretanto, estão longe de serem igualmente merecedoras. Duas delas, Regana e Goneril, são claramente falsas e indignas, enquanto a mais nova, Cordelia, é a única a ter as qualidades necessárias para ser uma boa governante. Instadas a manifestarem suas opiniões e pretensões diante do pródigo pai, Cordelia é a única falar com franqueza, com o coração (conforme seu nome mesmo evoca). Sua franca cordialidade, entretanto, é interpretada pelo vaidoso rei como ingratidão, e Cordelia, única filha verdadeiramente sincera e bem-intencionada, é deserdada e expulsa pelo rei, sendo sua herança absorvida pelas duas outras irmãs.

Ao lado do estulto rei está Kent, seu fiel conselheiro. Homem prudente e justo, percebe a sequência de decisões intempestivas e precipitadas perpetradas pelo velho soberano e, com humildade, mas assertivamente, procura dissuadi-lo. Totalmente envenenado pela cólera e pelo orgulho ferido, Lear o expulsa também, concretizando assim a atitude típica do estulto inconsequente que afasta de sua presença todos os que realmente lhe querem e lhe podem fazer bem, e aproxima todos os interesseiros e mal-intencionados, mal encobertos pela capa da falsidade e da lisonja.

Kent não tem outra saída senão afastar-se, submetendo-se à injusta sentença do exílio com resiliência: "Kent irá adaptar — monologa o ex--conselheiro — seu velho estilo a algum país novo." (Ato I, cena 1) Sendo

9 SHAKESPEARE, William. *O Rei Lear*. Tradução Millôr Fernandes. Porto Alegre: L&PM Pocket, 2013.

justo e comprometido com a restauração da justiça, Kent, entretanto, não se conforma. Utilizando-se de seus melhores talentos teatrais, ele retorna pouco tempo depois, astutamente disfarçado de homem comum, um pária em busca de uma ocupação e de um senhor a quem servir:

> Se eu também conseguir modificar os sons de minha voz, alterando o meu modo de falar, a minha boa intenção me fará realizar plenamente o objetivo que me levou a transformar meu aspecto. Agora, banido, Kent, se puderes servir a quem te condenou — e espero que possas — o teu senhor, a quem amas, te encontrarás pronto pra tudo. (Ato I, cena IV)

E assim, colocando-se a serviço do antigo e injusto senhor, esse bom e justo servidor, usando da atuação e do disfarce, desempenhará um papel essencial no desenrolar da trama. E, ainda que não consiga evitar a inevitável tragédia que necessariamente deve se cumprir em um drama dessa espécie, Kent, no final, não só, por meio da sua atuação astuciosa, consegue realizar sua *própria beleza* como também aparecer como um dos restauradores da ordem e da justiça depois de o mal e a intriga terem consumado seu ciclo, destruindo sua própria obra.

Mas não é apenas por intermédio da personagem de Kent que Shakespeare desenvolve o tema da astúcia nessa peça. Paralelamente à história principal do drama — a relação entre Lear e suas três filhas —, outra intriga se desenrola: aquela da relação entre o conde de Gloucester e seus dois filhos, Edgar e Edmundo.

Filho bastardo, ainda que plenamente aceito e integrado à família, Edmundo, sem ter outro indício senão suas próprias suspeitas geradas por sua grande ambição, teme ser preterido na herança e em privilégios pátrios em face do irmão, filho legítimo de Gloucester. Diante disso, Edmundo engendra uma trama maquiavélica, forjando uma carta supostamente redigida por Edgar e endereçada a ele, onde aquele propõe um golpe para desbancar o velho pai e arrebatar-lhe a fortuna e o poder em benefício dos dois. Arquitetando e executando o plano com grande inteligência e astúcia, Edmundo consegue facilmente enganar o incauto pai, obrigando o ingênuo irmão a fugir. Este, então, como estratégia de sobrevivência, adota recurso semelhante àquele escolhido por Kent e, disfarçando-se de mendigo, passa a agir como um pobre louco, peregrino e sem-teto.

Assim como Kent, Edgar, no desempenho de seu novo papel (o pobre Tom), consegue não apenas escapar da perseguição dos soldados do pai como também, permanecendo, ao mesmo tempo, próximo e "invisível", desvendar as escusas articulações por detrás dos a princípio incompreensíveis acontecimentos que desabaram sobre ele e, ainda, atuar de forma decisiva na evolução da trama, com o fito de reestabelecer a justiça.

Novamente aqui, a adoção de uma estratégia astuta, caracterizada pelo disfarce, pela dissimulação e pela representação de estilo teatral, apresenta-se como a postura mais adequada e proveitosa diante de um contexto complexo, conturbado, marcado pela desordem, pelos interesses escusos, pelas paixões, pela injustiça. E, mais uma vez, se aqui tampouco a astúcia do justo não foi suficiente para evitar a inexorável tragédia que afeta e destrói os bons e os maus, ela, entretanto, garante a sobrevivência do justo e permite que este atue e esteja pronto para assumir, já sem dissimulação, seu justo lugar na ordem restaurada.

As peripécias de Kent, Edmundo e Edgar, elementos secundários e complementares na intrigante e complexa peça de Shakespeare, apresentam-se, como já se pode deduzir, como matéria altamente oportuna e proveitosa em nossa reflexão sobre a importância da astúcia enquanto atitude pertinente e necessária na realização daquilo que é próprio do humano. Elas nos permitem, a meu ver, uma exploração ampla e profunda do tema suscitado por Homero e depois tão explorado pela literatura em todos os tempos.

Em primeiro lugar, o *plot* shakespeariano sobre a astúcia, principalmente no que tange à história dos dois irmãos, nos permite vislumbrar as duas dimensões ou possibilidades dessa postura. Na figura de Edmundo reconhecemos o lado diabólico, negativo e destrutivo da astúcia, em que a tramoia, a dissimulação e a argucia apresentam-se como recursos claramente condenáveis, uma vez que estão não a serviço *da defesa da vida* e da justiça, mas da ambição, de interesses mesquinhos e escusos. Edmundo representa a vertente viciosa, ofídia da astúcia.

Já por intermédio de Edgar, reverberando Kent, assim como o próprio Ulisses, identificamos a vertente positiva, virtuosa da astúcia, uma vez que os mesmos recursos — a dissimulação, o disfarce, o dolo e até a mentira — estão agora a serviço do bem, não só do próprio sujeito que atua com astúcia, mas também do bem comum, da restauração da ordem e da justiça. Eis, pois, a boa astúcia, aquela que não só se identifica com a virtude da prudência como ainda a atualiza e a concretiza na trama real das condições complexas e concretas da vida.

A má astúcia, apesar de estar normalmente associada a personagens extremamente inteligentes e capazes (como é o caso de Satã na *Bíblia* e o de Edmundo em *O Rei Le*ar), acaba levando a resultados desastrosos e destrutivos, não apenas em relação ao mundo e ao próximo, mas também em relação ao próprio sujeito astucioso, que, muitas vezes, se vê, no fim, sendo engolido pela própria engrenagem que engendrou.

A boa astúcia, por outro lado, não apenas preserva e defende a vida do sujeito astucioso como também se constitui em elemento promotor do seu próprio desenvolvimento, como elemento que contribui para o processo de autoconhecimento e autorrealização. A astúcia, como vimos, é o que vai possibilitar a Ulisses conhecer as reais condições da nova realidade de sua terra, o posicionamento dos sujeitos envolvidos nessas mesmas condições, assim como *revelar o que encerra o seu coração*: quem, nesse contexto, são os bem-intencionados, os fiéis e quem são os injustos e aproveitadores.

Já para Kent e Edgar, a atitude astuciosa, além de propiciar essas mesmas vantagens, apresenta também a possibilidade de os personagens se reposicionarem perante a realidade, trazendo novos e fundamentais conhecimentos sobre o humano: suas paixões, misérias, vícios e virtudes.

Afinal, aquele que se esconde por detrás de um disfarce, de um papel, passa a olhar o mundo e as pessoas desde outro ângulo (em geral privilegiado), extremamente revelador.

Por outro lado, o exercício do disfarce e da representação astuciosa promove também um inusitado descobrimento de potencialidades no próprio sujeito que se disfarça, representa e brinca. Assim como a criança, que se descobre e afirma sua personalidade enquanto joga e assume o papel de personagens imaginados, o homem ou a mulher que, no jogo da astúcia, incorpora máscaras e fantasias acaba por descobrir novas e profundas dimensões do seu próprio ser; descobertas que, devidamente incorporadas, acabam por se tornar extremamente importantes para o processo de realização da sua própria beleza. A literatura e a vida ensinam que a prática do jogo fantasioso da astúcia tem um fantástico poder desencadeador da criatividade e contribui imensamente para a constituição de um ser livre e saudável.

É muito interessante observar como, nas personagens shakespearianas que assumem a postura da astúcia positiva, percebe-se, apesar de todo o sofrimento que suas condições lhes impõem, um marcante tom de alegria e bom humor. Pode-se dizer, inclusive, que, como Ulisses, cujo prazer em representar e inventar histórias é bem destacado por Homero nas palavras de Atena, também Kent e Edgar se divertem no jogo de suas atuações — coisa que já não acontece com o "astuto do mal", Edmundo, cuja *performance* vai acompanhada de um crescente sentimento de preocupação, melancolia e decepção.

Em suma, acompanhando a trajetória dessas personagens podemos concluir que a astúcia, dentro dessa perspectiva positiva e virtuosa, que se justifica pela preservação da saúde e da vida, e que está comprometida com a busca do bem e do justo, não só se apresenta como atitude necessária e proveitosa, mas também muito própria do humano em seu processo de autorrealização.

O ingênuo e descompromissado Edgar, jovem aristocrata sonhador e alheio às complexidades do mundo, ao se ver obrigado, quase que instintivamente, a adotar uma atitude astuta, acaba por aprender, na experiência ao mesmo tempo dolorosa e prazerosa da fantasia, o que talvez anos de estudo e educação formal não seriam capazes de ensinar. O jogo compulsório da astúcia, que a vida muitas vezes obriga a jogar para sobreviver, é uma brincadeira séria e proveitosa, promotora inigualável do amadurecimento e da realização pessoal.

Na trama do processo de autoconhecimento e autorrealização, a *Odisseia*, assim como a grande literatura de maneira geral, nos ensina que é próprio do humano ser astuto; que, aliás, é necessário sermos astutos se quisermos realizar nossa própria beleza e contribuir com a nossa parte na realização da beleza do mundo, da história.

Essa mesma fonte de conhecimento do humano que é a literatura nos ensina também que a astúcia não deve ser encarada como contrária à virtude da prudência. Ao contrário, ela nos mostra que a astúcia pode e deve ser entendida como uma dimensão específica e peculiar dessa virtude; aquela dimensão que permite a vivência e a realização da prudência em um mundo complexo, contraditório, cheio de armadilhas e más intenções; cheio de forças contrárias à realização da beleza, seja pessoal, seja universal. Sim, mais do que contradizer a sabedoria oriunda da filosofia, da teologia e das ciências, a literatura nos permite ampliar essa visão, possibilitando revelar essa dimensão mais telúrica e prosaica de uma concepção por vezes demasiado abstrata e teórica da prática da prudência.

Tal aporte apresenta-se não só útil, mas essencial, principalmente nestes tempos em que vivemos, nos quais, diante dos dilemas e desafios que enfrentamos, tendemos a apresentar um posicionamento que oscila, de forma polarizada, entre o pueril-ingênuo e o pragmático-maquiavélico. E assim, vítimas da nossa estultice, somos ou bem engolidos e tragados pelos mecanismos desumanizados ou mesmo diabólicos que atuam com grande força e poder no mundo, ou bem nos tornamos cúmplices infelizes dessas mesmas forças. Aprender a ser astuto apresenta-se, pois, como um caminho libertador e humanizador, que, em um mundo desumanizado e doente, pode nos garantir uma quota de saúde e felicidade, ainda que não isenta de dores e sofrimentos.

Em uma sociedade cada vez mais marcada pela obrigatoriedade da *performance* e do desempenho, não mais imposta por instâncias institucionais e externas, mas já incorporada como valor subjetivo e interno, como lucidamente nos alerta Byung-Chul Han em seu ensaio "Sociedade do cansaço",[10] sermos astutos como Ulisses, Kent, Edgar ou Jesus aparece como recurso necessário e obrigatório para não cairmos nas malhas da dinâmica escravizadora e desumanizadora do mundo atual. Ou seja, para não enlouquecermos e perdermos nossa saúde, vítimas dessas patologias da sociedade do cansaço, que são o burnout, a ansiedade, o pânico e a depressão, a saída é, tal como nos ensinam nossos heróis míticos e literários (porém muito humanos e reais), jogar o jogo astuto da loucura e nos fingirmos de loucos, de mendigos, de peregrinos, de pobres. E assim, protegidos por essa capa da invisibilidade, da incompetência e da disfuncionalidade, observar e compreender as coisas e as pessoas como elas realmente são, para que, então, nós mesmos possamos verdadeiramente *ser.* Ser não como o mundo e a sociedade esperam que sejamos, mas como nós mesmos devemos ser, segundo a ordem do nosso coração, conforme aprendemos nas lições anteriores.

Aprendamos com nossos heróis literários e suas lições e, depois de havermos resgatado nossa fé, mergulhado em nosso coração em busca do nosso verdadeiro eu, lancemo-nos na vida com coragem, decididos a sair e a retornar, no cumprimento da realização da nossa própria beleza,

---

10 HAN, Byung-Chul. *Sociedade do cansaço*. Tradução Enio P. Giachini. Petrópolis: Vozes, 2020.

lembrando, entretanto, que para tanto será preciso ser astuto. Sim, será preciso, inevitavelmente, fingir, representar, se fazer de tonto, de louco, de "migué", em um jogo de brincadeira séria e comprometedora, que não nos poupará de sofrimentos e dissabores, mas que, certamente, nos trará alegria, prazer, saúde e (por que não?) uma boa dose de diversão.

Acredito que, a esta altura da nossa reflexão, querida leitora e querido leitor, esteja evidente que meu conselho se refere àquela astúcia que defini como boa, justa e honesta; aquela que está comprometida com o bem, com o justo, com o belo — e não aquela que é meramente instrumental e que está a serviço de bens interesseiros, egoístas, egocêntricos; a astúcia má, que, no português brasileiro castiço, podemos chamar de esperteza.

Sei, no entanto, que nas atuais circunstâncias, em um contexto tão desumanizado, tecnicista e produtivista como este em que estamos vivendo; em que tudo é levado tão a sério e em que as crianças de 4 ou 5 anos já estão sendo devidamente preparadas para "performar" e "arrasar" no mundo competitivo do mercado, pode parecer difícil encontrar essa sabedoria. No entanto, não creio que, havendo chegado até aqui na leitura deste livro, seja difícil a você, leitora ou leitor, encontrar a resposta. Sim, obviamente que na literatura.

Mas não só na literatura. Toda forma de arte; toda arte comprometida com essa perspectiva do que é próprio do humano pode e deve ser útil nessa terapêutica tarefa. O mais importante na aventura de adquirir a astuta sabedoria e a sabedoria da astúcia é aprender ou reaprender a brincar.

A literatura pode ser uma grande fonte de inspiração, mas só ler não basta. Contra a lógica da *performance* da sociedade do desempenho de que fala Byung-Chul Han, torna-se necessário aplicar a lógica da *performance* da arte, do teatro, do jogo, da brincadeira. Leia, represente, brinque e, se possível, faça teatro. Com isso, certamente, você terá um bom começo para se desenvolver como sujeito astuto, na medida de um Ulisses, ou segundo o conselho de Jesus a seus discípulos.

E, se você for pai, mãe, educador, educadora, deixe seu filho, sua filha, seu aluno, sua aluna brincar. Não caia na tentação de educá-lo(a), desde a mais tenra idade, para o mercado. Eduque-o(a) sim para a vida: deixe-o(a) brincar até quando ele(a) puder. Desta forma, ele(a) estará aprendendo a ser astuto(a) e, portanto, preparando-se para enfrentar melhor o viver — que é muito perigoso — com mais inteligência, alegria e beleza.

Ensine-o(a) e aprenda com ele(a).

Sétima lição:

É próprio do humano ser curioso

Ao iniciarmos esta sétima lição, chegamos ao *mezzo del cammin di nostra* odisseia; essa nossa odisseia de resgate do conhecimento daquilo que seria próprio do humano a partir da *Odisseia* de Homero e da grande odisseia da literatura universal. Uma odisseia que, como já deve ter ficado esclarecido a você, leitor e leitora, vai muito além da mera investigação teórica e crítica de narrativas literárias, mas que procura, por meio dessas mesmas narrativas (em diálogo com a filosofia, as humanidades e as ciências), identificar algumas lições que podem nos ajudar a nos conhecer melhor como seres humanos e, desse modo, inspirar e nortear nosso processo de autorrealização, de realização da nossa *kalokagathia*, da nossa própria beleza. Eis, pois, a nossa meta, a nossa "Ítaca".

Ao longo das seis primeiras lições acredito haver apontado os desafios, as necessidades e as virtudes essenciais para que, de uma forma ou de outra, essa meta possa ser atingida. Vimos, assim, que, para nos realizarmos enquanto seres humanos (no sentido daquilo que nos seria próprio, apropriado, justo e bom), faz-se necessário que saiamos, que nos lancemos na aventura da vida, cônscios de que nosso destino se completa na meta do retorno. E, por outro lado, para que isso se efetive, é necessário um conjunto de virtudes — fé, esperança, reflexão, discernimento, coragem e astúcia — sem o qual o processo de saída e retorno que caracteriza a realização humana torna-se impossível. Mas, se tais virtudes ou qualidades apresentam-se como fundamentais para a concretização da nossa meta, elas, entretanto, não são suficientes. Isso porque a realização da nossa beleza, da nossa humanização, não se restringe ao cumprimento da meta. O sentido da vida não pode ser reduzido ao seu fim, mas deve abranger também, necessariamente, o seu meio, o caminho.

O que fez de Ulisses Ulisses — aquele que cumpriu seu destino, realizou sua beleza e se tornou modelo e exemplo daquilo que é próprio do humano — não foi haver conseguido, por fim, retornar a Ítaca. O que fez Ulisses se tornar Ulisses não foi haver alcançado a meta, mas sim, fundamentalmente, haver vivido o caminho. O que fez de Ulisses Ulisses — esse homem astuto que tanto vagueou, conhecendo cidades, povos e espíritos, e que muitos sofrimentos padeceu, como canta o poeta nos primeiros versos do poema inspirado pela Musa — foi, justamente, mais do que haver logrado o tão almejado retorno à sua pátria, depois de tantos anos de ausência e de tantos contratempos, haver vagueado, errado, conhecido, sofrido, vivido.

Teria Ulisses sido o Ulisses da *Odisseia* caso o seu retorno a Ítaca tivesse acontecido de forma semelhante àquela dos outros heróis da Ilíada, sem tantos contratempos, aventuras e sofrimentos? Se assim fosse a história de Ulisses não mereceria um poema próprio. O que diferencia a história de Ulisses de todos os outros heróis da epopeia ilíaca é justamente o haver vagueado, errado, conhecido, vivido e padecido muito mais do que a experiência da guerra. É isso o que torna a *Odisseia* uma referência muito mais completa e poderosa sobre aquilo que é próprio do humano do que a *Ilíada*. E é isso que faz dela a obra mais inspiradora e referencial da história da literatura ocidental, modelo de todas as outras que abordam o tema da realização humana. Sim, porque a *Odisseia* nos ensina que, no processo de nos tornarmos humanos, tão ou mais importante do que atingir a meta é o sabermos viver o caminho.

Nesse sentido, aprendemos com a *Odisseia* que, para além das virtudes teleológicas, ou seja, aquelas necessárias para atingirmos nosso fim, nossa meta (*thelos* — *τέλος* —, em grego), na aventura da nossa humanização torna-se necessário todo um conjunto de virtudes que nos ajudam a viver, com sabedoria, o meio, o caminho, a via: as que chamo *virtudes viáticas*.

Ao longo das seis primeiras lições do que é próprio do humano apresentei as virtudes teleológicas — fé, esperança, reflexão, discernimento, coragem e astúcia — sem as quais é impossível sair para existir e se realizar humanamente, e sem as quais se torna impossível atingir a meta ou o fim existencial da vida. Agora, a partir desta sétima até a décima segunda e última lição do livro, falarei dessas outras virtudes, as viáticas, sem as quais a verdadeira *kalokagathia* não pode se efetivar, pois são elas que possibilitam o *saber viver*.

Em um contexto como o que estamos vivendo, em que se valorizam tanto os fins e os objetivos, e que se propala tanto o "foco na meta", temos perdido o sentido e o valor do meio, do caminho. Estamos sendo tão condicionados a focar as metas (que aliás, na maior parte das vezes nem são efetivamente nossas, mas impostas) que acabamos nos tornando míopes ou cegos para o caminho. Cada vez mais, o caminho ou a via tem se reduzido a mero intervalo de tempo e espaço entre o começo e o fim; entre a definição da meta e seu cumprimento. Com isso, a existência humana vem empobrecendo e se reduzindo a um simples mecanismo de "*performance*", de "obtenção" de metas, que, uma vez atingidas, são substituídas por outras, em uma dinâmica insaciável e frustrante. Esse "apagamento" do meio, do caminho, da via, apresenta-se, a meu ver, como uma das causas mais importantes do desastroso processo de desumanização que estamos sofrendo, pois a desvalorização do caminho corresponde, em última análise, à desvalorização da *experiência*. E como é possível a realização da nossa humanização sem a realização da *experiência da vida*?

Sem metas e objetivos, como vimos mostrando, não é possível a nossa autorrealização enquanto seres humanos; porém, sem a *experiência* do caminho tal realização se torna incompleta, vazia e, portanto, falsa. Daí a importância, nesta segunda metade do caminho da nossa odisseia em busca do conhecimento do que é próprio do humano, de, por meio da caracterização das virtudes viáticas, aprendermos as lições sobre o saber viver o caminho; sobre o *saber viver as experiências* que encontramos na via da vida, e nos tornarmos mais humanos com elas e por causa delas.

Começaremos falando sobre a curiosidade, para saber como a *Odisseia* nos ajuda a saber conhecer, e seguiremos por um itinerário que passa pela contemplação, pela hospitalidade, pela celebração, pela conversação (que é a virtude que nos ensina a ouvir e a contar histórias) e que culmina no saber esperar e no saber terminar, que, sendo uma virtude viática, possibilita, ao mesmo tempo, a realização da nossa meta, do nosso *thelos*. Completando e preenchendo as virtudes teleológicas, as virtudes viáticas plenificam o itinerário daquilo que é próprio do humano.

Mas iniciemos logo esta segunda etapa da nossa odisseia.

* * *

> Santa curiosidade! Tu não és só a alma da civilização, és também o pomo da concórdia, fruta divina, de outro sabor que não aquele pomo da mitologia.

Assim exclama o narrador de "O espelho", intrigante conto de Machado de Assis, no qual esse que é um dos mais célebres escritores da língua portuguesa propõe, de forma irônica e capciosa, um "esboço de uma nova teoria da alma humana".[1]

Na trama, cinco cavalheiros debatem, em uma noite límpida e sossegada, na sala de uma casa no alto do morro de Santa Teresa, alumiada a velas, "cuja luz fundia-se misteriosamente com o luar que vinha de fora", várias questões de alta transcendência. De um dentre esses cavalheiros, porém, não se poderia dizer que propriamente participava do debate, pois permanecia mais bem calado, pensando ou mesmo cochilando, demarcando sua

1 MACHADO DE ASSIS, Joaquim Maria. "O espelho: esboço de uma nova teoria da alma humana". In: ______. *Contos*. Porto Alegre: L&PM, 1998, p. 26-39.

presença com apenas "um ou outro resmungo de aprovação". Instado, por fim, a se posicionar perante um daqueles temas transcendentais, qual seja, sobre a natureza da alma, Jacobina (assim se chamava o referido quinto cavalheiro) por fim concorda em se manifestar, não por meio de conjetura ou opinião, mas de um caso da sua vida em que, segundo ele próprio, se "ressalta a mais clara demonstração acerca da matéria de que se trata" e comprova que, na verdade, cada pessoa tem não uma, mas duas almas.

Para além da inusitada e original tese postulada por Jacobina, a abordagem ou estratégia proposta por ele — sua exposição a partir de uma história real e subjetiva — é a que desperta nos outros quatro cavalheiros a "santa curiosidade": "os quatro companheiros, ansiosos por ouvir o caso prometido, esqueceram a controvérsia." E é nesse ponto da narrativa que aparece a interjeição com que abrimos esta sétima lição sobre o que é próprio do humano.

Imagino que você, leitor(a), principalmente se ainda não leu o conto de Machado, deva ter ficado também muito curioso(a), não só em relação à teoria da duplicidade da alma de Jacobina, mas, mais ainda, pelo caso que ele promete contar para demonstrar sua tese. Porém, mais do que saciar sua curiosidade (que, aliás, pode muito facilmente ser satisfeita, já que toda a obra de Machado se encontra em domínio público na internet) interessa-me aqui discutir e procurar demonstrar como a curiosidade (a "santa curiosidade"), esse "pomo da concórdia", constitui-se em uma das qualidades essenciais da experiência humana, virtude importantíssima para o nosso processo de humanização.

Ciente estou de que aqui, mais uma vez, nos encontramos diante de um tema controverso — como no caso da lição anterior, sobre a astúcia. Isso porque, pelo senso comum, a curiosidade é normalmente considerada não uma virtude, mas antes um vício; vício, aliás, dos mais graves e desastrosos, associado geralmente ao princípio da queda original (como na Bíblia) ou à causa de grandes e dramáticos conflitos (como na mitologia grega, em que a curiosidade se liga ao pomo da discórdia, origem remota da Guerra de

Troia[2]). Não é à toa, portanto, minha escolha em abrir esta reflexão sobre a primeira das virtudes viáticas na odisseia da humanização a partir da controversa e provocativa frase de Machado de Assis.

Contradizendo ironicamente a tradição e o senso comum, Machado qualifica a curiosidade de "santa" em vez de pecadora ou maldita, e ainda a considera a "alma da civilização" em vez de sua desgraça. Indo além e arrevesando divertidamente o célebre termo mitológico, o Bruxo do Cosme Velho a chama ainda de "pomo da concórdia", já que ela, no caso em questão, é o motivo do cesse das controvérsias e discussões entre os debatedores, que se transformam em atentos e silenciosos ouvintes da história que lhes será contada.

Sem negar ou menosprezar os indiscutíveis efeitos deletérios que a curiosidade, quando experimentada de forma passional (para além da justa medida), pode causar, a recorrência à sentença de Machado de Assis nos ajuda, entretanto, a considerar a dimensão positiva e humanizadora que esse característico movimento da alma possui. E isso muito além do inegável poder de apaziguamento de controvérsias e disputas que aqui é destacado pelo escritor carioca.

2 Segundo algumas versões, o "pomo da discórdia" seria originalmente um dos pomos ou maçãs de ouro do Jardim das Hespérides que a deusa Éris, que não havia sido convidada para o casamento de Peleu e Tétis (pais de Aquiles), por despeito e vingança, fez gravar com a inscrição "Para a mais bela" e lançar na mesa do banquete. Curiosas por saber qual delas seria a merecedora do pomo, três deusas do Olimpo, Hera, Atena e Afrodite, instam a Zeus para que aponte a mais bela. Livrando-se astutamente da complicada situação, Zeus delega a decisão a Páris, um jovem nobre de Troia. Subornado secretamente por cada uma das três deusas, que lhe oferecem dons (poder, sabedoria e beleza), Páris acaba fechando acordo com Afrodite, que promete dar-lhe a mulher mais bela do mundo caso seja a escolhida. Ocorre, entretanto, que a mortal mais bela é justamente Helena, mulher de Menelau, rei de Esparta. Para cumprir sua parte no acordo, Afrodite acaba contribuindo para o "rapto de Helena" por Páris, causa originária da Guerra de Troia. A discórdia gerada pelo pomo de ouro tem, portanto, sua origem na curiosidade, no desejo das três principais deusas do Olimpo de saber qual delas seria a mais bela. Cf. BRANDÃO, Junito de Souza. *Mitologia grega*. Petrópolis: Vozes, 1987, v. III, p. 114-117.

Veremos que a curiosidade pode ser "santa" não só por ser uma força geradora de concórdia entre os homens, mas também, e principalmente, por se constituir numa fonte de conhecimento; conhecimento que liberta, que enriquece e que contribui indispensavelmente para a nossa realização enquanto seres humanos.

Como já mencionamos, mitologicamente, a curiosidade está na raiz da condição humana. No Gênesis, livro tantas vezes já aqui citado, ela aparece como motivo e "gancho" para o episódio da queda. É partindo da curiosidade de Eva que a serpente, "o mais astuto de todos os animais", como já vimos na lição anterior, a seduz, incitando-a a provar do fruto da árvore do conhecimento do bem e do mal (Gn 2:9), aquela que Deus havia plantado "no meio do jardim", a única da qual Ele havia proibido de comer (Gn 2:16-17). Diante da resposta negativa de Eva à sua sugestão de provar daquele fruto tão bom ao apetite, formoso à vista e "desejável para adquirir discernimento", a serpente replica astutamente que tal proibição se devia ao fato de o Criador saber que no dia em que dele comessem, seus olhos se abririam e então eles, o casal original, seriam "como deuses, versados no bem e no mal" (Gn 3:5). Movida, então, pelo irresistível desejo de conhecer, a mulher tomou do fruto e comeu, dando-o em seguida a seu marido, que também dele comeu. Imediatamente, nos conta o narrador do Gênesis, os olhos dos dois abriram-se e "perceberam que estavam nus" (Gn 3:7). Em seguida, ao escutarem os passos de Deus, que costumava passear no jardim "à brisa do dia", Adão e Eva se esconderam, pois tiveram vergonha da sua nudez. Iahweh, ou Deus, notando o comportamento inusitado de suas criaturas e vendo-os depois cingidos com folhas de figueira para ocultar suas genitálias, concluiu que haviam comido do fruto proibido e não teve outra opção senão expulsar-lhes do Éden, onde viviam de forma paradisíaca, para que passassem a viver no mundo não cultivado, à custa do suor de seu rosto. Tem início assim, segundo a mitologia judaica (adotada também pela tradição cristã e muçulmana), a história dos seres humanos na Terra; uma história marcada pelo trabalho duro, pelo sofrimento, pela morte e pela perda da amizade e da intimidade com Deus. E tudo isso por causa da *curiosidade*; pelo desejo irresistível de conhecer por si mesmos as coisas e de discernir por sua própria inteligência o bem e o mal.

Não é à toa, portanto, a qualificação de maldita e pecaminosa que boa parte das tradições da humanidade atribui à curiosidade, que normalmente se associa também à soberba, na medida em que o desejo do conhecimento pressupõe a apropriação de um atributo essencialmente divino.[3]

Causa e motivo de todos os males da humanidade, a curiosidade, entretanto, é, paradoxalmente, fonte e caminho de reconciliação e redenção. Havendo escolhido, ainda que por meio do engano e da sedução, a experiência do conhecimento como meio de discernimento do bem e do mal, a humanidade, caída e desencaminhada, só pode agora reencontrar a reconciliação com Deus e com a ordem cósmica original por meio desse mesmo conhecimento que lhe permite discernir o bem e o mal. Uma vez provado, o gosto do fruto da árvore do conhecimento não pode mais ser esquecido — como já apontávamos na lição sobre a fé e a esperança —, e seu sabor, a princípio doce e depois amargo, precisa ser provado completamente, assim como todos os seus desdobramentos e suas consequências, tanto as boas como as más. Só assim, no limite e na aceitação de seus ônus e bônus, no esforço de acertar e na absorção de todos os erros e equívocos, poder-se-á chegar, com a ajuda de Deus, dos deuses ou dos *daimons*, ao perfeito discernimento, e à escolha do Bem, que a princípio foi causa de todos os males. A mesma sabedoria que afirma que a curiosidade foi causa da queda e do desencaminhamento aponta também que somente por ela é possível encontrar a reconciliação e o caminho do Bem. Eis a "santa curiosidade" que desponta como a nossa primeira virtude viática.

Como não poderia deixar de ser, na *Odisseia*, a curiosidade aparece com essa mesma qualidade contraditória, paradoxal. E, mais uma vez, é aqui

---

3 Essa é a mesma lógica subjacente ao mito de Prometeu, que roubou o fogo dos deuses, símbolo do conhecimento, para dá-lo aos homens.

onde podemos encontrar a possibilidade privilegiada de compreendê-la em profundidade e entender por que ela é fundamental para o nosso processo de humanização, de realização da nossa própria beleza.

O corajoso e astucioso Ulisses é também um grande curioso. Ainda que fundamentalmente focado em sua meta, em seu objetivo, que é o de retornar para sua terra, sua casa, seu lar, Ulisses não perde nenhuma oportunidade de, em meio ao seu tumultuado caminho de regresso, investigar, explorar, conhecer.

Sabemos que, quando perseguimos um objetivo, uma meta, o deixar-se levar pela curiosidade em relação a coisas e acontecimentos que encontramos pelo caminho pode ser não só arriscado mas fatal. Como pontuamos há pouco, o foco e a concentração são fundamentais para a realização dos nossos objetivos, porém o que seria de nós, de nosso processo de humanização (de conhecimento, autoconhecimento e autorrealização), se não déssemos a mínima chance para a curiosidade, para a possibilidade de conhecer algo ao longo do caminho? Afinal, não aprendemos com o homem que queria o barco, de *O conto da ilha desconhecida* de Saramago, que o autoconhecimento consiste em encontrar a ilha para sabermos quem nós seremos quando lá estivermos?

Em Ulisses temos um excelente exemplo de como é possível encontrar uma justa medida entre foco na meta e desejo de conhecimento; entre objetividade e curiosidade.

Essa conciliação de opostos, sempre complexa e delicada, aparece em vários episódios da *Odisseia*, alguns já abordados, como aquele dos ciclopes, do qual falamos em detalhes na lição anterior.

A excursão até a ilha de Polifemo não tem outra motivação senão a curiosidade de Ulisses; o seu desejo de conhecer o desconhecido, o insólito.

Você, leitor(a), deve estar lembrado(a) de que, depois de haver passado pela terra dos Cícones e dos lotófagos, onde tantos perigos, dissabores e tragédias Ulisses e seus companheiros experimentaram, o grupo chega a uma ilha deserta, povoada apenas por cabras e que, desde ali, era possível avistar outra ilha, que não ficava "nem perto nem longe" (IX, 117), de onde subia uma fumaça e ecoavam vozes, dando a entender que era habitada. Ao pôr do sol, Ulisses, desde a praia, a contempla calado, imaginando quem seriam aquelas pessoas, dando azo à sua curiosidade.

Na manhã seguinte, "quando surgiu a que cedo desponta, a Aurora de róseos dedos", Ulisses reuniu seus companheiros e lhes disse:

> Ficarão agora aqui alguns de vós, ó fiéis companheiros,
> Enquanto eu, na minha nau, com os outros, irei indagar,
> a respeito dos homens desta terra, quem eles são:
> se são arrogantes e selvagens, ou se prezam a justiça;
> se recebem bem os hóspedes e se são tementes aos deuses. (IX, 172-177)

Obedecendo (de má vontade) ao seu líder e capitão, o grupo de 12 homens embarca com Ulisses e logo aporta na misteriosa ilha, porém, pouco depois, os sofridos ítacos já percebem o risco que correm, pois, ao entrarem na primeira gruta que encontraram, que claramente devia servir de morada a um dos habitantes daquela terra, deduzem, pelos objetos e outros vestígios ali espalhados, que seu proprietário devia ser uma criatura monstruosa, nada semelhante a humanos tementes aos deuses. Apreensivos, os companheiros propõem a Ulisses a retirada imediata, antes do retorno do assombroso dono, não sem antes, entretanto, surrupiar-lhe alguns queijos gigantescos que por ali havia. Ulisses, porém, dominado por uma curiosidade de caráter etnográfico e humanístico, não se deixa persuadir, alegando seu desejo de ver e travar contato com o indígena, para conhecer seus valores, crenças, costumes e "dele receber os presentes da hospitalidade" (IX, 229).

Conhecemos o resto da história e sabemos o quanto custou a Ulisses e, principalmente, a boa parte do seu grupo a sua teimosa curiosidade: pavor, angústia, pânico, além da perda terrível e trágica de vidas humanas.

Ao contar sua história, Ulisses expressa dor e arrependimento por não haver escutado seus companheiros — "mais proveitoso teria sido se o tivesse feito!" (IX, 228) —, porém, por outro lado, é cônscio de quão importante e útil foi aquela aventura. Apesar de toda a angústia, a dor e o sofrimento por que passou e fez passar seus companheiros, Ulisses admite o valor do conhecimento e da experiência que adquiriu: a grande oportunidade de provar sua astúcia, seu sangue frio, sua presença de espírito e seu sentido de liderança. Além, é claro, do registro inédito e detalhado sobre a comunidade dos ciclopes; sua aparência, seu modo de vida, suas crenças (ou melhor, a ausência delas), seus valores e seus costumes. Um conhecimento sem dúvida muito útil para todos os que em algum momento se aventurem por aquelas paragens.

Olhando por uma perspectiva literal, bem se pode acusar Ulisses de caprichoso, egoísta e temerário, comprovando assim quão deletério é o ceder aos apelos da curiosidade. Tomando por um ângulo de interpretação mais simbólico, entretanto, percebemos que, se, por um lado, a curiosidade representa, inevitavelmente, correr riscos — e riscos às vezes bem grandes —, por outro, ela, desde que não comprometa completamente a consecução de uma meta, apresenta-se como uma oportunidade indispensável para a ampliação do conhecimento, do autoconhecimento, da experiência; enfim, para toda a esfera do ser.

Não se pode negar a lamentável morte dos quatro companheiros pavorosamente devorados pelo ciclope Polifemo. Porém, do ponto de vista simbólico, essas mortes podem bem representar as inevitáveis perdas e os sacrifícios que é preciso aceitar no processo de amadurecimento e humanização a que todos somos chamados a viver. Aliás, o fato de Ulisses haver perdido toda a sua tripulação e os seus bens ao longo da sua viagem de regresso não deixa de ser um elemento simbólico de grande importância para a compreensão do processo de realização da própria beleza, que pressupõe, fundamentalmente, a experiência da perda para que possa haver o ganho final.

Outro episódio bastante significativo em que a curiosidade aparece como um elemento característico de nosso herói e que explicita bem essa dimensão ampliadora do processo de humanização é aquele, famoso e já mencionado, da descida aos infernos (ou Hades).

Como sabemos, depois de haver, com a ajuda do deus Hermes, escapado da armadilha da linda e terrível ninfa-feiticeira Circe (que, por meio de uma poção misturada às iguarias que oferecia aos incautos que ao seu palácio chegavam, os metamorfoseava em porcos), Ulisses a convence não só a restituir a seus infelizes companheiros seu estado original como também a ajudá-lo, com seu poder e sua arte, a retornar para casa. Circe não nega tal ajuda, porém adverte que, para atingir seu objetivo, Ulisses teria de realizar "outra viagem":

> ... descer à morada de Hades e da terrível Perséfone,
> para consultar a alma do tebano Tirésias,
> o cego adivinho, cuja mente se mantém firme.
> Só a ele, na morte, concedeu Perséfone o entendimento,
> embora os outros lá esvoacem como sombras. (X, 491-495)

Hades, deus da segunda geração na mitologia grega, era um dos irmãos de Zeus, a quem, após a vitória sobre Cronos e os deuses titânicos ou caóticos, coube o governo do mundo inferior, para onde desciam as almas depois da morte corporal. Em função disso, Hades era, segundo Homero e muitos outros poetas da Grécia Antiga, um dos deuses mais detestados e temidos pelos homens: sua morada, o "inferno", era um lugar lúgubre e melancólico, onde as almas descarnadas esvoaçavam eternamente sem esperança. Viajar, pois, a um lugar como esse significava, para um ser vivo, experimentar a morte em vida, conhecer a mais terrível passagem antes do tempo. Por isso, não espanta a reação de Ulisses às palavras de Circe:

> ... dentro de mim se me despedaçou o coração.
> Chorei sentado na cama; e o meu coração não queria
> viver nem contemplar a luz do sol. (X, 496-498)

Ainda que o tema da viagem ou descida aos infernos apareça já na mitologia suméria e acadiana, nos ciclos dos deuses Inanna e Dumuzi e, principalmente, na Epopeia de Gilgamesh (séculos XII a IX a.C.), é na *Odisseia* que ela é realizada por um mortal pela primeira vez, inaugurando um *locus* literário que impactaria de maneira indelével na tradição narrativa ocidental ao longo das gerações até nossos dias.[4]

A partir de Homero, serão inúmeros os autores que recorrerão a essa imagem como a mais forte expressão do confronto do ser humano com sua própria morte, identificando-a como etapa necessária e essencial no processo de autoconhecimento e autorrealização. Tal como na *Eneida* de Virgílio ou a *Comédia* de Dante, a descida aos infernos de Ulisses na *Odisseia* representa o mergulho do humano em suas profundezas, experiência terrível mas absolutamente necessária na jornada da *kalokagathia*, pois é aí que acontece o encontro com todos os nossos medos, fantasmas e maldições; encontro este que, sem dúvida, constitui-se uma tremenda prova, mas que, uma vez superada, nos possibilita emergir mais fortes, conscientes e preparados para seguir em frente como seres humanos maduros.

A viagem ou descida de Ulisses ao Hades, narrada entre o fim do Canto X e o início do Canto XII, bem no meio da *Odisseia*, portanto, demarca a centralidade dessa experiência psicopompa na jornada do herói e, em harmonia com a perspectiva com que a estamos interpretando neste estudo, explicita quão própria (ou apropriada) do humano ela é. Em nossa odisseia de autoconhecimento e autorrealização, é impossível completar nossa obra sem descermos ao nosso próprio Hades, ao nosso próprio inferno, e lá,

4 ELIADE, Mircea. *História das crenças e ideias religiosas*. Tradução R. C. de Lacerda. Rio de Janeiro: Zahar, 2010, v. I: Da Idade da Pedra aos Mistérios de Elêusis, Capítulo 3.

enfrentando nossos próprios fantasmas, conversarmos com eles — como veremos em seguida — e assim aprendermos coisas essenciais para nosso caminho de regresso, como fez Ulisses.

Segundo a instrução de Circe, Ulisses, ao chegar ao reino de Hades, navegando pelo mar Oceano, levado pelo sopro do vento boreal, sem necessidade "de um piloto para a nau",[5] deve procurar ninguém menos que a alma de Tirésias, "o cego adivinho, cuja mente (num lugar onde ela se aliena e se esvanece) se mantém firme".

Figura muito recorrente nos mitos, poemas e tragédias dos períodos arcaico e clássico da cultura e literatura gregas, Tirésias encarna o protótipo do vidente e profeta. Conhecedor dos segredos e mistérios dos deuses, da eternidade e do tempo, estes o tornam cego para as realidades do mundo físico, ao mesmo tempo que o presenteiam com o dom da vidência das coisas invisíveis para a maioria dos mortais. Tal virtude é o que explicaria o porquê de Perséfone (linda filha de Zeus que desperta incontrolável paixão no sorumbático e solitário Hades, que a rapta e a obriga a fazer-lhe companhia em sua morada durante os meses de inverno) haver preservado Tirésias da dissolução do espírito e da memória, fenômeno associado a todos os seres humanos que descem ao submundo após sua morte.[6] Tirésias, pois, por graça da deusa Perséfone, apresenta-se como a memória viva e a consciência dos humanos no mundo dos mortos.

Para invocá-lo e assim poder consultá-lo, Ulisses, entretanto, é instado por Circe a realizar um procedimento ritualístico: uma "libação para os

---

5 Tais imagens qualificam a dinâmica e as características próprias da experiência psicopompa — ou seja, de viagem psicológica ou espiritual ao inferno: a navegação sem piloto pelo mar Oceano representa o lançar-se, sem garantias e controle racional da situação, por águas muito profundas e desconhecidas, à mercê de grandes perigos, contando apenas com a fé nos deuses e a coragem.

6 Cf. BRANDÃO, Junito de Souza. *Mitologia grega*, op. cit. Devido à sua associação com Hades durante o período invernal, Perséfone apresenta-se como uma deusa solar e sombria, celestial (do Olimpo) e telúrica (do Hades), segundo o ciclo das estações. Ela está, portanto, ligada à dimensão vegetativa da vida, sendo cultuada como deusa das ervas, flores, frutos e perfumes.

mortos", que consiste em verter oferendas envolvendo leite, mel, vinho, água, cevada e sangue de bode e ovelha, elementos da natureza que se associam à vida e à recuperação da vitalidade saudável, que podem devolver o ânimo aos espíritos sombrios e evanescentes. Adverte, ainda, a ninfa-feiticeira que o herói, com a espada desembainhada, não permita que "as cabeças destituídas de força dos mortos se cheguem ao sangue" (X, 536-537) antes que ele interrogue Tirésias, pois somente este poderia indicar as coisas concernentes ao seu regresso: o caminho, a distância da viagem, os cuidados a serem tomados, os procedimentos a serem realizados antes e após o retorno a casa.

O foco na meta pressupõe também o foco nos procedimentos, nos métodos, em tudo aquilo que se liga diretamente à consecução do objetivo almejado. Mais uma vez, nos vemos diante da lição sobre a importância da concentração e o perigo da dispersão, fruto da impertinente e inevitável curiosidade. Em sua divina sabedoria, Circe prevê a natural curiosidade de Ulisses, que, ao ver os espectros de pessoas conhecidas e famosas se aproximarem, atraídas pela apetitosa oferenda, o leva a esquecer da causa principal, perdendo assim a objetividade e a própria oportunidade de saber o que realmente conta e interessa para a realização do seu destino.

E, efetivamente, assim que realiza o ritual ensinado por Circe, Ulisses vê sair da escuridão da terrível morada as almas dos mortos que partiram:

> Noivas e rapazes que nunca casaram e cansados anciãos;
> virgens cujo coração conhecera um desgosto recente;
> e muitos, também, feridos por lanças de bronze,
> varões tombados em combate, com armaduras ensanguentadas.
> Todos vinham para a vala de todas as direções,
> com alarido sobrenatural; e o pálido terror me dominou. (XI, 37-43)

Diante dessa cena digna de um filme de terror ou de uma série sobre zumbis, Ulisses, seguindo a instrução da ninfa, desembainha sua "espada afiada de junto da coxa" e, brandindo-a, não permite que "as cabeças destituídas de força dos mortos se chegassem ao sangue, antes de interrogar Tirésias" (XI, 29-30). Quando, por fim, a alma do adivinho tebano aparece, "segurando um cetro de ouro", símbolo da sua autoridade, Ulisses embainha sua espada e permite que beba do "negro sangue". Assim que o faz, Tirésias, que já reconheceu o astucioso Ulisses, começa a falar-lhe, profetizando seu regresso, advertindo-o dos perigos pelos quais terá de passar, instruindo-o a respeito da causa do seu atraso e de sua extrema dificuldade para consumar seu retorno e, por fim, aconselhando-o sobre os cuidados e estratégias que deveria adotar para atingir sua meta.

Havendo terminado seu discurso, explicitando tudo o que pode ser útil ao regresso do herói sofredor, Tirésias, sem mais delongas, se apressa em retornar para a "embolorada mansão", porém, nesse momento, Ulisses, reconhecendo entre as almas que ali se acercaram o espectro de sua mãe, retém o adivinho por mais um instante, perguntando-lhe se esta poderia reconhecê-lo e se seria possível falar-lhe. Tirésias então lhe responde que poderá conversar com a alma de qualquer um daqueles mortos, desde que permita que se aproximem e bebam do sangue vertido na oferenda.

Diante disso, após a saída de Tirésias, inicia-se toda uma longa sessão de conversas que, começando pelo emocionante encontro materno, desdobra-se em uma prodigiosa sequência de entrevistas que abarca as personagens mais célebres da história da Grécia; gente que Ulisses conheceu pessoalmente ao longo de sua vida e outras que conheceu pelas histórias e narrativas antigas que escutou desde a infância até a vida adulta.

As primeiras a serem entrevistadas, na fila organizada pela própria Perséfone, como nos informa Homero por meio da narrativa de Ulisses, são as mulheres, "que tinham sido esposas e filhas de nobres". "Desembainhando a espada de junto da forte coxa", Ulisses não deixa que bebam do sangue ao mesmo tempo, mas, organizando a fila, faz que se aproximem uma de cada vez, para que, assim, possa entrevistá-las individualmente, estabelecendo um procedimento metódico que começa pela interrogação sobre seu nascimento e que segue por um itinerário de questões abertas que permite que cada uma se manifeste livremente, possibilitando assim extrair o que de mais importante e curioso se pode conhecer de suas histórias. E assim, em uma sessão que ocupa todo o décimo primeiro Canto da *Odisseia*, Ulisses trava conhecimento com figuras como Tiro, Antíope, Alcmena, Epicasta (ou Jocasta, mãe de Édipo), Clóris, Leda, Ifimedeia, Fedra, Prócris, Ariadne (filha de Minos) e uma infinidade de heroínas, esposas e filhas de heróis impossível de "enumerar e nomear [...] antes que passasse toda a noite imortal", conta Ulisses aos Feáceos (XI, 330).

Terminado o cortejo das almas femininas, Perséfone começa a enviar os espectros dos homens, heróis, encabeçados pelos companheiros de armas na guerra de Troia, como Agamémnon, Aquiles, Pátrocolo, Antíloco e Ajax, com quem Ulisses conversa, colhe informações sobre seus tumultuosos e trágicos retornos (como no caso de Agamémnon) ou escuta e tenta resolver antigas desavenças e ressentimentos (como no caso de Aquiles e Ajax). Na sequência, em um trecho que certamente deve ter inspirado os cantos mais vivos e impressionantes da *Comédia* de Dante Alighieri, Ulisses narra seu encontro com figuras mitológicas como Minos, rei de Creta, que sentado, de cetro na mão, julga os mortos, "na mansão de amplos portões de Hades"; Títio, filho de Gaia, que, estendido no chão, tem seu fígado sendo devorado por abutres; Tântalo, que sofre de pé em um lago onde a água lhe chega até o queixo, mas da qual, sedento, não consegue beber; Sísifo, "a sofrer grandes tormentos", condenado a empurrar a tremenda pedra até o alto do monte, de onde, ao atingir o topo, voltava a rolar para baixo; e, por fim, o fantasma de Hércules, acossado por figuras medonhas que lhe aterrorizam por todos os lados, não lhe deixando um minuto de paz. Este, ao ver Ulisses, reconhece-o e lhe dirige a palavra, para lhe falar sobre o infeliz destino que outrora teve de aguentar na vida de cima, "sob os raios do sol".

O encontro com Hércules marca o encerramento da visita, assim como da longa sequência de entrevistas de Ulisses com os mortos. Este, depois da saída do herói dos 12 Trabalhos, ainda permaneceu firme no nefasto local, na esperança de que ainda aparecessem mais heróis "que morreram em tempos passados", tais como Pirítoo e Teseu, a quem ele gostaria muito de ver e interrogar. Porém, "antes que tal acontecesse", continua a narrar Ulisses:

> ... surgiram aos milhares
> as raças dos mortos, com alarido sobrenatural; e um pálido terror
> se apoderou de mim, não fosse a terrível Perséfone enviar-me
> da mansão de Hades a monstruosa cabeça da Górgona. (XI, 630-635)

Percebendo o terrível risco que começa a correr, Ulisses retira-se rapidamente, voltando para onde fundeou a nau e ordena aos companheiros que ali ficaram que soltem as amarras e se façam ao mar, em direção à ilha de Circe, para onde deverão voltar antes de iniciar a viagem de regresso a Ítaca, segundo as instruções de Tirésias. De fato, o tempo daquela apavorante viagem havia se estendido para além do estritamente necessário e, novamente, a curiosidade de Ulisses, extrapolando os limites do útil e objetivo, colocou em risco não só a meta do regresso como a sua própria vida.

A viagem ou descida de Ulisses ao Hades, como tantas outras aventuras e experiências vividas pelo herói ao longo de sua peregrinação, aparece na sua trajetória de forma involuntária e, em um primeiro momento, apresenta-se como empecilho e desvio inconveniente no caminho de volta a casa. Entretanto, ao perceber a inevitabilidade, como etapa necessária e obrigatória para atingir sua meta, Ulisses, mesmo contrariado e com o coração despedaçado, não hesita e se dispõe a enfrentar o que seja, desde que tal experiência lhe garanta a realização de seu objetivo.

Focado em sua meta, Ulisses segue, a princípio, literalmente as instruções de sua conselheira, a ninfa-feiticeira Circe, concentrando a atenção na entrevista com Tirésias, o único que, objetivamente, poderia lhe interessar naquela missão. Ao reconhecer, no entanto, a alma de sua mãe, de seus companheiros de armas e de outras figuras célebres do seu próprio imaginário, Ulisses vê despertar com força a curiosidade. Sem deixar de priorizar seu objetivo principal, o qual atinge metódica e disciplinadamente, em primeiro lugar, o filho de Laertes, mais uma vez, não perde a oportunidade de ampliar sua experiência e, não sem correr grave risco, extrapola seu escopo inicial, vivenciando uma situação humanamente inédita e extremamente enriquecedora. Uma situação que, se a princípio não contribui diretamente para a realização do objetivo principal, propicia uma experiência de conhecimento do humano e de autoconhecimento incomparável. Experiência esta que se constitui em um mergulho dentro de si mesmo, em uma dinâmica que, de certa forma, poderíamos chamar de psicanalítica: começando pelo reencontro com a figura materna e prosseguindo por camadas cada vez mais profundas da alma, como o encontro com o arquétipo do feminino (representado pela entrevista com as heroínas, esposas e filhas de heróis) e o encontro com o arquétipo do masculino (representado pelos heróis companheiros de armas, figuras admiradas pela dimensão consciente e egoica de Ulisses).

Nessa experiência psicanalítica, psicopompa e metanoica,[7] Ulisses encontra uma oportunidade única de reconhecimento, retratação e reconciliação que propicia de maneira potente aquilo que Carl Jung chamaria de processo de individuação, qualificação moderna e psicológica do que os antigos gregos chamavam de *kalokagathia*. Havendo mergulhado e intera-

---

7 Psicopompa, como vimos, é a experiência psicológica que se dá no mundo dos mortos. Metanoica é a experiência da conversão existencial. Simbolicamente, essa experiência de Ulisses pode ser chamada também de catábese (do grego katábasis, κατὰ, "baixo", e βαίνω, "ir"), que corresponde, mitologicamente, à descida aos infernos. A essa experiência sucede a anábase (em grego: Ἀνάβασις, transliterado Anábasis, literalmente "subida", "ascenso"), que completa a experiência metanoica, ou de conversão. Cf. Verbetes "Ascensão" e "Inferno". In: CHEVALIER, Jean; GHEEBRANT, Alain. *Dicionário de símbolos*. Coordenação Carlos Sussekind. 2ª ed. Rio de Janeiro: José Olympio, 1990.

gido conscientemente com as diversas camadas do inconsciente pessoal e coletivo, Ulisses pôde obter um conhecimento extremamente profundo e ativo sobre si mesmo e sobre o que é próprio do humano. Sem comprometer o cumprimento da meta do retorno, a curiosidade — ainda que sempre acompanhada do inevitável risco (mas, afinal, já não aprendemos que viver é sempre perigoso?) — contribuiu aqui para a consolidação de uma maior e mais abrangente meta, que é a da humana autorrealização.

O episódio da descida ao Hades nos ensina que, na realização da grande viagem em direção à meta da nossa vida, é preciso fazer outras viagens, sendo que aquela que fazemos para dentro, para as regiões inferiores de nós mesmos, afigura-se fundamental e imprescindível. Sem conhecer nosso próprio "inferno" é impossível chegarmos ao nosso "paraíso".

Antes, porém, de encerrarmos esta nossa pequena "viagem" de reflexão sobre a importância da curiosidade no processo de humanização, gostaria de apresentar e comentar outra passagem da *Odisseia*, que, a meu ver, emblema de forma icônica essa qualidade própria do humano. Trata-se do episódio do canto das sereias, cuja imagem tornou-se uma locução usual e prosaica em nosso vocabulário desde a Antiguidade até nossos dias.

Havendo Ulisses voltado para junto de Circe depois de sua viagem ao submundo, esta complementará, como já vimos anteriormente, as advertências e os conselhos de Tirésias, apontando outras aventuras e outros perigos que o sofrido herói deveria enfrentar em sua jornada de retorno. Dentre elas, a passagem pelo Mar das Sereias:

> Às Sereias chegarás em primeiro lugar, que todos
> os homens enfeitiçam, que delas se aproximam.
> Quem delas se acerca, insciente, e a voz ouvir das Sereias,
> ao lado desse homem nunca a mulher e os filhos
> estarão para se regozijarem com o seu regresso;
> mas as Sereias o enfeitiçam com seu límpido canto,
> sentadas num prado, e à sua volta estão amontoadas
> ossadas de homens decompostos e suas peles marcescentes. (XII, 39-46)

Figuras presentes em diversas tradições culturais e mitologias, tipificadas geralmente como seres híbridos — cabeça e tronco de mulher, membros inferiores de peixe —, as sereias representam o perigo da sedução: "Elas seduziam os navegadores pela beleza de seu rosto e pela melodia de seu canto para, em seguida, arrastá-los para o mar e devorá-los."[8] Associadas aos conteúdos mais instintivos do inconsciente, as sereias aparecem como representação dos desejos e das paixões, e, no contexto simbólico da viagem ou da travessia, elas indicam (como tantas outras imagens que já assinalamos) o perigo do desvio, do extravio, da perda, do erro e da morte prematura.

Por isso, na sequência de sua advertência, Circe aconselha a Ulisses que, ao passar por elas, prossiga seu caminho, "pondo nos ouvidos dos companheiros cera doce, para que nenhum deles as ouça" (XII, 48). No entanto, curiosamente, referindo-se a Ulisses, diferentemente do que aconselha aos seus companheiros, recomenda que a eles peça que, "em pé", o amarrem as mãos e os pés contra o mastro central do navio, para que, de maneira segura, possa se "deleitar" com a voz das sereias. "E se a eles ordenares — continua Circe — que te libertem, então que te amarrem com mais cordas ainda." (XII, 53-54)

É interessante notar que, para Circe, parece evidente a inevitabilidade do desejo de conhecimento por parte de Ulisses, apesar do perigo explícito associado à situação. Havendo conhecido Ulisses em todos os sentidos, de uma forma que só uma mulher e uma deusa (ou uma deusa-mulher) poderia conhecer, Circe sabe que, ao contrário de outros homens, que precisam estar completamente preservados da tentação (por isso a cera nos ouvidos), para Ulisses, a necessidade de ouvir e se deleitar com o canto e, portanto, fazer a experiência apresenta-se como indispensável, ainda que arriscado. Por isso, portanto, o caráter peculiar do procedimento especialmente indicado

---

8 Verbete "Sereias". In: CHEVALIER, Jean; GHEEBRANT, Alain. *Dicionário de símbolos*, op. cit.

ao líder dos navegantes para essa etapa da travessia. Circe sabe que Ulisses não só deseja como precisa passar por essa experiência: ouvir o maravilhoso e sedutor canto das sereias; adquirir mais esse conhecimento, mas sem deixar, é óbvio, de tomar as devidas precauções para que tal experiência não ponha tudo a perder.

Se, por um lado, o canto das sereias (como acabamos de ver) está associado com as paixões e os desejos instintivos, primitivos e destrutivos, por outro ele representa também, paradoxalmente, a expressão da "harmonia profunda", que revela a dimensão misteriosa da existência; aquela dimensão ao mesmo tempo maravilhosa e terrível; realidade em que êxtase e aniquilamento se conciliam e se completam. Ouvir, portanto, o canto das sereias significa ter acesso a um conhecimento profundo do mistério da existência, conhecimento este semelhante àquele que na tradição bíblica está associado com a visão de Iahweh; um conhecimento que, se não causa a morte, amplia magnificamente os horizontes da vida, descortinando para o vidente ou ouvinte um novo patamar da realidade.

Diante disso, creio que fica evidente o porquê do caráter icônico do episódio do canto das sereias nesse contexto de reflexão sobre a importância da curiosidade (ou do desejo de conhecimento) no processo de humanização e de caracterização do que é próprio do humano na perspectiva do autoconhecimento e da autorrealização. Ouvir o canto das sereias é ter acesso ao conhecimento em sua dimensão mais ampla e mais profunda. Tal audição ou experiência, porém, pode significar o colapso e a perdição na consecução do plano da realização. Daí a necessidade de fazer a experiência de forma contida ou restringida, que garanta a justa medida e impeça de extrapolar o limite do humano, que, em última análise, leva à autodestruição.

A imagem de Ulisses amarrado, pelos pés e pelas mãos, ao mastro central do navio — o eixo central do barco que nos leva pela vida —, porém com os ouvidos abertos, é, portanto, o símbolo mais eloquente sobre a atitude apropriada em relação à curiosidade e ao desejo de conhecimento e de experiência em nossa jornada de autoconhecimento e autorrealização.

Tampar nossos ouvidos com cera parece ser, a princípio, a atitude mais prudente. Focados na meta, tomamos todas as precauções para não sermos tentados, desconcentrados, desviados e frustrados. Por outro lado, o que pode significar termos chegado à meta sem haver ouvido o canto das sereias; sem haver conhecido, experimentado? Poder-se-ia dizer, nesse caso, que, mesmo havendo chegado, tenhamos efetivamente nos realizado enquanto seres humanos?

Cabe lembrar, a propósito, que, apesar de terem passado pelas sereias com os ouvidos tampados, os "prudentes" companheiros de Ulisses, no fim, não lograram retornar para casa com seu líder, pois acabaram por perecer todos pelo caminho. O que parece querer indicar que a verdadeira prudência é algo mais sutil e delicado do que aquilo que normalmente nos fazem acreditar.[9]

Nesse sentido, a *Odisseia* nos ensina que se, por um lado, a curiosidade mata, por outro ela é fundamental para a realização da nossa própria beleza. Precisamos, na viagem da nossa vida, ter um destino, uma meta (um lugar para retornar) e, consequentemente, uma rota, um itinerário de navegação. E, na realização dessa meta, precisamos estar atentos, focados, evitando, prudentemente, tudo o que possa nos desviar do rumo e causar nosso extravio. Mas isso não quer dizer, entretanto, que não possamos e não devamos aceitar e fazer as experiências "heterodoxas" que se apresentam pelo caminho. E, dentro dessas experiências viáticas, o conhecimento é sem dúvida uma das mais importantes e fundamentais. Pois — insisto mais uma vez — o que seria de nós se chegássemos à meta sem conhecimento? Na perspectiva do humano, o conhecimento de si, do mundo, do outro, é o que dá sentido e conteúdo à nossa realização. Aquele que chegou ao des-

---

9 William Blake caracteriza a "prudência" (essa falsa e simplória prudência) como uma senhora velha, rica e feia, cortejada pela incapacidade. "*Prudence is a rich, ugly old maid courted by incapacity.*"

tino sem adquirir conhecimento, na verdade, não chegou a lugar nenhum.

É lógico que todo conhecimento — nunca é demais insistir — implica um risco e, em certo sentido, uma perda. Foi o furto do conhecimento, como vimos, que nos fez perder o paraíso. No entanto, já aprendemos também que agora, uma vez "perdidos", só por meio dele é possível nos reencontrarmos e reencontrarmos o paraíso perdido. O que a *Odisseia* nos ensina — assim como a sabedoria transmitida por toda boa literatura — é que é preciso encontrar a justa medida do conhecimento, a saudável experiência da curiosidade. A "santa curiosidade" de Machado de Assis é, portanto, aquela que possibilita o conhecimento que amplifica a nossa experiência existencial, sem comprometer a realização do nosso destino.

Em um mundo onde o conhecimento se apresenta de forma cada vez mais acessível, onde as possibilidades de ampliarmos nossa experiência de conhecer parecem ser infinitas, encontrar essa justa medida torna-se cada vez mais necessário. Se, por um lado, o apelo ao foco na meta impõe-se de modo quase tirânico e obsessivo, por outro, "o canto das sereias" das distrações, dos desvios e das derivações infinitas ameaça constantemente nossa "viagem" rumo à meta.

O apelo descarado e sedutor procedente dos meios de comunicação e, especialmente nos últimos tempos, da internet e das mídias sociais pode ser encarado como novas versões do canto das sereias. Nesse "canto" podemos, sem dúvida, encontrar muitas possibilidades de autêntico e útil conhecimento: recursos efetivos para nosso autoconhecimento e nossa autorrealização; meios para ampliar nossa experiência e nosso conhecimento do mundo, do Cosmos, do humano. Porém, não é verdade que já é possível verificar o caráter deletério e destrutivo dessas "sereias" pós ou hipermodernas, que, tal como aquelas da *Odisseia*, "enfeitiçam com seu límpido canto" e deixam à sua volta as "ossadas de homens decompostas e suas peles marcescentes"? Inevitável não pensar aqui no crescente número de jovens (e não só jovens) viciados na consulta compulsiva a seus smartphones, com o espírito e a alma aprisionados pelas redes virtuais, definhando psíquica e fisicamente, vítimas das armadilhas do narcisismo da selfie, da trampa dos influencers, do engodo das receitas fáceis e falsas de sucesso e felicidade e que, mais cedo ou mais tarde, acabam por levar à desilusão, à depressão e, nos casos mais radicais, ao suicídio — infelizmente em profuso crescimento.

Sendo coerente com nossa perspectiva humanista, comprometida com a realização da nossa própria beleza, não creio que, diante de tudo isso, a melhor solução seja a de tampar os ouvidos com "cera doce"; pelo contrário, tomando como lição e exemplo a experiência de Ulisses, devemos encontrar um meio de, estando de pé, amarrarmo-nos de mãos e pés contra o mastro do nosso propósito de autorrealização e, com os ouvidos abertos, seguirmos nossa viagem, deleitando-nos e crescendo em conhecimento com o canto, sem nos deixarmos ser enganados por ele e, assim, ser depois devorados pelas sereias.

É próprio do humano ser curioso, mas é apropriado que cultivemos a "santa" e "prudente" curiosidade; aquela que, sem abrir mão da experiência do caminho, não compromete o rumo à meta e que, sem nos tirar da rota, ao mesmo tempo nos propicia o conhecimento.

Oitava lição:

É próprio do humano ser contemplativo

No início do Canto V da *Odisseia*, depois da interseção de Atena junto a Zeus em prol do triste e sofredor Ulisses, que se encontra retido na ilha de Calipso, vemos como o pai dos deuses convoca e envia seu emissário, Hermes, para ordenar à "ninfa de belas tranças" a imediata liberação de nosso herói.

Sempre expedito e ágil, Hermes, o "Matador de Argos",[1] põe-se imediatamente a caminho, calçando "as belas sandálias douradas, imortais, que com as rajadas do vento o levam sobre o mar e a terra ilimitada", e voando "por cima das ondas" chega rapidamente à "ilha longínqua" onde habita Calipso.

Mal havendo trocado o "mar cor de violeta" pela terra, pousando junto à entrada da gruta onde se recolhe a ninfa, Hermes se detém e, maravilhado com o que vê, dá-se o direito de parar e, simplesmente, admirar, antes de cumprir sua missão.

Conta-nos o poeta que dentro da gruta "ardia um grande fogo na lareira" e, por toda a ilha, sentia-se o perfume da lenha de cedro e incenso

---

1 Um dos epítetos do deus, muito usado por Homero na *Ilíada* e na *Odisseia*, remete a um dos inúmeros feitos deste que é um dos mais ativos dos imortais do Olimpo. Filho de Zeus e da ninfa Maia, Hermes, desde o primeiro dia após seu nascimento, realiza várias façanhas e invenções. Assumindo a função de mensageiro dos deuses, esse filho dileto de Zeus aparece como fiel secretário e cúmplice nas aventuras amorosas do pai. É para preservar o genitor do ciúme de Hera, esposa oficial de Zeus, que Hermes mata o gigante Argos, monstro convocado por Hera para vigiar Io, ninfa amante de seu marido. Cf. BRANDÃO, Junito de Souza. *Mitologia grega*. Petrópolis: Vozes, 1987, v. I.

que de lá emanava. A ninfa de belas tranças, que no interior da gruta trabalhava em seu tear, "cantava com linda voz" e seu canto límpido ecoava levemente, criando uma atmosfera mágica em confluência com o perfume e a paisagem ao redor.

> Em torno da gruta — nos descreve Homero — crescia um bosque frondoso
> de álamos, choupos e ciprestes perfumados,
> onde aves de longas asas faziam os seus ninhos:
> corujas, falcões e tagarelas corvos marinhos,
> aves que mergulhavam no mar em demanda de sustento.
> E em redor da côncava gruta estendia-se uma vinha:
> uma trepadeira no auge do seu viço, cheia de cachos.
> Fluíam ali perto quatro nascentes de água límpida,
> juntas uma das outras, correndo por toda parte;
> e floriam suaves pradarias de aipo e de violeta.
> Até um imortal, que ali chegasse — conclui o poeta narrador — se quedaria,
> só para dar prazer ao seu espírito com tal visão.
> E aí se quedou, maravilhado, o Matador de Argos. (V, 63-75)

Permitamo-nos nós também, queridas leitoras e queridos leitores, neste momento, enquanto relemos esses *versos alados*, parar por um instante e, semicerrando um pouco os olhos, deixarmo-nos envolver pelas palavras, assentindo com que elas ecoem em nossa imaginação, transportando-nos para a ilha de Calipso. E assim, *sentindo* o doce perfume da lenha e do incenso queimado, *ouvindo* o límpido canto da ninfa e dos pássaros e *admirando* o bosque, os prados e a vinha carregada de cachos, permitamo-nos maravilhar-nos com o imortal Hermes, que, só "depois de no coração se ter maravilhado com tudo, entrou de seguida na gruta espaçosa" (V, 76-77).

Convidei você, leitora e leitor, a fazer essa experiência que vai além da corriqueira operação intelectual da leitura, para melhor prepará-la(o) e ajudá-la(o) na compreensão de uma das lições mais importantes daquilo que é próprio do humano e que, lamentavelmente, anda tão fora de moda, tão esquecida: a lição sobre o saber contemplar.

Virtude viática que nos conecta com o mundo ao redor, a contemplação é a atitude existencial que nos devolve o sentido de pertencimento e de ligação com a natureza. É ela que nos permite constatar, de forma intuitiva e sensível, que não estamos separados do resto do Cosmos, mas que dele viemos e que com ele estamos comprometidos incondicionalmente.

Operação que nos torna capazes de reconhecer e fruir do Belo, a contemplação tem o poder restabelecer a ligação entre o externo e o interno, entre o mundo captado pelos sentidos e o mundo interior, morada da alma, do espírito.

Assentada e enraizada na pausa, no cesse do movimento e da agitação, a contemplação é a atitude que permite o equilíbrio, a tomada de consciência, a percepção e a reflexão. E, nesse sentido, ela pode ser considerada o fundamento de toda sabedoria e, consequentemente, da própria saúde, não só física como psicológica e espiritual.

Agente de conexão com o Cosmos, com a natureza e com nós mesmos, a contemplação foi e é vista também como meio de relação com o sagrado, com o divino. Essa, aliás, parece ser sua conotação mais primitiva, pois etimologicamente a palavra deriva do termo latino *contemplatio*, cuja raiz é a mesma do vocábulo *templum*, que significa local reservado para as ofertas aos deuses, ou edifício para adoração.

Segundo Werner Jaeger, a palavra latina *contemplatio* foi utilizada pelos padres da Igreja no início da era cristã para traduzir o vocábulo grego *theoria* (*θεωρία*), que significa literalmente *visão de Deus*.[2] Termo oriundo do platonismo, retomado e desenvolvido por Aristóteles e depois apropriado pelos místicos do cristianismo oriental, só modernamente passou

2 JAEGER, Werner. *Two Rediscovered Works of Ancient Christian Literature: Gregory of Nyssa and Macarius*. Brill: Leiden, 1954, p. 21-22.

a ter uma conotação essencialmente filosófica e científica. Originalmente, *theoria* remete, portanto, ao ato de ver, contemplar, compreender algo transcendente que se nos apresenta. Tal operação, anterior ao ato de decidir e agir, possibilita, segundo os filósofos antigos e místicos medievais, que se possa agir e viver com sabedoria. Assim, na perspectiva não só espiritual, mas também ética e humanística, a contemplação é pressuposto e condição fundamental de uma ação humanamente apropriada. Sem uma vida contemplativa que a anteceda, a vida ativa perde o sentido, torna-se desordenada e desastrosa.

Para além de sua conotação eminentemente teórica (que nesse sentido se identifica com a ideia de *conhecimento* tal como estivemos vendo na lição anterior), a *contemplação*, como se pode depreender a partir do trecho da *Odisseia* que reproduzimos anteriormente, abarca também uma dimensão prática, sensível e afetiva da experiência humana. Pois Hermes, ao chegar à ilha de Calipso, não apenas vê todas aquelas maravilhas descritas pelo poeta, mas as *sente*, as *frui*. A experiência de maravilhamento vivenciada pelo deus inicia-se pelo sentido da visão, porém logo se amplia, envolvendo o olfato (o perfume da lenha de cedro e do incenso), a audição (o canto da ninfa, o canto dos pássaros), o tato (as texturas das plantas, das flores) e até mesmo o paladar (os cachos de uvas, a água pura e cristalina que emana das fontes). Arrebatando-nos por meio dos sentidos, a experiência da contemplação nos convida a parar, a interromper por um instante a dinâmica ativa que caracteriza o viver humano, para que assim possamos ser transportados para outra dimensão, mais profunda e mais ampla, da realidade, oculta na maior parte das vezes pela visão rotineira e superficial das coisas.

E, dessa forma, diante de um cenário tão evocativo e inspirador como esse da ilha de Ogígia, até mesmo um deus tão objetivo e pragmático como Hermes, extremamente focado no cumprimento imediato de sua missão, permite-se *quedar*, parar, a fim de maravilhar-se e "dar prazer ao seu espírito com tal visão" e com tais sensações.

Mais do que distrair ou atrasar o deus em sua ingente missão, a experiência contemplativa proporcionada pela *visão* e *fruição* das maravilhas da ilha de Ogígia completam e dão sentido à ação de Hermes, que, para além de cumprir ordens e missões, mostra o seu caráter divino por meio da sua capacidade de contemplar, do seu saber contemplativo.

E se, na *Odisseia*, o valor da contemplação aparece inicialmente como uma característica própria dos deuses, pode-se imaginar a importância que ela assume naquilo que também é próprio do humano. O corajoso, astuto e curioso Ulisses, esse homem forjado nos perigos e nos desafios da vida, e que mobiliza todas as suas capacidades para a obtenção de seu, a princípio, único objetivo, que é voltar o quanto antes para casa, aparece, em muitas ocasiões da narrativa homérica, como um grande contemplativo; como um homem que sabe e gosta de *admirar*, de se *maravilhar* e de *fruir das coisas belas da vida.*

Essa qualidade contemplativa de nosso herói pode ser vislumbrada em inúmeros trechos da *Odisseia*, mas em nenhum outro aparece tão explícita e desenvolvida como neste que se lerá em seguida, em que Ulisses se aproxima do palácio de Alcino, rei dos Feáceos, ansioso por conseguir seu apoio e sua ajuda para o seu retorno definitivo, depois de tantos desvios e contratempos.

Caminhando com os olhos baixos e "dando voltas com seu pensamento em seu coração", ao se ver diante do "palácio glorioso de Alcino", o velho herói sofredor é arrebatado pela *visão* que, a partir do "limiar de bronze" do edifício, passa a experimentar, pois nele "reluzia o brilho do sol e reluzia o brilho da lua".

> De bronze eram as paredes — passa a descrever Homero — que se estendiam daqui para ali,

Até ao sítio mais afastado da soleira; e a cornija era de cor azul.
De ouro eram as portas que se fechavam na casa robusta,
e na brônzea soleira viam-se colunas de prata.
Prateada era a ombreira e de ouro era a maçaneta da porta.
De cada lado estavam cães feitos de ouro e prata,
que fabricara Hefesto com excepcional perícia
para guardarem o palácio do magnânimo Alcino [...]
Lá dentro, aqui e acolá, estavam tronos encostados contra a parede,
desde a soleira até o aposento mais escondido; e sobre eles
estavam mantas delicadas, bem tecidas: trabalhos de mulher.
[...]
Fora do pátio, começando junto às portas, estendia-se
o enorme pomar, com uma sebe de cada um dos lados.
Nele crescem altas árvores, muito frondosas,
pereiras, romãzeiras e macieiras de frutos brilhantes;
figueiras que davam figos doces e viçosas oliveiras.
Destas árvores não murcha o fruto, nem deixa de crescer
no inverno nem no verão, mas dura todo o ano.
Continuamente o Zéfiro faz crescer uns, amadurecendo outros.
A pera amadurece sobre outra pera; a maçã sobre outra maçã;
cacho de uvas sobre outro cacho; figo sobre figo.

Aí está também enraizada a vinha com muitas videiras:
parte dela é em local plano de temperatura amena,
seco pelo sol; na outra, homens apanham uvas.
Outras uvas são pisadas. À frente estão uvas verdes
que deixam cair sua flor; outras se tornam escuras.

Junto à última fila da vinha crescem canteiros de flores
de toda espécie, em maravilhosa abundância.
Há duas nascentes de água: uma espalha-se por todo
o jardim; do outro lado, a outra flui sob o limiar do pátio
em direção ao alto palácio; dela tirava o povo a sua água.
Tais eram os belos dons dos deuses em casa de Alcino.

Ali, de pé, se maravilhou o sofredor e divino Ulisses.
Mas depois de com tudo ter se admirado no coração,
transpôs rapidamente a soleira e entrou no palácio. (VII, 82-135)

Peço perdão pela extensão do trecho reproduzido, mas aqui, mais uma vez, convido você, leitora e leitor, a tentar reinventar, em sua imaginação, esse cenário maravilhoso descrito pelo poeta e, assim, exercitar a sua capacidade de *ver*, de *admirar*, de se *maravilhar*.

De início, a descrição do poeta, que acompanha o olhar do protagonista, atém-se aos aspectos arquitetônicos, decorativos e artísticos do palácio. Além das impressionantes proporções, a utilização e o trabalho sobre os diversos e preciosos materiais, revelando graça e destreza por parte dos artesãos, encantam por seu efeito monumental e harmonioso, provocando no *admirador* um efeito estético de grande impacto.

Na sequência, ao adentrar, no pátio frontal, à experiência proporcionada pelos elementos arquitetônicos e artísticos se une aquela proporcionada pela fruição dos elementos da natureza: árvores, plantas, frutos, com suas cores, texturas, perfumes... Tudo combinado com tal cuidado e destreza que revela uma ligação absolutamente fluida entre natureza e arte, entre mundo e ação humana, que remete à condição edênica dos tempos originais.

E, tal como vimos acontecer com o deus Hermes, a contemplação da beleza proporcionada pela perfeita harmonização entre natureza e trabalho não só desperta a atenção e a sensibilidade do sofrido e angustiado Ulisses como o *prende*, fazendo-o *parar*, *quedar-se* em uma atitude de *admiração* e *maravilhamento* que lhe apazigua e conforta o coração, proporcionando-lhe não só um sentimento de alegria, mas também de confiança e coragem, elementos essenciais para o bom sucesso de sua empreitada naquele momento de sua trajetória.

Assim como Hermes, no instante em que se aproxima do palácio do grande Alcino, Ulisses tem em mente outras ideias, outros propósitos que revolvem seu coração. A princípio, Ulisses, absolutamente envolvido em seu desejo de encontrar o meio mais rápido de voltar para sua casa, não deve nem pode perder tempo com experiências estéticas, contemplativas, entretanto a força do cenário em que se encontra e as evocações por ele despertadas o levam, de certa forma, a esquecer por um momento tais propósitos (sua meta) e desencadeiam no herói uma sensação de admiração e encantamento que o fazem embarcar nessa *outra viagem* que o encontro com a Beleza proporciona.

Mais uma vez, assim como vimos acontecer no caso da lição anterior, nos encontramos diante de uma experiência que, se a princípio nada parece contribuir para a consecução da meta que realmente interessa, acaba, no entanto, se constituindo em elemento de fundamental importância para o processo de humanização do herói; elemento que contribui de modo indispensável para que Ulisses se torne o Ulisses que é preciso ser.

Isso porque, sem a experiência da beleza, o processo da humanização do humano, da *realização de sua própria beleza,* se torna incompleto e mesmo impossível. Afinal, como é possível realizar a beleza na própria vida, se não se faz a experiência da *beleza em si*? Como é possível *ser belo* se não se conhece antes o que é a *beleza*? Como é possível viver e agir com *beleza* se antes não se contempla a *beleza*?

Se na lição anterior aprendemos que é próprio do humano ser curioso e viver a curiosidade como forma de conhecer aquilo que nos é próprio e fundamental, nesta, que é a oitava lição daquilo que é próprio do humano, estamos a aprender que além de conhecer é preciso saber também *contemplar.* A virtude viática da contemplação desponta, portanto, como outra necessidade decorrente e indispensável na dinâmica do tornar-se humano.

Se a curiosidade, como vimos, é a qualidade que nos possibilita ampliar nosso conhecimento sobre o mundo, sobre os outros e sobre nós mesmos, apresentando-se como experiência essencial para nosso processo de autorrealização durante nosso caminho de saída e de retorno, a contemplação constitui-se como virtude fundamental enquanto meio de conhecimento e experiência da beleza, sem a qual a nossa realização enquanto seres humanos fica incompleta, inacabada.

Mas o que afinal é a *beleza* e por que sem o seu conhecimento, sem a sua experiência, é impossível que nos humanizemos?

O belo é talvez um dos temas fundamentais do pensamento humano desde quando, pelo menos, ele começou a se sistematizar enquanto filosofia. Em Sócrates o belo se relaciona intrinsecamente com o bem, e no pensamento platônico ele se associa com o mundo das ideias, dos arquétipos originais a partir dos quais tudo veio à existência. Aristóteles foi o primeiro a estabelecer uma filosofia da estética e a tentar definir e qualificar o belo, e desde então a beleza se constituiu em um dos objetos mais importantes não só da filosofia, mas também das ciências e das artes. Entretanto, talvez uma das melhores "definições" sobre a beleza seja aquela que o nosso já conhecido e tão citado escritor Fiódor Dostoiévski apresenta de forma tão simples e despretensiosa em um de seus romances mais conhecidos (também já citado aqui em mais de uma ocasião), *O idiota*: "A beleza é um enigma."[3]

"É difícil julgar a beleza — pondera o príncipe Míchkin ao ser questionado sobre as qualidades da belíssima Aglaia Ivánovna, uma das personagens principais do romance — eu ainda não estou preparado".[4] E, se o próprio Dostoiévski confessa-se despreparado para não só definir mas até para "julgar" a beleza, quem estaria preparado?

É claro que, com isso, não estou propondo desqualificar todo o esforço que inúmeros filósofos, teóricos e cientistas despenderam sobre esse tema ao longo de séculos, porém, talvez, dentro do propósito que aqui temos, mais do que tentar compreender o que é a beleza a partir de uma definição conceitual, o melhor seja mesmo falar dela a partir da sua *experiência*, ou

3 DOSTOIÉVSKI, Fiódor. *O idiota*. Tradução Paulo Bezerra. 4ª ed. São Paulo: Editora 34, 2015, p. 102.
4 Ibidem.

seja, a partir da maneira como ela pode e vem sendo experimentada pelos seres humanos ao longo da história. E, para abordar a beleza nessa perspectiva — a partir da sua *experiência* —, nenhum meio pode ser melhor do que este: a literatura.

No romance *O idiota*, o protagonista, príncipe Míchkin, apesar de possuir título de nobreza, nos é apresentado como órfão, desamparado e pobre, que além disso padece de um quadro grave de epilepsia, devido ao qual foi enviado da Rússia para a Suíça pelo seu tutor a fim de se tratar. E, de fato, ainda que os recursos clínicos sejam extremamente escassos, como bem pontua o próprio Míchkin no relato para suas recém-conhecidas parentas a quem encontra logo ao chegar de volta a São Petersburgo, depois de alguns anos de tratamento no país alpino, tal estada propicia uma incrível melhora em seu estado.

Em sua conversa com a esposa do general Iepántchin (sua parente distante) e suas três filhas, Míchkin conta que, ao embarcar para a Suíça, seu estado era crítico:

> Quando me conduziram da Rússia através de várias cidades alemãs, eu ficava olhando em silêncio, e me lembro de que não fazia nenhum tipo de pergunta. Isto aconteceu depois de uma série de ataques fortes e angustiantes de minha doença, e se a doença se intensificava e os ataques se repetiam várias vezes seguidamente, eu sempre caía em total embotamento, perdia completamente a memória, e mesmo com a razão funcionando havia uma espécie de interrupção no fluxo lógico do pensamento. Eu não conseguia concatenar mais de duas ou três ideias de modo coerente. Acho que era assim. [...] Lembro-me: minha tristeza era insuportável; dava-me até vontade de chorar; eu sempre me surpreendia e ficava intranquilo: exercia uma influência terrível sobre mim o fato de que tudo era *estranho*; isso eu compreendi. O estranho arrasava comigo.[5]

---

5 DOSTOIÉVSKI, Fiódor. *O idiota*, op. cit., p. 78.

Entretanto, logo ao chegar a Basel, na Suíça, um acontecimento absolutamente insólito acaba tendo um efeito transformador no príncipe, dando início ao seu processo de recuperação: quando passa, ao anoitecer, por um mercado da cidade, ele é "despertado pelo rincho de um asno". "O asno — conta o príncipe Míchkin — me deixou terrivelmente impressionado e sabe-se lá por que gostei extraordinariamente dele, e ao mesmo tempo tudo pareceu iluminar-se em minha cabeça."[6]

Muito se poderia elucubrar a respeito do significado simbólico do asno — desde o *Asno de Ouro* de Apuleio, passando pelo asno com que Jesus entrou montado em Jerusalém antes da sua Paixão, até chegar ao asno falante de Shakespeare em *Sonho de uma noite de verão* —, porém o que importa aqui é notar como um acontecimento e uma situação tão insólita e inusitada, envolvendo uma criatura tão pouco notável ou glamorosa, determinou uma mudança tão espetacular e significativa. *Despertar*: é esse o verbo utilizado (mais de uma vez) por Dostoiévski no relato do príncipe Míchkin para descrever o efeito do rincho e da visão do asno.

Foi o asno quem, segundo as palavras do príncipe, o *tirou das trevas* e fez com que tudo se *iluminasse de repente* em sua cabeça, "de sorte que [a partir de então] toda a tristeza anterior passou por completo".[7]

Na sequência de seu relato, o príncipe Míchkin conta que a partir daquele momento, daquela *experiência*, tudo mudou. "Nós chegamos a Lucerna — continua narrando o príncipe — fui conduzido através de um lago. Senti o quanto ele era bonito, mas no mesmo instante me foi terrivelmente difícil."[8] E, ao ser questionado por uma das Iepántchin sobre o porquê disso, Míchkin responde: "Não compreendo. Para mim sempre é penoso e inquietante olhar para uma natureza daquela pela primeira vez; é bonito, inquietante; aliás tudo isso ainda estava na doença."[9]

---

6 Ibidem.
7 Ibidem, p. 79.
8 Ibidem, p. 80.
9 Ibidem.

Com o tempo, entretanto, à medida que o príncipe se familiariza com toda aquela beleza ao redor, a sensação de inquietude vai sendo substituída pela de tranquilidade, de paz.

> Passei quase o tempo todo no exterior em uma aldeia suíça; raramente ia a algum lugar próximo [...]. A princípio eu apenas não sentia o tédio; logo comecei a recuperar-me; depois cada dia se tornou caro para mim, e quanto mais o tempo passava mais caro ia ficando, de sorte que comecei a notar isso. Deitava-me para dormir muito satisfeito e me levantava mais feliz ainda. É bastante difícil dizer por que tudo isso acontecia. [...] Lá havia uma cachoeira, pequena, caía do alto de uma montanha e em um fio muito fino, de forma quase perpendicular — era branca, ruidosa, espumante; caía do alto, e parecia muito baixa, ficava a meia versta mas parecia que estávamos a cinquenta metros dela; era nesses instantes que vez por outra eu experimentava uma grande intranquilidade. Às vezes isso acontecia ao meio-dia, quando eu ia a uma montanha, ficava sozinho no meio da montanha, cercado de pinheiros, velhos, grandes, resinosos; no alto do rochedo havia um castelo medieval, ruínas; nossa aldeota ficava longe, lá embaixo, mal se avistava; sol claro, céu azul, um silêncio de meter medo; E aí, acontecia, alguma coisa chamava para algum lugar, e sempre parecia que se eu seguisse sempre em frente, andasse muito e muito tempo e fosse além de uma linha, por exemplo, daquela linha onde céu e a terra se encontram, ali estaria todo o enigma e no mesmo instante veria uma nova vida, cem vezes mais intensa e ruidosa que a nossa vida aqui [...] O que eu não sonhava! Mas depois me pareceu que até na prisão pode-se encontrar uma vida imensa.[10]

Com o tempo, conclui ainda o príncipe, toda essa experiência o fez recuperar a saúde. Ele não sabe explicar o porquê, porém o que, sim, ele sabe dizer é que toda essa experiência talvez o tenha *ensinado a olhar*. De

10 Ibidem, p. 81-82

qualquer modo, arremata o príncipe, durante sua estada naquele lugar, "eu — confessa às suas interlocutoras — fui muito feliz quase o tempo todo".

Eis, nesta singela narrativa do pobre e ingênuo príncipe Míchkin, a descrição mais eloquente e profunda sobre esse *enigma* que é a beleza; a experiência da beleza. Uma experiência que nos acontece de modo inesperado, inusitado, quando estamos ocupados ou preocupados com outras coisas e que, de repente, nos *desperta* e nos tira do *embotamento* em que vivemos em função da nossa *doença*. E então, de forma inquietante e delicada ao mesmo tempo, numa mescla paradoxal de sentimentos, nos *abre os olhos* e nos *ensina a olhar*; nos *chama* e nos *ensina a ver além* e assim vislumbrar e pressentir essa *nova vida*, essa vida "cem vezes mais intensa e ruidosa que a nossa vida aqui". Uma *nova vida* que, ao mesmo tempo em que nos brinda com a alegria da esperança, enche de sentido e dá novo significado a essa *nossa vida daqui*, ampliando-a, trazendo-nos, em certa medida, a cura, a felicidade.

Analisando por uma perspectiva fenomenológica, a narrativa de Dostoiévski nos permite compreender a dinâmica da experiência da beleza, tanto no seu processo quanto nos seus efeitos. Ela ratifica, por exemplo, que todo esse processo que caracteriza a *experiência da beleza* e que culmina na ampliação da vida e na cura da nossa *doença* tem início em um episódio *estético*; ou seja, numa experiência *de fora* que, de forma inusitada, inesperada, *desperta*, *acorda* o sujeito do seu *embotamento*. Como bem expressa uma das irmãs que escutam o relato de Míchkin: "o príncipe contou de modo muito interessante um caso de sua doença e como passou a gostar de tudo através de *um impulso de fora*."[11]

Nesse caso, como vimos, tratou-se do rincho de um asno; entretanto, pode-se deduzir que esse *impulso de fora* que *desperta*, *abre os olhos do ser* e nos arranca do *embotamento*, pode variar infinitamente. O que foi o *rincho de um asno* para o príncipe pode ser a melodia de uma música

11 Ibidem, p. 80. (Grifo meu.)

para um, a visão de algo ou alguém para outro, ou qualquer fenômeno que potencialize uma autêntica *experiência estética*, que, justamente, está associada com a ideia de *despertar.*

A palavra *estética* deriva do vocábulo grego *aisthesis* ou *aesthesis*, cujo antônimo, *anesthesis*, que dá origem ao termo *anestesia*, é bem mais usado e conhecido em nosso vocabulário. Antes de assumir o sentido de substantivo referente a despertar ou sensibilizar, a palavra *aesthesis* arcaicamente se relacionava com a denominação das *musas*, filhas de Zeus e Mnemósine, geradas com o fim de inspirar nos humanos os dons e habilidades artísticas.

Como nos conta Píndaro (no mesmo poema citado no Preâmbulo deste livro, "Ode a Zeus"), o Pai dos deuses, depois de haver criado o ser humano enquanto criatura "intermediária" entre o bestial e o divino, percebe a ontológica tendência desse *anthropos* de, dramaticamente, *se esquecer* de sua real condição, oscilando assim entre a ilusão de ser deus e a recorrente queda na animalidade. Na misericordiosa intenção de remediar essa trágica situação, Mnemósine, a deusa da memória, oferece-se sexualmente a Zeus, e dessa união ela concebe nove filhas: as *aesthesis* ou *musas*, responsáveis pela missão de, por meio das artes (música, poesia, teatro etc.), *despertar* os seres humanos (esses *anthropos* esquecedores, como vimos) e assim *recordá-los* de sua *real condição*. Partindo da noção de que *despertar* é *recordar* (ideia depois retomada e desenvolvida por Platão), a *experiência estética* em sua dimensão mitológica é, portanto, aquele *impulso de fora*, inspirado pelas musas, que *desperta* o ser humano de seu *embotamento*, de seu *esquecimento* e da sua *alienação* e o *faz ver*, o *faz lembrar*, o *faz recordar* de quem ele realmente é e qual o sentido da sua existência. A *experiência estética* enquanto *experiência daquilo que é belo* apresenta-se, portanto, como uma experiência de despertar e de vislumbrar o sentido mais amplo e mais profundo da vida; uma descoberta que traz a felicidade e a cura existencial.

Voltando à narração do príncipe, percebemos que, depois do *despertar* provocado pelo rincho do asno, este começa a *ver* e a *descobrir* a *beleza* de toda aquela harmoniosa e inquietante paisagem que o cercava e o abraçava, vislumbrando a partir e através dela uma realidade que a transcendia e que convidava a *ir além*, chamando-o espiritualmente a intuir a existência de uma *nova vida*, mais ampla, *ruidosa*, cheia de mistério e sentido. Inquietante e apaziguadora ao mesmo tempo, essa experiência tem um efeito libertador e terapêutico, que transforma e cura. Sem deixar de ser um enigma, a beleza é aquilo que nos salva.[12]

Seguindo em nossa análise fenomenológica de *O idiota*, podemos inferir que a *doença* do príncipe simboliza a "doença" da qual todos nós padecemos: a "doença" do esquecimento, do embotamento, da alienação que caracteriza nossa existência enquanto realizamos nossa jornada no mundo. "Doença" essa que, como nos ensina o mito, é ontológica e que vivenciamos em nosso cotidiano, causada por nossa incapacidade de *ver*, de *olhar*, de *admirar* a *beleza* que nos cerca e que nos convida a ampliar nossa visão de mundo, de realidade, de existência. E assim, tal como o príncipe, caminhamos, em maior ou menor medida, *embotados*, *sem memória*, inseguros e vacilantes "no fluxo lógico do pensamento". Sim, inquietos e intranquilos, oscilando entre a ansiedade e tristeza, por vezes *insuportável*, que decorre dessa "influência terrível" exercida pela sensação de *estranheza* que nos acompanha quase constantemente como um sintoma crônico.

E, se tal estado parece ser algo próprio da condição humana, nos tempos que correm a situação parece ter se agravado seriamente. A modernidade, com sua lógica implacável de produção e consumo, nos encarcerou em um modo de vida extremamente alienado, condicionado por uma visão utilitária e mecânica da existência.

12 "A beleza salvará o mundo" é a frase e mensagem que coroa e emblema não só o referido romance como, em certa medida, toda a obra e o pensamento de Fiódor Dostoiévski.

"Perdemos toda capacidade de admiração", denuncia o filósofo contemporâneo Byung-Chul Han.[13] Dominados pela crença de que a felicidade é resultado do controle e posse das coisas materiais e que esse controle e posse são, por sua vez, resultado do nosso esforço e trabalho, acabamos caindo na armadilha do ativismo. A concepção *ativa* da vida engoliu e praticamente eliminou a chamada *vida contemplativa*. Já não mais conseguimos observar as coisas e o mundo ao redor como *coisas em si*, mas apenas como *coisas para*. A natureza (as cachoeiras, árvores, montanhas) já não é vista como algo capaz de *despertar* e *encantar* — capaz de abrir novos horizontes para a existência —, mas apenas como obstáculo a superar ou recursos a usufruir e com os quais lucrar. A arte já não é algo para fruir e nos conectar com as dimensões mais profundas do viver e sentir, mas algo para investir ou simplesmente exibir e ostentar. A beleza tornou-se inútil, e a experiência contemplativa, um desperdício de tempo.

A lógica do ativismo desqualificou a experiência contemplativa e, hipervalorizando o produtivismo alienante, vem contribuindo radicalmente para desumanização da vida, fazendo que não mais vivamos, mas operemos como máquinas. E "a atividade que segue a estupidez da mecânica — pondera Han — é pobre em interrupções. A máquina não pode fazer pausas. Apesar de todo o seu desempenho computacional, o computador é burro, na medida em que lhe falta a capacidade de hesitar".[14] E a hesitação, "fraqueza" que caracteriza o humano (e que nos tempos que correm lutamos tanto para superar), é justamente a "falha" que nos possibilita *parar*, *admirar* e *contemplar*. Em suma, é a interrupção, o bug no sistema, que nos faz humanos.

Essa perda da capacidade de parar, de ver, contemplar e admirar, tão característica da nossa sociedade e que tantos males nos tem causado, já

---

13 HAN, Byung-Chul. *Sociedade do cansaço*. Tradução Enio P. Giachini. Petrópolis: Vozes, 2020, p. 128.

14 Ibidem, p. 53-54.

era percebida e denunciada pelo grande profeta russo, que, falando por intermédio de nosso querido "idiota", assim a expressa:

> Sabem, eu não compreendo como se pode passar ao lado de uma árvore e não ficar feliz por vê-la! Conversar com uma pessoa e não se sentir feliz por amá-la! Oh, eu apenas não sei exprimir... mas, a cada passo, quantas coisas maravilhosas existem, que até o mais desconcertado dos homens as acha belas? Olhem para uma criança, olhem para a alvorada de Deus, olhem para a relva do jeito que cresce, olhem para os olhos que os olham e os amam...[15]

A perplexidade do príncipe Míchkin e seu convite para *olhar* se apresenta hoje como uma medida de diagnóstico e, ao mesmo tempo, como uma prescrição terapêutica de extraordinária importância. Se passamos ao lado de uma árvore e não ficamos felizes por vê-la; se conversamos com uma pessoa e não ficamos felizes por amá-la, significa que estamos padecendo gravemente dessa "doença" desumanizadora do *embotamento*, da *mecanização*. E, se constatamos isso em nós, precisamos, urgentemente, seguir o seu conselho: é preciso *olhar*. É preciso fazer como Hermes, como Ulisses, como o próprio príncipe Míchkin: é preciso *parar* e, "a cada passo", *olhar essas coisas maravilhosas que existem*: uma criança, a alvorada *de róseos dedos de Deus*, a relva que cresce, os olhos que olham e amam... Será que não conseguimos mais *olhar* e nos *admirarmos* com todas essas *coisas maravilhosas que existem* e que "até o mais desconcertado dos homens as acha belas"? Se assim for, nos encontramos mais *desconcertados* do que o *mais desconcertado dos homens*.

Resgatando Nietzsche, Byung-Chul Han aponta que a "*vita contemplativa* pressupõe uma pedagogia específica do ver".[16]

---

15 DOSTOIÉVSKI, Fiódor. *O idiota*, op. cit., p. 616.
16 HAN, Byung-Chul. *Sociedade do cansaço*, op. cit., p. 51.

> Aprender a *ver* significa "habituar o olho ao descanso, à paciência, ao deixar-aproximar-se-de-si", isto é, capacitar o olho a uma atenção profunda e contemplativa, a um olhar demorado e lento. Esse aprender-a-ver seria a "*primeira* pré-escolarização para o caráter do espírito" (*Geistigkeit*).[17]

Necessitamos com urgência reaprender a ver, a olhar, e isso pressupõe uma educação do espírito — essa dimensão do nosso ser que os gregos antigos chamavam de *nous* (*νοῦς*) e que os latinos traduziram por *intelectum* ou *inteligentia* e que determina nossa *atenção*, estabelecendo o tom e a qualidade da nossa relação com o mundo e conosco mesmos.[18] Sem essa *educação*, essa *pedagogia*, nosso espírito fica preso, escravizado pelas instâncias alheias à nossa humanização. Instâncias que nos *embotam* e que nos transformam em meros equipamentos de produção e de consumo, em autômatos sem capacidade de reflexão, engrenados em um ativismo cego e autodestrutivo.

Necessitamos, pois, com urgência de uma *pedagogia* libertadora, que nos ensine a escapar da lógica automática e alienante do *ativismo* sistemático e cego que predomina em nossos tempos e que nos ensine a *parar*, a *fazer uma pausa* e assim poder *ver*, *admirar*, *contemplar*.

Já no início do século XIX, Goethe advertia:

> Tão propenso anda o homem a dedicar-se ao que há de mais vulgar, com tanta facilidade se lhe embotam o espírito e os sentidos para as impressões do belo e do perfeito, que por todos os meios deveríamos conservar em nós essa faculdade de sentir. Pois não há quem possa passar completamente sem um prazer como esse, e só a falta de costume de desfrutar algo de bom

17 Ibidem. Han está citando *O crepúsculo dos ídolos*, de Nietzsche.

18 Podemos dizer, parodiando o Mestre de Nazaré, que somos aquilo que o nosso espírito escolhe para ver e dar atenção: *onde está nosso espírito, aí estará nosso coração.*

> é causa de muitos homens encontrarem prazer no frívolo e no insulso, contanto que seja novo.[19]

E, diante dessa lamentável situação (que de lá para cá, com todas as revoluções pelas quais fomos passando — a industrial, a cultural, a digital —, foi se agravando radicalmente), o grande apóstolo da beleza e do sublime recomendava que "deveríamos diariamente ouvir ao menos uma pequena canção, ler um belo poema, admirar um quadro magnífico, e, se possível, pronunciar algumas palavras sensatas".[20]

A *pedagogia do espírito* de que tanto necessitamos se fundamenta, pois, em pequenos gestos, pequenos hábitos que podemos e devemos ir cultivando em nosso cada vez mais exigente e alienante cotidiano; gestos e hábitos que ao resistir e, até certo ponto, romper, ainda que por alguns poucos instantes, com a lógica ativista hegemônica, nos abra a possibilidade de *parar, ver, admirar* e assim *experimentar a vida contemplativa*; fazer a *experiência da contemplação*. Experiência esta que, mais do que nos desviar da nossa rota ou do nosso destino, como bem nos ensina Homero na *Odisseia*, nos permite, por meio da fruição do belo, encontrar força, saúde e sentido, para continuarmos em nossa *verdadeira* jornada — e não naquela "jornada" que o mundo e os valores do mundo nos querem forçar a fazer.

Na *Odisseia* lemos que Hermes e Ulisses, só depois de haverem *parado por um tempo* para *admirar e se maravilharem* com as *coisas maravilhosas* que encontraram em certo momento de suas jornadas, é que seguiram em frente. Essa *pausa contemplativa* não os fez atrasar ou perder o rumo

---

19 GOETHE, Johann Wolfgang von. *Os anos de aprendizado de Wilhelm Meister*. Tradução N. Simone Neto. 2ª ed. São Paulo: Editora 34, 2009, p. 279. Fazendo eco ao grande escritor alemão, o brasileiríssimo João Guimarães Rosa sintetizaria de forma incomparável: "Vivemos, de modo incorrigível, distraídos das coisas mais importantes" (*Grande sertão: veredas*. Rio de Janeiro: Nova Fronteira, 2001, p. 114).

20 GOETHE, Johann Wolfgang von. *Os anos de aprendizado de Wilhelm Meister*, op. cit., p. 279.

de suas metas, de seus objetivos. Muito pelo contrário, a *experiência contemplativa* que se permitiram realizar demonstrou ser algo fundamental e constitutivo para a realização de *sua própria beleza.*

A *experiência contemplativa* é, portanto, uma condição indispensável para nosso processo de autoconhecimento e autorrealização. Ela é, como nos ensina Dostoiévski por intermédio do *Idiota*, aquilo que nos possibilita recuperar a *saúde*, que, neste mundo tão desumanizador e desumanizado em que vivemos, tendemos a perder tão facilmente.

Reconheçamos assim que a *experiência contemplativa*, que é a *experiência da beleza*, apresenta-se como uma virtude viática de primeira importância. E, se quisermos, efetivamente, que nossa jornada seja o processo de *realização da nossa própria beleza*, é necessário que aprendamos a *parar* e a *realizar a experiência da beleza*; a *experiência* que só uma autêntica *vida contemplativa* é capaz de nos proporcionar.

NONA LIÇÃO:

É próprio do humano ser hospitaleiro

Ao longo dos quase vinte anos em que venho coordenando os encontros do Laboratório de Leitura, para todo tipo de público, nos ambientes mais diversos, tenho tido a oportunidade de propor, em muitas ocasiões (como já frisei no Preâmbulo), a leitura e discussão da *Odisseia*. É interessante notar que os temas que emergem nas discussões costumam, em grande medida, se repetir. Entretanto, há um entre eles que, invariavelmente, chama muito a atenção dos leitores, suscitando uma mescla de admiração, dúvida e encantamento: o tema da hospitalidade.

E, de fato, em um mundo em que as crescentes ondas de refugiados e imigrantes, forçados ou voluntários, irrompem em várias partes do globo, e em que o medo e a desconfiança em face do estrangeiro parecem assumir proporções desmedidas; em um mundo em que o isolamento social e o individualismo parecem haver se tornado o meio de vida predominante na chamada sociedade civilizada, encontrar descrições tão minuciosas e comoventes de recepção e acolhimento aos viajantes e peregrinos (em geral necessitados e desvalidos) como encontramos na narrativa homérica não podia deixar de causar espanto e admiração.

Constituindo-se essencialmente em um grande relato de viagem (ou de viagens), a *Odisseia* apresenta ao leitor inúmeras ocasiões em que nosso herói principal ou outros, como Telêmaco e os próprios deuses, se veem diante da necessidade e do desejo de serem acolhidos, abrigados, alimentados. E nessas ocasiões, que exigem, obrigatoriamente, a demonstração das virtudes da hospitalidade por parte daqueles que são visitados ou procurados, encontramos uma oportunidade preciosa de conhecer os valores mais elevados e distintivos daquilo que é próprio do humano segundo a visão homérica. Em certo sentido, podemos dizer que, na *Odisseia*, o valor de um ser humano se pode medir a partir da maneira como ele acolhe seu semelhante e, vice-versa, a partir da maneira como aquele que é acolhido se comporta em relação ao que o acolhe.

Não é à toa, portanto, que tal perspectiva gere tal reação em nós, leitores modernos, cuja desumanização se evidencia justamente na maneira como acolhemos (ou, mais comumente, não acolhemos) e tratamos nosso semelhante, principalmente o estranho, o estrangeiro, o necessitado.

Refletir sobre a virtude da hospitalidade a partir da *Odisseia* (e, lógico, a partir de outros clássicos da literatura) apresenta-se, portanto, como uma oportunidade incomparável de avaliarmos nossa humanização em termos de humanidade; ou seja, a partir da qualidade da nossa relação com o outro; com o nosso semelhante.

Mas vejamos como essa virtude viática, tão central na *Odisseia* de Homero, se constitui em elemento indispensável para a *realização da beleza*, seja da de Ulisses e dos outros personagens do livro, seja da nossa.

A hospitalidade aparece na *Odisseia* não só como uma virtude de primeira grandeza, mas como um grave e inalienável dever. Desrespeitá-lo, ou mesmo simplesmente desconsiderá-lo, configura ignorância, insensatez e, em certos casos, prova cabal de barbárie ou monstruosidade. Lembremos que o que faz do ciclope Polifemo uma criatura monstruosa e inumana não é nem tanto seu tamanho, aparência e forma, mas antes seu total desprezo às regras da hospitalidade (como vimos na Sexta Lição).

Nesse mesmo contexto, quando Telêmaco, em busca de notícias do pai, chega a Esparta, acompanhado do filho de Nestor, depois de haverem deixado Pilos, e se apresentam a Eteoneu, "ágil escudeiro do famoso Menelau", aquele, sem ainda saber de quem se tratava os forasteiros, dirige-se ao rei espartano para lhe perguntar se devia "desatrelar seus velozes cavalos, ou mandá-los para casa de outro, que os acolha com gentileza?". Menelau, "com grande irritação", responde:

> Anteriormente não tinhas por hábito ser tolo, ó Eteoneu,
> Filho de Boétoo! Mas agora dizes tolices como uma criança.
> Na verdade tu e eu já comemos muitas vezes à mesa
> de outros homens, no caminho que aqui nos trouxe,
> na esperança de que Zeus nos aliviasse um dia a dor.
> Desatrela os cavalos dos estrangeiros, e trá-los para que comam. (IV, 31-34)

Só quem já experimentou a condição de viajante e forasteiro sabe quão grande é o alívio e a alegria de ser acolhido sob o teto e à mesa de um gentil e generoso anfitrião. É o esquecimento ou a desconsideração dessa experiência por parte de Eteoneu que irrita Menelau e o faz chamar de "tolo", pois tal atitude só poderia advir de uma grande ignorância ou estultice.

Na mentalidade homérica, acolher, hospedar, alimentar e cuidar de um estrangeiro ou forasteiro é, mais do que uma obrigação, uma honra; uma oportunidade de reconhecer e retribuir, de alguma maneira, aos olhos dos deuses, os dons e presentes recebidos quando aquele que hospeda foi então acolhido.

No conjunto das regras e dos procedimentos que caracterizam a prática da hospitalidade homérica, o que primeiro desponta — e que, certamente, mais desconcerta o leitor contemporâneo — é o princípio de não se observar a aparência e a condição do forasteiro a ser acolhido. O mendigo, velho e maltrapilho, deve receber o mesmo tratamento que o jovem nobre, belo e bem-vestido, pois para os antigos era muito presente a noção de que quem vê aparência não vê essência.

Nausícaa, filha do rei Alcino, ao ser interpelada por um Ulisses nu e desfigurado pelas agruras do naufrágio e da luta contra as vagas e rochedos da costa feácea, mostra não só ter um bom coração mas também excelente educação e conhecimento das regras humanitárias, ao não apenas permanecer para ouvir o estrangeiro como ainda repreender suas companheiras por haverem fugido ao verem o desmazelado forasteiro. Ponderava, então, Nausícaa:

> Minhas servas, não vos afasteis. Para onde fugis, por terdes visto
> este homem? Não pensais certamente que se trate de um inimigo!
> Homem mortal não há, nem haverá a tal ponto ousado,
> que chegue à terra dos Feáceos com intenções hostis.
> Pois pelos deuses imortais somos especialmente estimados.
> Longe habitamos, remotos, no mar repleto de ondas;
> não há outros povos que conosco tenham associação.
> Mas este homem infeliz até aqui vagueou: dele devemos tratar,
> pois é de Zeus que vêm todos os estrangeiros e mendigos;
> e qualquer dádiva, embora pequena, é bem-vinda.
> Portanto ao estrangeiro, ó servas, dai comida e bebida;
> e banhai-o no rio, em local protegido do vento. (VI, 199-210)

Para além da confiança proporcionada pela fé nos deuses que, na convicção da jovem princesa, protegem aqueles que lhes são fiéis, o argumento de Nausícaa expressa ainda uma crença extremamente importante e decisiva para justificar tal atitude desassombrada de acolhimento: "é de Zeus que vêm todos os estrangeiros e mendigos."

E tal noção não é algo peculiar dos piedosos, isolados e longínquos Feáceos. A ideia de que todo forasteiro, estrangeiro, principalmente na condição de mendigo e desvalido, seria um enviado de Zeus, ou até mesmo um deus disfarçado, aparece com frequência ao logo da narrativa homérica, expressada por diferentes personagens, representantes de variados povos e condições sociais. No Canto XIV, por exemplo, quando Ulisses, depois de haver conseguido retornar a Ítaca e, ajudado por Atena, disfarçar-se de mendigo para, astuciosamente, buscar informações sobre a situação de sua terra, dirige-se ao casebre do porqueiro Eumeu (seu antigo e fiel servo), este o acolhe gentilmente. Quando Ulisses lhe agradece a acolhida, o porqueiro assim lhe responde:

> Estrangeiro, não tenho o direito (mesmo que um pior que tu
> aqui viesse!) de desconsiderar um estrangeiro: pois de Zeus
> vêm todos os estrangeiros e mendigos; e a nossa oferta,
> embora pequena, é dada de bom grado. (XIV, 56-59)

Essa ideia de associação entre o estrangeiro, o forasteiro (principalmente quando mendigo) e o divino, entretanto, não é exclusiva da narrativa homérica ou da cultura grega arcaica. Também na Bíblia ela é muito recorrente, apontando, portanto, um caráter universal e arquetípico.

No livro do Gênesis, por exemplo, ela aparece em pelo menos dois episódios muito significativos. No Capítulo 18, quando Abraão se encontra em Mambré, depois de haver respondido ao chamado de Deus que lhe ordenou deixar sua terra de origem e sua parentela, ele é visitado por três homens misteriosos que, no contexto da narrativa, estão nitidamente associados com o próprio Iahweh:

> Iahweh lhe apareceu no Carvalho de Mambré, quando ele [Abraão] estava sentado na entrada da tenda, no maior calor do dia. Tendo levantado os olhos, eis que viu três homens de pé, perto dele; logo que os viu, correu da entrada da tenda ao seu encontro e se prostrou por terra. E disse: "Meu Senhor, eu Te peço, se encontrei graça a Teus olhos, não passes junto de teu servo sem te deteres. Trarei um pedaço de pão, e vos reconfortareis o coração antes de irdes mais longe; foi para isso que passastes junto do vosso servo!" Eles responderam: "Faze, pois, como disseste". (Gn 18:1-5)

A perceptível variação no uso do pronome de tratamento, tanto por parte do narrador (que inicia o relato dizendo que Iahweh apareceu a Abraão para, em seguida, apresentá-lo na figura de três homens) quanto por parte do Patriarca (que, ao se dirigir aos três, fala como se fosse um só: "Meu Senhor, eu te peço..."), aponta uma notável identificação entre o enviado (no caso os três homens) e aquele que envia (o próprio Deus). Recurso narrativo que, mais do que denotar descuido ou desatenção por parte do narrador, explicita e reforça a ideia dessa associação arquetípica entre o divino e o estrangeiro, seja este o enviado, seja este a própria divindade que visita.

No capítulo seguinte, que trata da destruição de Sodoma, os mesmos enviados (que agora, sem maiores explicações, deixam de ser três para passar a ser dois) chegam à cidade condenada para advertir a Ló, parente de Abraão, do que está para acontecer, a fim de que aquele, graças à intercessão deste junto a Deus, se salvasse. Conta-nos o Gênesis que Ló estava sentado à porta da cidade e que, assim que os viu, repetindo o gesto de Abraão, prostou-se diante deles, "com a face por terra", suplicando-lhes que fossem para sua casa, para que ali recebessem os presentes da hospitalidade (Gn 19:1-2). Os misteriosos estrangeiros respondem-lhe, entretanto, que preferem passar a noite na praça. Ló, por sua vez, "tanto os instou que foram para sua casa e entraram". Ali, depois de lhes lavar os pés (gesto muito recorrente no universo semítico, porém em geral atribuído aos servos ou escravos), preparou-lhes uma refeição e "fez cozer pães ázimos, e eles comeram" (Gn 19:3).

> Eles não tinham ainda deitado — continua a relatar o narrador — quando a casa foi cercada pelos homens da cidade, os homens de Sodoma, desde os jovens até os velhos, todo o povo sem exceção. Chamaram Ló e lhe disseram: "Onde estão os homens que vieram para tua casa esta noite? Traze-os para que deles abusemos". (Gn 19:4-5)

Alarmado, Ló discute com seus concidadãos e suplica-lhes para que desistam de tal ato abominável, que, mais do que qualquer coisa, é um abuso indesculpável às regras da hospitalidade. Diante da insensibilidade dos sodomitas, Ló chega a oferecer-lhes suas duas filhas virgens como substitutas dos hóspedes diante das intenções dos abusadores. Inflexíveis, estes ameaçam invadir a casa de Ló, quando a intervenção divina, que faz com que todos fiquem cegos de repente, acaba por salvar não só os hóspedes, mas também Ló e toda a sua família. Na sequência, os estrangeiros revelam a Ló o destino que descerá sobre aquela "maldita cidade" e o instrui sobre o modo de fugir antes da tragédia iminente.

Chama a atenção nesses dois episódios do Gênesis o, a princípio, desmedido valor dado pelos anfitriões a esses estrangeiros desconhecidos, caracterizado pelo ato da prostração e pelos gestos e atitudes servis praticados por homens que eram de condição livre e venerável — eles mesmos se prontificam a lavar os pés dos hóspedes e a preparar-lhes pessoalmente a comida. Tudo indica aqui um sentido ou pressentimento do sagrado, talvez percebido pelos patriarcas fundadores do povo de Israel ao verem aqueles misteriosos forasteiros. Entretanto, independentemente de qualquer percepção especial, tal atitude de quase veneração em relação ao estrangeiro e o desejo sincero de colocar-se a seu serviço, oferecendo-lhe tudo do melhor que se possa ter, ainda que seja pouco (tal como no caso do porqueiro Eumeu), aparece com muita frequência em quase todos os livros da Bíblia, inclusive nos escritos do Novo Testamento.[1]

A concepção que associa o estrangeiro, o hóspede, como um enviado divino, ou então como a própria divindade, apresenta-se, portanto, como um dos elementos fundamentais e estruturantes da virtude da hospitalidade na mentalidade arcaica ou antiga. Ela está relacionada com a imagem da visita divina, que, por sua vez, se liga com a ideia de prova, de desvendamento dos corações. Depois de escolhidos por Deus ou pelos deuses, os indivíduos (homens e mulheres) vocacionados precisam ser provados,

---

1 São célebres, por exemplo, as passagens em que Jesus se refere aos bons costumes da hospitalidade, como na homenagem da mulher de fama duvidosa que unge seus pés com perfume, quando o Mestre aponta ao fariseu que a julga as suas omissões indesculpáveis: o ósculo de saudação, a lavagem dos pés etc. Cf. Lc 7:36-50.

para que se confirme ou não o chamado ou escolha. É preciso constatar se o vocacionado está à altura do dom e da missão a que foi designado. E a melhor e mais apropriada forma de testá-lo(a) é, pois, observando a maneira como este ou esta se comporta em face do seu próximo, principalmente na figura do estrangeiro, do estranho, do necessitado, daquele que está totalmente dependente da ajuda alheia.[2]

A maneira como uma pessoa acolhe e trata seu semelhante é o que mais e melhor revela a essência do seu coração. Quanto mais distante e alheio aquele for, maior será o valor e o tamanho do coração de quem o acolhe, pois o maior dos corações é aquele capaz de sentir a miséria do coração alheio. Para os antigos, a *misericórdia* é o sentimento humanizador por excelência; aquele que efetivamente qualifica o humano. Na intenção de promover a *kalokagathia* de seus escolhidos, os deuses os submetem à prova do acolhimento, da hospitalidade. Não é possível, portanto, realizar nossa própria beleza sem ter passado por essa prova. Somente nos tornando anfitriões e nos incumbindo de acolher e cuidar de alguém é que podemos nos conhecer verdadeiramente. Somente praticando a hospitalidade podemos conhecer a largueza, a profundidade e o que efetivamente predomina em nosso coração. Para conhecer quem realmente somos é preciso passar pela prova do acolhimento e ver como tratamos os nossos semelhantes, principalmente aqueles que, aparentemente, nos são inferiores, que estão em desvantagem e não têm condições de retribuir nossos favores.

Essa proeminência do valor da hospitalidade como elemento determinante da excelência do ser humano aparece como algo central na *Odisseia* de

---

2 Voltando ao Novo Testamento, um exemplo bastante emblemático é a passagem em que, depois de visitada pelo Anjo que anuncia sua vocação de mãe do salvador, Maria se dirige à casa de sua prima Isabel, que havia concebido na velhice, para lhe prestar auxílio (Lc 1:39-80). Chamada por Deus para cumprir uma missão divina, Maria deve mostrar sua dignidade por meio de uma atitude humilde e gentil, hospedando-se na casa da prima para lhe ajudar e servir.

Homero. É a prática da hospitalidade que torna os homens semelhante aos deuses. Nenhuma outra virtude parece ser tão valorizada quanto esta, e não é por outro motivo que o pobre e humilde servo, o porqueiro Eumeu, é o único personagem, além de Ulisses, chamado de *divino* por Homero no sentido mais íntegro e completo.

O epíteto *divino* é muitas vezes utilizado, na *Odisseia*, na caracterização dos personagens nobres — reis, príncipes etc. — porém se percebe que tal uso se dá de forma mais bem protocolar, indicando a ascendência divina de grande parte destes. Na concepção genealógica da mentalidade homérica, a classe aristocrática assim se constitui por descender, em maior ou menor grau, diretamente dos deuses — da união destes com os seres humanos. Assim, o qualificativo *divino* associado a esses personagens refere-se à linhagem ou ao sangue *imortal* que possuem. Mas, se tal herança parece ser, a princípio, um elemento contribuidor para a *areté* ou excelência desses indivíduos, ela, por si só, não é suficiente. Ou seja, para que um ser humano seja de fato excelente, realize sua própria beleza e se torne semelhante aos deuses, não basta ser descendente dos imortais e carregar o seu sangue; é preciso antes e mais que tudo mostrar o seu valor e praticar as virtudes e a excelência que está, de algum modo, presente nele. Assim, um ser humano pode até ser *divino* em potência, mas não de fato, ao desprezar e não desenvolver os dons que recebeu por herança divina.

Em suma, na *Odisseia*, um personagem pode ser divino por herança, porém não se assemelhar aos deuses em sua vida concreta, por não haver correspondido às exigências da sua origem e assim ter malogrado seu destino divino, que só se concretiza pelo empenho em realizar sua própria beleza na prática da virtude, na busca da excelência. Esse é o caso, por exemplo, dos pretendentes de Penélope: todos eles nobres e divinos, mas, em função de sua atitude desmedida e insensata diante das regras da hospitalidade, tornam-se desprezíveis e odiosos aos homens e aos deuses, e por isso merecem uma punição terrível, proporcional à sua estultice e arrogância.

À medida que avançamos na narrativa homérica, a partir do trecho em que o divino porqueiro Eumeu acolhe o disfarçado Ulisses em seu casebre (Canto XIV), ficamos sabendo que aquele é também um nobre de origem, filho de reis — e, portanto, descendente dos deuses —, mas que, por força de um sequestro, acabou sendo despojado de seus privilégios e vendido como escravizado para mercadores fenícios, que, por sua vez, o negociaram com o antigo rei de Ítaca, Laertes, pai de Ulisses. Havendo perdido a liberdade, sem possibilidade de reavê-la, Eumeu demonstra sua semelhança aos deuses não por sua condição de aristocrata, mas por sua atitude divina ou virtuosa, por meio da fidelidade e lealdade aos seus amos, a quem sempre serviu de forma excelente. Lançado pelo destino à condição mais humilde em que um ser humano poderia estar naquela sociedade arcaica dos tempos homéricos, Eumeu, que a princípio poderia ter tido um futuro brilhante como príncipe e até mesmo rei, acaba por realizar sua própria beleza como servo, despojado de títulos, de bens, de riquezas, consumindo seus dias em um pobre casebre, cuidando dos porcos, cuja carne alimentava os grandes de Ítaca.

Abrindo seu coração ao desaventurado desconhecido — o qual nem desconfia que seja justamente o seu desaparecido amo e senhor —, Eumeu conta sua trágica e sofrida história, porém sem expressar amargor ou ressentimento, mas, pelo contrário, ressaltando um grande sentimento de reconhecimento e gratidão aos deuses por seu destino. Eumeu, em sua grande sabedoria, conquistada ao longo de muitos anos de experiência e de reflexão, demonstra haver aprendido que o que dá valor a um homem e o que determina sua excelência não é o ter, mas sim o ser; ou seja, o exercício das virtudes, nas circunstâncias que a vida e o destino determinam.

É por isso que, apesar dos grandes revezes e das terríveis injustiças das quais foi vítima, Eumeu considera-se e apresenta-se como um homem feliz, bem-aventurado, realizado — ainda que preocupado e amargurado com a ausência prolongada de seu amo e com os abusos perpetrados pelos arrogantes pretendentes nos últimos anos.

Eumeu é, portanto, no conjunto da narrativa homérica, o homem realizado, o exemplo eloquente da beleza realizada, da *kalokagathia*. E tal condição fica plenamente reconhecida com as homenagens que o próprio aedo ou narrador da história tributa-lhe, não só ao chamá-lo de *divino*, mas também ao se referir a ele em muitos trechos do poema em segunda pessoa, como se estivesse ele presente à recitação ou canto da história; como se a própria *Odisseia* lhe fosse especialmente dedicada.[3]

E, no conjunto das virtudes que caracterizam essa figura emblemática e icônica de *kalokagathia*, não deixa de ser extremamente eloquente que justamente a hospitalidade apareça como a atitude exemplificadora e sintetizadora da excelência humana e semelhança divina que apresenta o divino porqueiro Eumeu.

Na figura de Eumeu, esse personagem que representa o que há de mais excelente e nobre no humano, Homero apresenta a atitude ou virtude mais excelente dentre todas as virtudes humanas; aquela que enfeixa e culmina o processo humanizador por excelência: a hospitalidade.

E, se por si mesma a virtude da hospitalidade já é compreendida como a mais humana e excelente das virtudes, própria de homens semelhantes aos deuses, quando ela é exercida pelos servos e humildes — por aqueles que pouco ou nada têm, mas que sempre encontram uma forma de dividir com aqueles que têm menos —, então ela assume sua máxima e completa expressão.

Ao longo de toda a narrativa homérica, são muitos os nobres — como Menelau em relação a Telêmaco, ou Alcino em relação a Ulisses, como vimos — que ao exercê-la ratificam e glorificam sua excelsa condição —, afinal não se esperaria outra coisa de um nobre. Entretanto, quando tal atitude procede de um simples servo e pobre trabalhador, ela assume uma beleza única, incomparável. Para um nobre, não é tão difícil oferecer um pouco

3 Em diversos trechos o narrador diz: "E foi assim que tu, ó divino Eumeu, respondeste à pergunta" etc. Ver, por exemplo, Canto XIV, 442.

daquilo que tem de sobra, mas, para um pobre, oferecer o mínimo que seja para um hóspede é, em última análise, compartilhar daquilo que lhe falta. E, por isso mesmo, seu gesto torna-se ainda mais valoroso e notável aos olhos dos deuses — tal como aquela velha viúva do Evangelho de Marcos que depositou no tesouro do templo tudo o que tinha e por isso sua oferta foi considerada por Deus a mais valorosa de todas (Mc 12:41-44).

Depois de tudo pelo que passou — sofrimentos, angústias e tristezas — e pelas dádivas incomensuráveis que recebeu, o acolhimento dado pelo porqueiro Eumeu é, sem dúvida, uma das experiências mais tocantes da tumultuada vida de Ulisses. E emocionado, depois de ser recebido, alimentado e reconfortado, assim lhe agradece aquele que já tinha sido acolhido por deusas e reis:

> Que sejas tão caro, ó Eumeu, a Zeus pai como és a mim,
> visto que na minha miséria me honraste com tantas boas coisas. (XIV, 440-441)

Para alguém que já havia sido alimentado com néctar e ambrosia (como na ilha de Calipso) e manjares maravilhosos (como na corte dos Feáceos), tais presentes da hospitalidade ofertados pelo humilde Eumeu assumem uma importância peculiar, não pela qualidade dos dons em si, mas pelo valor do gesto de quem os oferta.

Porém, que "tantas boas coisas" foram essas que Eumeu ofertou a Ulisses metamorfoseado em mendigo peregrino?

Depois de haver salvado Ulisses dos cães que "atiraram-se a ele a ladrar" (quando subia a colina depois de deixar a praia onde se encontrara com Atena), Eumeu, apiedado diante da figura do ancião esfarrapado e desvalido que vislumbrava, convidou-o para que o acompanhasse até seu casebre, para que, depois que satisfizesse o desejo de comida e bebida, pudesse contar de onde vinha e quais as desgraças que sofreu.

> Assim falando — nos narra Homero — conduziu-o ao casebre o divino porqueiro,
> fê-lo sentar, espalhando espessa caruma no chão
> e por cima a pele de uma cabra selvagem e lanzuda,
> em que dormia, grande e peluda; e Ulisses alegrou-se
> pelo modo como fora recebido, e falando-lhe assim disse:
> "Que Zeus e os outros deuses imortais te deem, estrangeiro,
> tudo o que mais desejas, visto que com gentileza me acolheste". (XIV, 48-54)

Havendo acomodado da melhor forma possível o hóspede, Eumeu então se dirige ao chiqueiro, tirando de lá dois leitões, os quais, depois de havê-los sacrificado, assou na brasa e "pôs a carne em espetos".

> Depois de tudo assado, trouxe a carne e pô-la diante de Ulisses,
> ainda quente nos espetos, polvilhando com branca cevada.
> Depois numa taça cinzelada com hera misturou o vinho doce.
> Sentou-se defronte de Ulisses e disse para o encorajar:
> "Come, estrangeiro, o que os criados têm para oferecer,
> carne de leitões: pois os gordos porcos são os pretendentes
> que os comem, sem se preocuparem com a ira dos deuses.
> Os deuses bem-aventurados não gostam de atos injustos,
> mas apreciam a justiça e as boas ações dos homens". (XIV, 76-85)

Um pouco mais à frente na narrativa, Homero ainda especifica como, na hora de trinchar e servir a carne, Eumeu separa as melhores e mais saborosas partes para a oferenda aos deuses, lançando-as ao fogo, enquanto recita suas preces. Em seguida, reservando a segunda melhor parte, a do "lombo contínuo do porco", honra o hóspede, oferecendo-a. Para si, por fim, toma as partes menos nobres, o que faz o coração de Ulisses se emocionar com tamanha piedade e generosidade.

É só depois de haver constatado que o hóspede está "saciado de comida e bebida" que Eumeu, tomando a palavra, começa a conversa, perguntando-lhe:

> Mas conta-me tu, ó ancião, as desgraças que sofreste:
> dize-me tudo com verdade, para que eu saiba.
> Quem és? Donde vens? Fala-me dos teus pais e da tua cidade.
> Que nau te trouxe? Como te trouxeram
> os marinheiros a Ítaca? Quem diziam eles que eram?
> Pois não me parece que tenhas chegado a pé. (XIV, 185-190)

Temos aqui a descrição detalhada de todo o ritual de acolhimento que caracterizava a prática da hospitalidade segundo o costume arcaico. Ritual este que variava apenas na qualidade e na riqueza dos dons ofertados, em função da condição social do anfitrião, mas que, do ponto de vista essencial, é sempre o mesmo.

Nas inúmeras passagens em que descreve a chegada e o acolhimento de algum estrangeiro, seja este um deus, um príncipe (como no caso de Telêmaco) ou um mendigo (como, em muitas ocasiões, o próprio Ulisses), Homero não economiza nos detalhes, relatando todos os passos e procedimentos que caracterizam o ritual da hospitalidade. Em casas mais privilegiadas que a do porqueiro Eumeu, como os palácios de Nestor, Menelau, Alcino e do próprio Ulisses, os estrangeiros, forasteiros e peregrinos, são, invariavelmente, recepcionados com um tépido e reconfortante banho, com especial cuidado para com os pés — principalmente para aqueles que chegam caminhando, em vez de a cavalo ou por mar. Enquanto suas roupas são também lavadas e arrumadas, os visitantes, após o revigorante banho, têm o corpo untado com óleos, geralmente uma mistura de azeite de oliva com ervas e perfumes aromáticos, a fim de hidratar e amaciar a castigada pele, fustigada pelo sol e pela poeira dos caminhos, e relaxar músculos e nervos, tensionados pelas exigências e desafios das perigosas encruzilhadas e ermos desconhecidos. Atendidos sempre por servas, servos ou pelos próprios anfitriões, em algumas ocasiões, depois de devidamente banhados, untados, massageados e perfumados, vestindo roupas limpas e macias, os forasteiros são conduzidos aos lugares mais aconchegantes e privilegiados das casas ou palácios, onde, dispostos sobre peles, perto do fogo ou de algum alpendre arejado (quando o tempo é de calor), são servidos com abundantes iguarias, geralmente as melhores que se podem obter: pães recém-assados, carnes abundantes (as de melhor qualidade e as melhores partes) e, é óbvio, o melhor vinho (o vinho doce, frisante, mesclado com água, como descreve Homero em inúmeras ocasiões), que reconforta a alma e alegra o coração. E, então, só depois de ter saciado seu desejo de comida e bebida é que, finalmente, o estrangeiro é instado a se apresentar e, se assim o desejar, dizer seu nome, sua origem, sua procedência e seu destino, assim como contar sobre suas aventuras, agruras, dores, sofrimentos e também suas experiências, descobertas, revelações e necessidades.

O ritual da hospitalidade apresenta um itinerário que revela uma procedente e respeitosa sabedoria do cuidado. Começando pelo corpo, os costumes e procedimentos abarcam todas as dimensões do ser; do mais externo ao mais interno, atendendo todas as necessidades vitais, desde o fisiológico ao psicológico, abarcando, por fim, a alma e o espírito do hóspede.

Dessa forma, a prática da hospitalidade acaba por se configurar na manifestação mais completa do amor, da caridade para com o próximo, seja no contexto homérico da *Odisseia*, seja em todos os outros contextos da história da humanidade, nos quais as condições desiguais entre os homens sempre exigirão o movimento de sensibilização e do acolhimento da parte do mais privilegiado em relação ao menos privilegiado.

Não é à toa, portanto, que, na tradição cristã, a imagem que melhor exemplifica o mandamento do amor é, justamente, aquela do Bom Samaritano: aquele viajante que, ao passar pelo homem jazente no caminho, assaltado, despojado, ferido e largado, cujos conterrâneos e compatriotas não quiseram socorrer, o nota, o socorre e, mesmo sendo representante do povo rival, o carrega e o cuida, dando todas as condições para o seu pleno estabelecimento, não poupando recursos nem esforços (Lc 10:25-37). Parábola especialmente escolhida pelo Mestre para responder ao legista quem seria o *próximo* mencionado no primeiro mandamento da Lei, a narrativa do Bom Samaritano sintetiza, no contexto da tradição judaico-cristã, a mesma verdade arquetípica presente no imaginário grego: não há nada mais excelente, nada que dignifique e eleve mais o ser humano, do que a atenção e o cuidado para com o seu próximo; para com o seu semelhante. Eis a imagem mais sublime daquilo que se pode chamar de beleza no domínio do humano.

No caminho do autoconhecimento e da autorrealização, a experiência do acolhimento e da hospitalidade apresenta-se, portanto, como algo obrigatório, essencial. É impossível que nos humanizemos e que realizemos nossa própria beleza sem haver, em algum momento, sido acolhidos e, da mesma forma, haver tido o privilégio de acolher. Acolher e ser acolhido é, pois, uma experiência indispensável no processo de humanização. Virtude viática de primeira grandeza, a hospitalidade exerce um papel formativo insubstituível, e, se prescindirmos dela, a obtenção da meta, seja ela qual for, se dará de maneira incompleta, falsa e vazia. Somente a experiência da hospitalidade pode nos educar satisfatoriamente para aquilo que é próprio do humano, para aquilo que nos assemelha aos deuses: a misericórdia, a atenção, a gentileza. Pois, em certo sentido, não podemos nos considerar propriamente humanos se não desenvolvermos essas três virtudes divinas, que não só nos assemelham aos deuses como nos dignificam, dignificando também aqueles a quem dirigimos nossa atenção.

Em sua viagem de regresso, Ulisses pôde experimentar em diversas ocasiões a bênção salvadora que os presentes da hospitalidade proporcionam. Desde o acolhimento dado por Calipso na ilha de Ogígia, quando ali chegou quase morto, até a hospedagem oferecida pelos piedosos e virtuosos Feáceos, que, além de o receberem tão bem, ainda providenciaram seu sonhado retorno para casa, é possível perceber quão fundamental é tal experiência para a realização da meta final, seja ela em sua dimensão teleológica, seja em sua dimensão existencial. Não fosse a misericórdia e a gentileza daqueles que o acolheram e hospedaram, Ulisses nunca teria chegado ao seu destino e, ao mesmo tempo, tampouco teria experimentado e aprendido aquilo que é essencial para o seu processo de humanização, de autorrealização. É por isso, portanto, que Ulisses não apenas reconhece a importância dessas pausas no caminho como ainda aprende a vivê-las e a valorizá-las na sua justa medida. Na *Odisseia* podemos aprender não só como se deve acolher e hospedar, mas também como se deve receber o acolhimento e a hospedagem.

É natural pensarmos que tanto Ulisses quanto Telêmaco, em suas respectivas viagens, tinham pressa e estavam ansiosos por atingir suas metas. Porém, é interessante verificar como, apesar disso, eles se deixam acolher, cuidar. Em um contexto em que o acolher e hospedar exigem, por parte do anfitrião, um ritual complexo e longo, pode-se imaginar que, para aquele que tem pressa, tal procedimento pudesse gerar certo desconforto e ansiedade. Mais uma vez aqui, entretanto, a narrativa homérica apresenta uma lição fundamental: Ulisses e Telêmaco demonstram uma atitude apropriada ao não se negarem e tampouco se inquietarem diante de todo o itinerário processual do acolhimento dado por seus anfitriões. Itinerário esse que poderia abarcar muitos dias. Tomando como base a vida contemporânea, marcada pela pressa e pela ansiedade, não deixa de ser curiosa e instrutiva a postura dos nossos heróis, que, sem nunca perderem de vista seus objetivos, não demonstram qualquer tipo de angústia e inquietação, participando de todo o ritual de hospedagem de forma calma, serena e, principalmente, ativa.

Entre os Feáceos, Ulisses não só passa mais de uma noite contando sua longa história como ainda assiste a vários banquetes, espetáculos de dança e até a um certame de jogos olímpicos. É somente quando percebe a total realização e demonstração dos presentes da hospitalidade segundo a medida do anfitrião que o astuto Ulisses insta o seu desejado retorno.

Da mesma forma, Telêmaco, depois de passar muitos dias na corte do espartano Menelau, permitindo-lhe fazer as mais excelentes mostras de generosidade e gentileza, só comunica a este sua intenção de partir o mais rápido possível depois de ser advertido pela deusa Atena da urgência da sua presença em Ítaca. Menelau, demonstrando grande sabedoria no que se refere à justa medida da lei da hospitalidade, afirma então:

> Telêmaco, não serei eu a reter-te aqui por mais tempo,
> se desejas regressar; censuro antes o homem que,
> como anfitrião, ama os hóspedes em demasia, ou então
> em demasia os odeia; o melhor em tudo é a moderação.
> Fica igualmente mal incitar a partir um hóspede
> que não quer regressar, como reter quem deseja partir.
> Deve estimar-se o hóspede quando está presente,
> e mandá-lo embora quando quer partir. (XV, 70-77)

A justa medida, a moderação, fundamento e essência de toda virtude que regula aquilo que é próprio do humano, aparece aqui, mais uma vez, como norma de equilíbrio da mais excelsa das atitudes humanas: a hospitalidade.

Saber acolher e saber ser acolhido, na justa medida: eis uma das lições mais importantes e necessárias em nosso propósito de reencontrar aquilo que é próprio do humano.

Como se não bastasse nossa quase instransponível dificuldade em acolher, hospedar e cuidar do nosso semelhante, nos damos conta, ao ler e refletir sobre uma narrativa como a *Odisseia*, que também não sabemos mais como receber o acolhimento e o cuidado. Isso não só porque estamos sempre com pressa (e não nos permitimos mais viver e gozar as pausas e os descansos que a vida nos oferece) como também porque tememos ficar em dívida com os outros.

Nos tempos que correm, parece que não apenas perdemos a capacidade de sermos generosos e gentis como também não sabemos mais como receber a generosidade e a gentileza dos outros. Em um mundo em que a mais singela das ações ou o mais simples dos gestos é visto como uma mercadoria, um elemento de troca (sempre associado a um preço ou a um interesse), receber os presentes da hospitalidade é algo que nos compromete, que nos obriga. É por isso que tantas vezes nos sentimos mal, incomodados por sermos tratados com generosidade e gentileza gratuitamente, sem exigência de contrapartida. E assim, portanto, o melhor é não permitir ou até impedir que tal situação aconteça. Gostamos de ser acolhidos e bem tratados, desde que estejamos pagando por isso, ou então, pelo menos, que tal "serviço" nos esteja sendo ofertado por uma "promoção" ou como um caso de *seeding* ou "recebidos".

Perdemos, de forma assustadora, a sabedoria e a capacidade de acolher e ser acolhido; de hospedar e ser hospedado; de cuidar e ser cuidado. E, com isso, perdemos uma oportunidade insubstituível de humanizar e ser humanizado. Que essa lição sobre a hospitalidade oferecida pela *Odisseia* nos ajude a perceber isso e nos inspire na procura por uma mudança de atitude, sem a qual, efetivamente, corremos o sério risco de nos perdermos pelo caminho.

Décima lição:

É próprio do humano ser celebrativo

Na Terceira Lição desta odisseia sobre o que é próprio do humano apresentei a você, leitor(a), a história do *homem ridículo*, aquele personagem tão fantástico, desconcertante e simbólico de Fiódor Dostoiévski. Você deve se lembrar de que esse sujeito cético e hipercerebral se salvou do suicídio por causa de uma menininha que despertou seu coração — a razão do coração — e que lhe fez ver a Verdade por meio de um sonho — o sonho do coração. Vimos, então, como a experiência daquele sonho o transformou por completo, na medida em que ampliou sua percepção da realidade. Naquela altura, entretanto, não adentramos mais profundamente no conteúdo do seu sonho, descrevendo o que nele *viu* o homem ridículo. Pois bem, querido leitor e querida leitora, nesta Décima Lição chegou a hora de revelar o *sonho do homem ridículo*, pois uma parte importante da Verdade que ele *viu* e *experimentou* naquele sonho diz respeito diretamente à verdade que neste momento cabe revelar; verdade esta fundamental para nossa caminhada de autoconhecimento e autorrealização.

No relato de seu sonho, o homem ridículo de Dostoiévski nos conta que, tomando a arma que estava em cima da sua miserável mesinha, disparou um tiro contra seu coração — contrariando seu plano consciente de atirar junto da têmpora direita. Caído no chão com o peito furado, o homem ridículo se surpreende com o fato de que, apesar de morto, ainda está consciente, já que ele havia "decidido" que uma vez morto tudo morreria com ele, e tanto ele como todo o resto deixaria necessariamente de existir.

No entanto, em seu sonho revelador da Verdade, as coisas não se passam como ele imaginava:

> Dor eu não senti, mas me pareceu que com o meu tiro tudo em mim estremeceu e tudo de repente se apagou, e ao meu redor tudo se tornou horrivelmente negro. Eu fiquei como que cego e mudo, e eis que estou deitado sobre algo duro, todo estirado, de costas, não vejo nada e não posso fazer o menor movimento. Ao redor andam e gritam [...] e de repente mais um intervalo, e eis que já me carregam num caixão fechado. E sinto o caixão balançar, e raciocino sobre isso, e de repente pela primeira vez me assalta a ideia de que eu, afinal, estou morto, completamente morto, sei disso e não duvido, não enxergo e não me movo, e, no entanto, sinto e raciocino. Mas logo me conformo com isso e, como de hábito nos sonhos, aceito a realidade sem discussão.[1]

No momento seguinte, o homem ridículo já se encontra enterrado, imóvel e preso no exíguo caixão, sem esperar mais nada, "aceitando sem discussão que um morto nada tem a esperar".[2] Porém, algum tempo depois, quando, por uma pequena fresta da tampa do caixão, começa a pingar insistentemente, de um em um minuto, uma gota de água em seu olho esquerdo fechado, "uma indignação profunda acendeu-se de repente" em seu coração e então o homem ridículo começa a clamar:

> Não com a voz, já que estava inerte, mas com todo o meu ser, ao senhor de tudo o que acontecia comigo:
>
> — Seja você quem for, mas se você é, e se existe alguma coisa mais racional do que o que está acontecendo agora, então permita a ela que seja aqui também. Se você se vinga de mim pelo meu suicídio insensato com a hediondez e o absurdo da continuação da existência, saiba que nunca

---

1 DOSTOIÉVSKI, Fiódor. "O sonho do homem ridículo". In: ______. *Duas narrativas fantásticas*. Tradução Vadim Nikitin. São Paulo: Editora 34, 2003, p. 103-104.
2 Ibidem, p. 104.

> nenhum tormento que eu venha a sofrer vai se comparar ao desprezo que eu vou sentir calado, nem que seja durante milhões de anos de tortura!...[3]

Assim clamava o homem ridículo em seu sonho. Mas, depois de clamar, ele se calou. Calou-se e esperou, sabendo e acreditando "imensa e inabalavelmente" que logo, "sem falta tudo mudaria". E, de fato, depois de "quase um minuto de silêncio profundo", em que "outra gota chegou a cair", eis que seu caixão "se rompeu". Sem poder dizer ao certo se ele "foi aberto ou desenterrado", o fato é que logo em seguida o homem ridículo foi "pego por alguma criatura escura e desconhecida" que o levou para o espaço.

A partir de então, sempre sustentado por essa criatura misteriosa, nosso homem ridículo inicia uma longa e vertiginosa viagem pelo espaço, afastando-se a toda velocidade da Terra. E, depois de percorrer uma distância incomensurável, eis que avista, surpreso e extasiado, a Terra; mas não a mesma Terra onde havia vivido e morrido (a "nossa terra"), e sim uma espécie de réplica, uma "repetição estranha e familiar" ao mesmo tempo. Deixado então pela criatura fantástica, o homem ridículo se vê nessa "outra terra", sob uma "luz radiante de um dia ensolarado e encantador como o paraíso".

> Eu me achava — conta nosso narrador — ao que parecia, numa daquelas ilhas que formam na nossa terra o Arquipélago Grego, ou em algum lugar na costa do continente vizinho a esse Arquipélago. Ah, tudo era exatamente como na nossa terra, mas parecia que por toda parte rebrilhava uma espécie de festa e um triunfo grandioso, santo, enfim alcançado. Um carinhoso mar de esmeralda batia tranquilo nas margens e as beijava com um amor declarado, visível, quase consciente. Árvores altas, belíssimas, erguiam-se com toda a exuberância das suas floradas, e as suas inumeráveis folhinhas, estou certo disso, me saudavam com um farfalhar tranquilo e carinhoso, e como que pronunciavam palavras de amor.[4]

---

3 Ibidem, p. 104-105.
4 Ibidem, p. 108.

E nesse cenário idílico, comparável àqueles descritos por Homero ao se referir às ilhas das ninfas ou à terra dos divinos Feáceos, o homem ridículo encontra os habitantes daquela "terra feliz": seres humanos que, em harmonia com toda a natureza que lá existe, são também belos; belos como "filhos do seu próprio sol". Essa "gente feliz", que vive nessa terra "não profanada pelo pecado original", de cujos olhos reluz um brilho límpido e puro, próprio apenas das crianças muito pequenas em nosso mundo, "rindo alegremente", se achega então ao nosso homem ridículo e o acolhe, com uma doçura e uma gentileza ímpares, procurando apaziguar todo o seu sofrimento.

Foi a partir do encontro com essa "gente feliz" que o homem ridículo começa a *ver* e *entender* aquela Verdade que o salvaria e mudaria sua vida para sempre.

Sendo um — como ele mesmo se define — "moderno progressista russo e um petersburguês sórdido",[5] o homem ridículo confessa que, apesar de haver entendido que aquela gente é — como os povos míticos descritos pelas "lendas de toda humanidade" — ainda intocada pela maldade e pelo pecado original, tem muita dificuldade para compreender a sua maneira de viver e de conceber a vida. Principalmente o fato de eles não possuírem a "nossa ciência".

> Mas logo entendi — ponderava — que a sua sabedoria se completava e se nutria de percepções diferentes das que temos na nossa terra, e que os seus anseios eram também completamente diferentes. Eles não desejavam nada e eram serenos, não ansiavam pelo conhecimento da vida como nós ansiamos por tomar consciência dela, porque a sua vida era plena. Mas a sua sabedoria era mais profunda e mais elevada que a nossa ciência; uma vez que a nossa ciência busca explicar o que é a vida, ela mesma anseia por tomar consciência da vida para ensinar os outros a viver; ao passo que

5 Ibidem, p. 111.

> eles, mesmo sem ciência, sabiam como viver, e isso eu entendi, mas não conseguia entender a sua sabedoria.[6]

E essa *sabedoria de vida* tão diferente da "nossa ciência" e, ao mesmo tempo, "mais profunda e mais elevada" consiste em uma *atitude celebrativa da vida*. Eis o que, para esse "moderno" e "progressista" homem ridículo, é tão difícil de compreender e mesmo aceitar.

Essa gente, em vez de procurar antes *compreender cientificamente a vida* para então *vivê-la*, como foi ensinado a acreditar o nosso homem ridículo (e, diga-se de passagem, todos nós, homens e mulheres "modernos" e "progressistas"), essa gente *simplesmente vivia a vida*, sem se preocupar em *compreendê-la* ou *defini-la cientificamente*. Para aquela "gente feliz" que habitava a *terra sem males* do sonho do homem ridículo, a vida não era para ser *compreendida* ou *definida*, mas sim para ser *vivida* e *celebrada*.

> Eram travessos e alegres como crianças. Erravam por seus lindos bosques e florestas, cantavam as suas lindas cantigas, alimentavam-se com a comida frugal que lhes davam as suas árvores, com o mel das suas florestas e com o leite dos seus animais, que os amavam. Para obter a sua comida e a sua roupa, trabalhavam muito pouco, sem esforço. [...] À noite, recolhendo-se para dormir, gostavam de formar coros afinados e harmoniosos. Nas suas cantigas transmitiam todas as sensações que lhes proporcionara o dia que findava, celebravam-no e se despediam dele. Celebravam a natureza, a terra, o mar, as florestas. Gostavam de compor canções uns para os outros e elogiavam-se uns aos outros, como crianças; eram as mais simples cantigas, mas fluíam do coração e penetravam no coração. E não só nas cantigas, mas, ao que parecia, levavam toda a sua vida apenas a se deleitarem uns com os outros.[7]

---

6 Ibidem.

7 Ibidem, p. 113-114.

Nenhum desejo de acumular, de garantir, de guardar e, portanto, nenhum motivo para desconfiar, temer. Não havendo nada para perder, tampouco há para ganhar, já que tudo o que se tem é dado de graça pela natureza, fazendo com que a lógica da convivência seja não a de lutar, mas a de ceder, presentear e agradecer.

Nessa "outra terra" do sonho do homem ridículo a vida não se resume à luta pela sobrevivência — na guerra de todos contra todos em meio a uma natureza hostil, inimiga —, mas consiste no jogo de acolher, agradecer e celebrar cada dia, desde o nascer ao pôr do sol, traduzindo a alegria de estar vivo por meio de poemas e canções — na brincadeira de todos com todos em meio a uma natureza benfazeja e amiga.

Essa *revelação mítica* e *onírica* que o "sórdido petersburguês" experimenta em seu sonho, que, evidentemente, remete justamente à dimensão mítica e onírica da realidade, algo portanto "impossível" e "irrealizável" em "nossa terra", ao invés de desestimulá-lo e desencantá-lo (como era de esperar), produz, curiosamente, o efeito contrário. A experiência vivida pelo homem ridículo em seu sonho o faz concluir, surpreendentemente, que é *essa vida verdadeira*; *a vida que deve ser vivida.*

A consciência da vida não pode ser superior à vida; o conhecimento das leis da felicidade não pode ser superior à felicidade, como acredita e prega a mentalidade "progressista" e "científica" da Modernidade. "É contra isso que é preciso lutar!"[8] — conclui o homem ridículo de Dostoiévski. E se, em um primeiro momento, a constatação e a conclusão do ridículo sonhador possa parecer mero delírio de uma mente doentia que encontrou na fantasia onírica uma maneira de se reencaixar no mundo e enfrentar a cruel realidade da vida, ele mesmo, consciente disso, esclarece que sua "loucura" é, na verdade, excesso de lucidez. Um excesso de lucidez que só pode advir mesmo da *experiência do coração*, que ultrapassa os limites estreitos da *razão algorítmica e euclidiana* e que, na sua pretensão de dominar e definir a

8 Ibidem, p. 123

realidade, acaba por comprometer a verdade. O homem ridículo é consciente de que essa verdade que ele viu, ele a viu em um sonho e que um sonho, na concepção dos homens "modernos" e "progressistas", não passa de uma percepção irracional, subjetiva e, portanto, sem valor de conhecimento. Entretanto, fazendo eco à sabedoria dos poetas e sonhadores de todos os tempos, o homem ridículo responde aos seus céticos interlocutores: "mas e a nossa vida não é um sonho?".[9]

A partir da experiência do sonho, o homem ridículo fica convencido de que, por mais que nos esforcemos por descobrir a *ciência da vida* e as *leis da felicidade*, tal conhecimento nunca poderá efetivamente nos *ensinar a viver e a ser felizes*, pois a Verdade é que *o saber viver* só se aprende *vivendo* e que o *segredo da felicidade* está em *aceitar a vida como dom, como graça.* E, dessa forma, a *verdadeira maneira de vivê-la é viver celebrando; viver na celebração.*

"Não importa que isso nunca se realize", assevera sensatamente o lúcido homem ridículo. "Não importa que isso nunca se realize e que não haja o paraíso (já isso eu entendo!)"; o que importa é continuar acreditando e continuar tentando, ainda que se erre, que se esqueça, que se desvie, uma e outra vez. "E, no entanto, é tão simples: num dia qualquer, *numa hora qualquer* — tudo se acertaria de uma vez só!" E quando se acerta, quando se vive a vida dessa maneira, como *celebração*, não apenas se reconhece que essa é a melhor maneira de vivê-la, como também ela passa a ser nossa meta de vida, ainda que no momento seguinte a percamos, que a deixemos escapar.

Mas não importa. Não importa que não seja possível resgatar o paraíso na Terra, pois, afinal, isso não depende de nós, homens. O que é próprio do humano não é instaurar o paraíso, mas sim buscar viver, da melhor forma possível, a vida como dom, como graça; vivê-la como algo não a

9 Ibidem. A referência mais direta e imediata aqui parece ser a famosa peça do dramaturgo espanhol do século XVII Calderón de la Barca. *A vida é sonho*. São Paulo: Hedra, 2007.

ser *adquirido*, *definido* e *dominado*, mas como algo a ser simplesmente *vivido e celebrado*.

É essa descoberta que encherá o cético e desesperado homem ridículo de uma nova força e esperança. Ao despertar do seu sonho, ele abandona imediatamente a ideia de suicídio e, sem mais se preocupar se os outros o acham ridículo ou mesmo louco, dispõe-se a "pregar" essa "nova verdade", que em realidade seria a mais antiga de todas: "que as pessoas podem ser belas e felizes, sem perder a capacidade de viver na terra"; que a vida não precisa ser algo sórdido e sem sentido; uma luta triste e cruel pela sobrevivência e pelo domínio sobre os outros e a natureza, mas que ela pode ser algo belo e luminoso, algo para ser vivido e celebrado, na fraternidade entre os homens e em harmonia com a natureza.

Mas deixemos, por enquanto, nosso querido homem ridículo (que, aliás, convertido por seu sonho, não apenas se põe a "pregar" a nova e antiga Verdade, mas também a procurar pela menininha que, afinal, ele nos revela haver encontrado!) e voltemos para nosso querido Ulisses, para ver o que a *Odisseia* de Homero e outras obras nos têm a ensinar sobre a *celebração*; sobre o *viver a vida como algo a ser celebrado*.

A Verdade que o "moderno" e "progressista" homem ridículo de Dostoiévski só pôde acessar por meio de uma experiência interpelativa e disruptiva, que, no meio de uma terrível crise existencial, lhe franqueou a dimensão mais profunda do seu ser, era, entretanto, uma Verdade bem mais acessível e familiar para o "arcaico" e "atrasado" homem homérico. Para este, efetivamente, a *celebração* não apenas se apresentava como a dimensão mais *excelsa* da vida, como era a *experiência* que dava *sentido* à existência.

O próprio Ulisses, quando acolhido pelos Feáceos, que promovem uma celebração em sua homenagem, assim expressa essa Verdade:

> Pois afirmo que não há na vida finalidade mais bela
> do que quando a alegria domina todo o povo,
> e os convivas no palácio ouvem o aedo sentados

em filas; junto deles estão mesas repletas
de pão e de carnes; e o escanção tira vinha puro
do vaso onde o misturou, e serve-o a todos em taças.
É isto que parece a melhor coisa de todas. (IX, 5-10)

Eis, portanto, a *finalidade mais bela da vida*, a "melhor coisa de todas": a *celebração*; ou seja, o momento em que, estabelecendo-se uma pausa nos trabalhos e nas lutas da vida, "todo o povo", homens e mulheres reunidos, sentam-se para comer e beber juntos, e juntos ouvirem histórias e canções cantadas pelos aedos, alimentando assim corpo e espírito; refazendo as forças para continuar seguindo na jornada da vida.

Originalmente, no mundo antigo, o *tempo da celebração* marcava o término do ciclo agrícola; o tempo da colheita; o tempo de recolher os frutos dados pela terra com a bênção dos deuses. Tempo, portanto, de cessar os trabalhos e desfrutar dos dons, daí a associação da celebração com a pausa, com o descanso, mas também com a fartura, com o banquete; a refeição farta, na qual a presença do vinho inebriante era obrigatória.

Concomitantemente, o tempo de celebração era também um tempo de agradecimento e de rememoração — comemorar é sinônimo de celebrar e remete à ideia de *lembrar com*. Reconhece-se o esforço do trabalho humano, mas, ao mesmo tempo, agradece-se a ajuda divina, sem a qual toda a labuta seria infrutífera.

Palavra latina que deriva do grego *kárā* (*κăρᾰ*), *celebratio* se relaciona tanto com a ideia de algo frequente, constante, quanto com a *cabeça*, a *cara*, o que remete à imagem de término, finalização — *capo*. Nesse sentido, como aponta Byung-Chul Han, "a palavra *celebração* destaca a ideia de um objetivo para o qual nos encaminhamos".[10] Ela marca, portanto,

10 HAN, Byung-Chul. *Sociedade do cansaço*. Tradução Enio P. Giachini. Petrópolis: Vozes, 2020, p. 109.

a realização de uma meta, a culminância de um processo, o término de uma jornada. É por isso que no cristianismo, por exemplo, a ideia de salvação está intrinsecamente ligada à imagem do banquete: a *celebração* do encontro da alma com Cristo no Reino de Deus. E, seguindo essa mesma lógica, a própria *Odisseia*, em seu sentido mais essencial, constitui-se em uma grande narrativa sobre a celebração, pois toda a sua trama aponta para um objetivo culminante a ser celebrado: o retorno a Ítaca.

Ainda que de forma estrita se possa dizer que a celebração na *Odisseia* se realize apenas no fim da história, depois do retorno de Ulisses, a subsequente punição dos pretendentes e a restauração da ordem e da justiça, a *experiência celebrativa*, entretanto, permeia toda a narrativa. Como já referimos, são muitos os episódios em que tanto Ulisses quanto Telêmaco encontram-se em *atitude celebrativa*: participando de banquetes, comendo, bebendo, ouvindo cantos e histórias, assistindo a espetáculos de música, dança, jogos. A *celebração* na *Odisseia* não se restringe ao seu fim, mas está presente em toda a sua extensão, ao longo de todo o caminho.

Tal característica se relaciona com esse outro significado do vocábulo latino que apontamos há pouco e que remete à ideia de frequência, constância. Concomitante com o sentido de culminância e de cumprimento de um fim, de um objetivo, a palavra *celebração* contém a noção de ciclo, de repetição. Assim, para além da perspectiva teleológica, a *atitude celebrativa da vida* identifica-se com a dimensão viática da existência. Não é só em seu fim que a vida deve ser celebrada, mas também ao longo do caminho, no seu *ser sendo*. Essa perspectiva cíclica ou viática da celebração da vida pode ser identificada claramente, por exemplo, na noção *sabática* da visão judaica da existência. Havendo Deus, de acordo com o texto do Gênesis (1:1-31), criado o mundo em seis dias, no sétimo descansou. Esse dia de descanso foi então instituído como um *dia de celebração* — um dia em que todas as atividades laborais deveriam cessar para que as criaturas pudessem *celebrar* a criação e louvar o criador, agradecendo-o.[11]

Como já apontamos diversas vezes, na *Odisseia* Ulisses tem sempre a ideia do regresso como norte e meta; para ele o sonho da celebração se identifica fundamentalmente com o retorno. Isso não impede, entretanto, que Ulisses viva a celebração frequentemente, em diversos momentos da sua jornada — o mesmo acontecendo com Telêmaco, em sua jornada de iniciação. Ora, tal recorrência episódica reforça e demarca — volto a insistir — a perspectiva essencialmente *celebrativa* que desponta como elemento constitutivo daquilo que é próprio do humano na visão homérica. Para Homero, portanto, o ser humano é um *ser celebrativo por excelência*. Não é à toa, então, que o próprio Ulisses considere o ato de celebrar, no sentido de festejar, comemorar, como a *finalidade mais bela da vida*; como "a melhor coisa de todas".

Segundo Byung-Chul Han, "a festa (outro sinônimo de celebração) é o evento onde estamos junto com os deuses, onde inclusive nós próprios nos tornamos divinos".[12]

> Os deuses — prossegue o filósofo — se alegram quando os seres humanos jogam e brincam; os seres humanos jogam e brincam para os deuses. Se vivemos numa época sem festa, se vivemos uma época desprovida de celebrações, já não temos mais qualquer relação com o divino.[13]

---

11 Ainda de acordo com o relato do Gênesis, antes do pecado original e da queda, Adão e Eva, tal como a "gente feliz" da "outra terra" do *Sonho do homem ridículo*, não tinham necessidade de trabalhar para sobreviver, fazendo com que a existência se identificasse plenamente com a celebração. Depois da queda, entretanto, o trabalho se torna uma necessidade, porém a Lei Divina determinou que, dentre os sete dias do ciclo semanal (que corresponde ao ciclo lunar), um deles, o sábado, fosse especialmente dedicado ao descanso e à celebração, remetendo assim não apenas ao ciclo da criação divina, mas também à condição essencialmente celebrativa que seria própria do humano.

12 HAN, Byung-Chul. *Sociedade do cansaço*, op. cit., p. 111.

13 Ibidem.

E, citando Platão, no *Nomoi* (*As leis*), assevera:

> O homem foi feito para ser um brinquedo de Deus, e isso é realmente o melhor que há nele. Assim, pois, cada um, tanto um varão quanto uma mulher, seguindo essa instrução e jogando os mais belos jogos deve viver a vida. Deve-se viver brincando e jogando, fazendo oferendas, cantando e dançando, para poder despertar a graça dos deuses.[14]

A perda do caráter celebrativo da vida apresenta-se, portanto, como um dos sinais mais eloquentes da nossa desumanização. Afinal, se é justamente a festa, a celebração, o que mais nos aproxima dos deuses e, logo, aquilo que mais nos torna humanos, o viver "numa época desprovida de festividade, numa época sem celebração", sinaliza quão desencaminhados estamos; quão distantes dos deuses e distantes da nossa própria humanidade andamos.

> Por toda parte onde trabalhamos e produzimos não estamos junto aos deuses nem tampouco somos divinos. Os deuses nada produzem. Eles tampouco trabalham. Talvez devêssemos reconquistar aquela divindade, aquela festividade divina, em vez de continuarmos sendo escravos do trabalho e do desempenho. Deveríamos reconhecer que hoje perdemos aquela festividade, aquele tempo de celebração na medida em que absolutizamos trabalho, desempenho e produção. O tempo de trabalho que hoje está se universalizando destrói aquela época celebrativa como tempo de festa.[15]

Como já apontamos logo no Preâmbulo desta nossa odisseia e reforçamos principalmente na Oitava Lição, quando falávamos da importância da experiência contemplativa como algo próprio do humano, a dinâmica ativista e produtivista que passou a imperar a partir da Era Moderna tem

14 Ibidem.
15 Ibidem, p. 112.

contribuído fortemente para a mecanização da vida humana, fazendo com que deixemos de *estar com os deuses* e nos *assemelhemos* a eles, para passar a estar com as máquinas e, assim, não apenas nos assemelhemos a elas, como inclusive nos tornemos apêndices delas. A sincronização do nosso tempo com o tempo da máquina, dos sistemas eletrônicos e da inteligência artificial, dentro de uma lógica essencialmente produtivista, de *performance*, tem empobrecido e esvaziado o tempo da *experiência* humana, expropriando-nos assim da vivência da celebração.

> Hoje em dia — pondera ainda Byung-Chul Han, em sua lúcida e primorosa análise da contemporaneidade — o tempo de celebração desapareceu totalmente em prol do tempo do trabalho, que acabou se tornando totalitário. A própria pausa se conserva implícita no tempo de trabalho. Ela serve apenas para nos recuperar do trabalho, para poder continuar funcionando.[16]

Perdendo radicalmente a semelhança com os deuses e tornando-nos cada vez mais semelhantes às máquinas e aos sistemas que nós mesmos criamos, deixamos de *viver* para passar a *operar*. Apresentando, no ambiente laboral e nas redes sociais, uma imagem de aparente força, saúde e alta *performance*, por detrás dos currículos, perfis e selfies encontramos, na verdade, almas doentes e espíritos empequenecidos, mais semelhantes aos zumbis dos filmes e das séries que proliferam nos streamings do que aos deuses e heróis da literatura clássica.

O esvaziamento e a expropriação da experiência da celebração nos tempos que correm determinam o esvaziamento e a expropriação daquilo que é próprio do humano; daquilo que é a "finalidade mais bela" da vida; daquilo que é "a melhor de todas as coisas" da vida. Não é à toa, portanto, que hoje, ainda que insistamos em passar uma imagem de vigor e saúde, nos

---

16 Ibidem, p. 113.

encontremos severamente enfermos. Na atualidade, o homem ridículo de Dostoiévski (antes da *revelação* de seu sonho), sem deixar de ser ridículo, passou a ser doente; ridiculamente doente. Resgatar o sentido celebrativo da vida, viver a celebração na experiência do caminho da vida, apresenta-se, portanto, como algo essencial para resgatarmos nossa humanidade e nossa própria saúde existencial.

Celebração é pausa, descanso, descontração; mas é também tempo de jogo, de brincadeira, de desfrute, de satisfação e de agradecimento. A celebração é a experiência que, ao reproduzir, em certa medida, a vida dos deuses, preenche nossa vida de sentido e felicidade, conectando-nos com o plano divino da criação. Não é à toa, portanto, que na diversidade de suas manifestações a imagem do banquete apareça como aquela que mais a identifique e a simbolize. Celebrar é, antes de tudo, comer e beber na *justa medida*. Pois, se celebrar é experimentar a plenitude e o equilíbrio em sua completude, e sendo o ser humano corpo, alma e espírito, todas essas dimensões precisam necessariamente ser contempladas, começando pelo físico até atingir o metafísico.

Aprendemos na lição anterior que a hospitalidade deve seguir um rito que, começando pelo acolhimento e pelo cuidado do corpo, prossegue por atender às necessidades da alma e do espírito. Ora, em certo sentido, pode-se dizer que a hospitalidade é uma virtude preparatória e promotora da celebração. Ao buscar dar o melhor ao hóspede, o anfitrião deve propiciar e oferecer aquilo que de mais excelente pode haver na vida, que é a experiência da celebração. Nesse sentido, o anfitrião não apenas reconforta o corpo e o alimenta, mas deve fazê-lo a partir de uma perspectiva celebrativa. Não se trata apenas de comer e beber, mas de *celebrar* enquanto se come e se bebe, na *justa medida*.

Na *Odisseia*, tal dimensão eminentemente celebrativa da refeição apresenta-se de forma muito frequente e eloquente. No Canto IV, quando Telêmaco é recebido pelo divino Menelau, depois de passar por todo o ritual do banho e da unção com óleo perfumado, é conduzido para o cômodo mais excelso do palácio: a sala de banquetes. Ali, sentando-se em um lugar de honra, ao lado do próprio rei e da rainha Helena, Telêmaco é servido:

> Uma serva trouxe um jarro de ouro com água para mãos,
> um belo jarro de ouro, e água verteu numa bacia de prata.
> E junto deles colocou uma mesa polida.
> A venerável governanta veio trazer-lhes o pão,
> assim como iguarias abundantes de tudo quanto havia.
> O trinchador trouxe salvas com carnes variadas,
> e colocou junto deles belas taças douradas.
> Ao cumprimentá-los, assim lhes disse o loiro Menelau:
> "Alegrai-vos com a comida! Depois de terdes partilhado
> do jantar, perguntar-vos-emos quem sois dentre os homens.
> Pois em vós não se perdeu a linhagem dos progenitores,
> mas sois da raça daqueles que são reis, detentores de cetros.
> Nenhum homem vil poderia ter gerado filhos como vós."
> Assim falou; e com as mãos pegou no gordo lombo assado
> do boi e pô-lo diante deles, como sinal de grande honra.
> E eles lançaram mãos às iguarias que tinham à sua frente.
> Quando afastaram o desejo de comida e bebida,
> então falou Telêmaco... (IV, 52-69)

O banquete, elemento central e fundamental da celebração, apresenta-se, portanto, como ponto inicial e básico de toda experiência de comemoração. No rito da hospitalidade, o banquete é o momento do encontro, em que todos, anfitriões e hóspedes, familiares e convidados, sentam-se juntos à mesma mesa, comem da mesma comida e bebem da mesma bebida, *afastando* assim o "desejo de comida e bebida" e preparando a alma e o espírito para o que virá em seguida.

Compartilhando com as outras criaturas da natureza um corpo físico, que necessita de alimento sólido para sobreviver, os seres humanos estão associados com o mundo instintivo e biológico. À medida, entretanto, que vão se diferenciando, pelo desenvolvimento do espírito, no âmbito da inteligência e da linguagem, de seus congêneres animais, o ato de suprir suas necessidades físicas, traço inegável de união e identificação com tudo o que é mortal e físico, começa a se revestir de elementos explicitamente metafísicos, os quais estão associados com a cultura. O homem primitivo, que procura se diferenciar cada vez mais dos animais, vai ritualizando e tornando artístico o ato mais elementar, que é o de satisfazer sua necessidade e seu desejo de comida e bebida. A humanização da experiência do alimentar-se, não apenas na maneira de preparar os alimentos antes de ingeri-los (cozinhando-os, assando-os, estabelecendo combinações e harmonizações de diferentes ingredientes), mas também na forma de servi-los (em mesas e baixelas polidas, jarros de ouro etc.), parece ter a intenção de transformar o ato de comer, essa operação essencialmente animalesca, em um acontecimento de caráter divino; em algo que nos assemelhe mais aos deuses. Assim, transformamos o mais instintivo e elementar ato de comer e beber em *refeição*, em *banquete* — algo que é mais próprio dos deuses do que dos animais. Nesse sentido, é, portanto, próprio do humano transformar a satisfação de um simples desejo e necessidade de sobrevivência em um ritual complexo e sofisticado; algo que não apenas cumpre uma função física, mas também cultural e espiritual.[17]

Contrastando com a experiência animal que se reduz à pura necessidade de sobrevivência, o ato de comer transformado em *refeição*, em *experiência celebrativa*, diferencia-se também, por outro lado, do fenômeno mecânico e operativo que caracteriza o alimentar-se no mundo atual. Nos dias que correm, comer passou a ser uma operação técnica, similar ao abasteci-

---

17 Se no sentido mais literal a palavra *refeição* remete à ideia de refazer-se, de recuperar as forças físicas por meio da comida e da bebida, em uma dimensão simbólica, *refeição* pode ser relacionada com a noção de transformação existencial, de *re-fazer* o humano, transformando-o de um ser meramente físico e animal em uma criatura espiritual, de *feição* divina, semelhante aos deuses.

mento de uma máquina. Alimentamo-nos com a mesma perspectiva com que enchemos o tanque de nossos automóveis ou recarregamos a bateria do nossos celulares e laptops. Não é à toa, portanto, que o que melhor caracteriza nossa atual maneira de alimentarmo-nos seja justamente o fast food.[18] Na medida em que transformamos tempo em dinheiro e vida em produção, reduzimos a experiência humanizadora do comer em uma espécie de pit stop: um intervalo cada vez mais rápido em que nos reabastecemos e recarregamos as energias para continuar produzindo com o máximo de desempenho possível — isso quando não o fazemos em pleno funcionamento, seja trabalhando em frente ao celular ou computador, seja aproveitando o tempo da refeição para realizar reuniões (o famoso almoço de negócios). E se, mais recentemente, começamos a perceber que essa maneira *fast* e *junk* de nos alimentarmos acaba, a longo ou mesmo médio prazo, por comprometer nossa saúde e, portanto, nosso desempenho (o que tem nos levado a adotar métodos e alimentos mais saudáveis), isso não significa que estejamos, necessariamente, reumanizando o ato de comer. A dieta mais balanceada e saudável destes tempos hipermodernos, tão ciosa em equilibrar, de forma cientificamente precisa, tanto os devidos nutrientes quanto os devidos tempos, intervalos e condições, apresenta-se assim, em grande medida, muito mais como um meio aperfeiçoado de proporcionar maior rendimento e melhorar nossa *performance* do que propriamente de resgatar a dimensão celebrativa e, portanto, humanizadora da refeição. No império hegemônico da "saúde divinizada",[19] já não comemos alimentos, mas nos abastecemos de elementos; já não saboreamos a carne, o pão, o vinho, mas nos nutrimos de proteína, carboidratos e fibras. A alimentação saudável dos tempos atuais está muito mais comprometida com a lógica

18 Sobre esse fenômeno, remeto o leitor a um artigo meu intitulado "A desumanização do comer", publicado em *Estudos Avançados*, 2007, v. 21, p. 179-184. Disponível em: <https://doi.org/10.1590/S0103-40142007000200015>.
19 HAN, Byung-Chul. *Sociedade do cansaço*, op. cit., p. 108.

do desempenho e da *performance* mecânica do que com a experiência humana e celebrativa da vida.

No contexto da *Odisseia*, pelo contrário, o ato do comer e beber *na justa medida* abrange toda uma experiência que, sem deixar de cumprir o objetivo de nutrir e reabastecer as energias do corpo de maneira harmoniosa e saudável, transcende em muito essa dimensão meramente física e instrumental da alimentação. Experiência sensível, que convoca a participação ativa dos cinco sentidos, a refeição enquanto banquete, enquanto celebração, remete a uma realidade afetiva, sentimental, e projeta para uma dimensão efetivamente espiritual, tanto do ponto de vista coletivo quanto individual.

Modernamente, ainda no âmbito da literatura, essa forma de representar a celebração a partir da festa e do banquete, enquanto experiência física, psicológica e espiritual, aparece de maneira extremamente eloquente na pequena novela da escritora dinamarquesa Karen Blixen (1885-1962) intitulada "A festa de Babette".[20] Nessa singela narrativa, uma obscura cozinheira francesa chega como refugiada a uma longínqua aldeia do norte da Noruega, depois da derrocada das barricadas revolucionárias de 1871 em Paris. Acolhida por duas devotas senhoras, filhas do deão (pastor de linhagem luterana) daquela pequena comunidade, Babette, obrigada a deixar o passado para trás e adaptando-se com resiliência à vetusta e puritana realidade em que se insere, desaparece como fermento na massa e ali permanece, por muitos anos, com silenciosa e quase imperceptível ação, até que um golpe de sorte possibilita sua plena manifestação. Contemplada com um prêmio milionário da loteria francesa, Babette, como forma de agradecimento às suas patroas-anfitriãs, manifesta o desejo de oferecer um jantar por ocasião da comemoração do centenário do falecido deão,

20 BLIXEN, Karen. "A festa de Babette". In: ______. *Anedotas do destino*. Tradução C. de A. Leite. São Paulo: Cosac Naify, 2007.

inspiração moral e espiritual daquela já envelhecida e decadente comunidade. Apreensivas com o teor mundano e possivelmente pecaminoso que um jantar *à la française* evoca para aquelas puritanas de província, as boas irmãs, reconhecendo o entusiasmo e a generosidade da sempre humilde e serviçal Babette, não veem outro remédio senão aceitar a oferta e passam a acompanhar os preparativos do grande evento como se esperassem a realização de um sabá de bruxas. Advertindo a comunidade do que está por vir, estabelecem um "pacto de não sensação", de maneira que a participação no jantar não seja ocasião de queda e perdição.

Contrariando todas as expectativas, porém, o banquete de Babette, em vez de despertar as paixões e os instintos pecaminosos, proporciona uma experiência quase mística, que, envolvendo os sentidos, a inteligência e os sentimentos, opera uma verdadeira *metanoia espiritual* nos comensais. No saborear da sequência dos pratos, preparados com os mesmos ingredientes e procedimentos com que Babette os fazia no famoso *Café Anglais* (onde a misteriosa refugiada havia sido chef por longos anos, antes da revolução), harmonizados com vinhos absolutamente desconhecidos para aqueles aldeões das antípodas do mundo, vai se operando um verdadeiro milagre:

> Os convivas sentiam-se cada vez mais leves, e de espírito mais leve, quanto mais comiam e bebiam. Já não precisavam mais lembrar de sua promessa. Era, percebiam, quando o homem não só esquecia completamente, como também rejeitava firmemente toda ideia de alimento e bebida que ele comia e bebia no espírito certo.[21]

No contexto eminentemente celebrativo que caracteriza a *festa de Babette*, o comer e beber transcende a dimensão física e instintiva e, ultrapassando até a esfera do sensível e do inteligível, atinge e reverbera o domínio do coração, promovendo uma verdadeira *ampliação da esfera da presença do ser*. E, então,

21 Ibidem, p. 52.

aquele "bando de velhos taciturnos adquiriu o dom da glossolalia" — as línguas se soltaram e os ouvidos se abriram. Desavenças foram desfeitas, rancores foram suavizados e amargores foram adoçados. Aquilo que os sermões e as admoestações eclesiásticas foram incapazes de realizar, um jantar, um banquete *à la française* tornou realidade: "O próprio tempo fundiu-se na eternidade. Muito tempo depois da meia-noite as janelas da casa brilhavam como ouro e canções douradas fluíam da janela invernal."[22]

Exatamente como nas celebrações cantadas na *Odisseia* e em tantos outros poemas e narrativas ao longo da história, a experiência do *banquete*, da *refeição* na *festa de Babette*, é elemento propiciador de todo um processo que, satisfazendo amorosamente, na *justa medida*, as necessidades do corpo, desperta o apetite da alma e do espírito, recordando-lhes a natureza de sua fome. Afinal, assim como o corpo, a alma humana também tem fome; fome de vida. Não, porém, desta vida reduzida a um círculo vicioso de "desempenho", de produção e consumo, mas uma vida mais plena, experimentada como ciclo de experiência e celebração; uma vida marcada pelo reconhecimento dos dons e das graças que recebemos todos os dias e que, como a "gente feliz" do *sonho do homem ridículo*, precisam ser agradecidos e cantados; uma vida que, apesar das dores, sofrimentos e contrariedades, é sempre experiência, aprendizado e caminho em direção a casa; uma vida, enfim, que precisa ser celebrada, festejada, comida, bebida e cantada, em companhia dos outros — dos bem-amados e também dos estrangeiros, desconhecidos e mal-amados, que, afinal, são também nossos semelhantes.

A festa, a celebração, concretizada pelo banquete que satisfaz as necessidades do corpo e desperta as reais necessidades da alma, apresenta-se, portanto, como uma das experiências ou virtudes viáticas essenciais em nosso processo de humanização; de nos tornarmos bela e verdadeiramente humanos. Assim como Ulisses e Telêmaco, em suas respectivas jornadas,

---

22 Ibidem, p. 55.

necessitaram festejar e celebrar a vida, nós também precisamos, desesperadamente, da festa, da celebração — esse momento em que o *tempo se funde com a eternidade* —, para não sucumbirmos totalmente à mecanização; à redução da vida a uma jornada produtiva de alta *performance*.

Ao *ver* e *compreender*, no sonho do seu coração, o sentido *celebrativo da vida*, o homem ridículo de Dostoiévski mudou completamente sua maneira de viver, rompendo com os padrões destrutivos que o escravizavam antes do *sonho*. Realista, entretanto, esse homem sonhador sabia que viver segundo essa Verdade em *nossa terra* não só é difícil como impossível. Isso, no entanto, não o desestimulou, nem o deprimiu, mas, pelo contrário, lhe deu novas forças para continuar, acreditando que, mesmo que não se alcance, vale a pena tentar. O viver tentando, em si, já é uma forma de viver celebrando. Desfazendo-nos de qualquer tipo de idealismo pueril, precisamos encarar o desafio de resgatar o sentido celebrativo da vida, dentro das condições concretas que nos toca viver. Talvez, como o homem ridículo, não saibamos muito bem como fazer, porém não nos esqueçamos de como a literatura nos pode ajudar. E assim, como ele, poderemos continuar e, encontrando nossa menininha, prosseguir. Prosseguir e continuar, sempre, em direção à nossa meta, mas (como nos ensina Homero) sem nos esquecermos ou nos privarmos de, no meio do caminho, celebrar.

Décima primeira lição:

É próprio do humano saber conversar

Para praticamente todas as tradições míticas e religiosas da humanidade, o maior e mais grave pecado do ser humano é o pretender ser um deus: o esquecer-se de sua condição de criatura mortal e passar a pensar e agir como se fosse um criador imortal. Tal ilusão, tão comum entre os heróis da mitologia grega, era denominada *hybris* e remetia, como já comentamos em outras ocasiões, à ideia de *loucura*, de *desmedida*.

Na tradição judaico-cristã, essa mesma *pretensão* é vista como a fonte do pecado original: a serpente do Jardim do Éden oferece a Eva o fruto proibido da árvore do conhecimento do bem e do mal dizendo-lhe que, quando dele provassem (ela e seu marido, Adão), seus olhos se abririam e eles seriam, então, "como deuses" (Gn 3:5).

Na sistematização teológica do cristianismo, levada a cabo pelos Padres da Igreja a partir dos primeiros séculos da presente Era, esse *pecado original* tendeu a ser denominado soberba, do latim *soperbia*, que remete à ideia de *sopro*, de estar *inflado*, *inchado*: o ego humano dilatado de forma desmedida, na sua ilusão de ser *como um deus*.

Não espanta, portanto, que, diante de tão louco e grave pecado, corresponda um castigo proporcional: a "morte escarpada" ou a "humilhante loucura" para os heróis gregos; a "expulsão do paraíso" ou a "confusão da linguagem e a dispersão" (como no mito da torre de Babel) para os patriarcas hebreus.

Se nessas tradições, entretanto, o *querer ser um deus ou o próprio Deus* aparece como o interdito essencial, o *dever se assemelhar aos deuses ou a Deus* apresenta-se, paradoxalmente, como mandamento divino ou objetivo maior para os seres humanos. "Deveis ser perfeitos como o vosso Pai celeste é perfeito" — ensina Jesus segundo o Evangelho de São Mateus (5:48), retomando uma conhecida fórmula judaica que provém do Livro do Levítico (11:42; 19:2). E, na narrativa homérica — como já aprendemos —, é justamente a semelhança com os deuses aquela que faz, tanto de Ulisses quanto de Eumeu, o porqueiro, homens *divinos*, *excelentes* e, portanto, não só modelos do humano, como ainda *queridos* aos próprios deuses.

Assim, se a *pretensão* de ser e agir *como se fosse* um deus é princípio de toda desgraça e desumanização, o *esforço* de se *assemelhar* aos imortais, sem esquecer, por um instante sequer, a humilde condição de ser limitado e mortal, é o que se configura como verdadeiro caminho de humanização, de *realização da própria beleza.*

Aprendemos na lição anterior que é principalmente na *celebração* que os seres humanos se aproximam dos deuses e iniciam esse processo de *tornarem-se semelhantes* a eles, de se *divinizarem* — que, em última análise, se identifica, na perspectiva homérica, com a própria humanização. Vimos como a experiência da celebração, fundamentada na *festa*, no *banquete*, tem uma virtude disciplinadora dos instintos e das paixões e, ao mesmo tempo, despertadora da consciência e da razão. O *banquete*, absorvendo a necessidade biológica da alimentação, transforma e humaniza a operação instintiva e animal, propiciando, assim, a eclosão e a manifestação daquilo que é próprio do humano: o movimento do espírito, da inteligência, em forma de *logos*, de *palavra*.

Não é por acaso, portanto, que, na *Odisseia*, a expressão "afastado o desejo de comida e bebida começou a falar (ou começaram a falar)" aparece como um estribilho recorrente, que marca a transição entre as duas fases de toda e qualquer celebração: aquela da alimentação do corpo para aquela da alimentação da alma. Há nessa formulação o natural e empírico reconhecimento de que as necessidades do corpo precedem aquelas do espírito e, ao mesmo tempo, a percepção implícita da diferença radical entre homens e deuses; a consciência de que, ainda que chamados a *ser semelhantes aos deuses*, os humanos não deixam de ser seres limitados e mortais, como os animais com quem compartilham a matéria terrestre.

Quando Alcino, rei dos Feáceos, convoca os nobres do reino para o banquete de recepção do estranho recém-chegado, Ulisses, ele o faz apelando para o sentido da fé e piedade, implícito ao costume da hospitalidade, que, como vimos, parte da crença de que todo estrangeiro pode ser um enviado dos deuses imortais ou até mesmo um próprio. Ulisses, agradecendo cordialmente a acolhida e louvando a finura de sentimentos e valores dos Feáceos, apressa-se, entretanto, em rejeitar qualquer identificação de sua pessoa com um dos imortais e, para tanto, explicita sua condição de simples mortal, manifestando sua necessidade de comer e beber antes de começar a falar:

> Alcino, pensa antes noutra coisa! Pois não tenho
> semelhança com os imortais, que o vasto céu detêm,
> quer pelo corpo quer pela natureza, mas sim com os mortais.
> Quem conhecerdes entre os homens com maior fardo
> de desgraças, a esse me assemelho nos meus sofrimentos.
> E longamente eu vos poderia contar todos os males,
> todos os que por vontade divina eu tive de aguentar.
> No entanto, deixai-me jantar, apesar da minha tristeza.
> Pois nada existe de mais detestável do que o estômago,
> que à força obriga o homem a pensar em comida,
> mesmo quando oprimido com tristeza no espírito,
> como agora me sinto oprimido; mas de modo incessante
> me recorda o estômago a comida e a bebida, fazendo-me
> esquecer tudo o que sofri, exigindo que o encha. (VII, 208-221)

Esse reconhecimento realista e humilde por parte do *divino* Ulisses (que, como o Sancho Pança de *Dom Quixote*,[1] reconhece que com barriga vazia a alma não se sustém) denota a *justa* e *correta* atitude humana que fundamenta e propicia a *divinização* que daí decorre. Ou seja: só aquele que reconhece sua condição animal e mortal pode se divinizar sem correr o risco de *inflar*, de incorrer no detestável pecado da *soberba*, na loucura desmedida da *hybris*. Somente *afastando o desejo de comida e bebida*, necessidade básica e inalienável da dimensão animal do humano, é que este estará pronto para ser e agir de forma semelhante aos deuses; ou seja, fazendo uso da palavra.

É curioso ver como essa ideia a princípio tão arcaica aparece formulada de modo quase idêntico em uma narrativa de outro grego, nascido, porém, 2.600 anos depois de Homero. Falo aqui do romance de Nikos Kazantzákis, *Vida e proezas de Alexis Zorbás*,[2] publicado orginalmente em 1946.

Nessa história, o personagem narrador, um intelectual desencantado com a civilização moderna e o racionalismo ocidental, se refugia em uma praia agreste de uma parte ainda provinciana e "atrasada" da ilha de Creta e lá conhece um homem rude, tosco, mas extremamente sábio, experiente e vivaz: Alexis Zorbás. Homem amadurecido nas errâncias, encruzilhadas e aventuras da vida, Zorbás se transforma, ainda que involuntariamente, em mestre e mentor do cético e desiludido narrador, passando a lhe ensinar o *saber viver* e reconectando-o com aquilo que é próprio do humano.

Havendo herdado uma mina abandonada nas proximidades daquele pedaço esquecido de Creta, o narrador contrata Zorbás para organizar os trabalhos de recuperação da mina e, ao fim do dia, o espera, para que ele

---

1 CERVANTES, Miguel de. *O engenhoso fidalgo D. Quixote de la Mancha*. Primeiro Livro. Tradução S. Molina. 3ª ed. São Paulo: Editora 34, 2005.

2 KAZANTZÁKIS, Nikos. *Vida e proezas de Alexis Zorbás*. Tradução M. R. Donatello e S. Ricardino. 3ª ed. São Paulo: Grua, 2011.

acenda o fogo no barracão onde dormem e inicie assim "o ritual diário da comida e da conversa".[3]

> Naquela praia — conta o narrador — pela primeira vez, eu usufruía as delícias da comida. À noite, quando Zorbás acendia o fogo entre duas trempes e cozinhava, depois começávamos a comer e a bebericar, e a conversa ia se animando, eu sentia que a comida também é uma cerimônia da alma, e que a carne, o pão e o vinho são as matérias-primas de onde vem o espírito. [...]
> — Diga-me em que você transforma o alimento que come e eu direi quem você é — comentou ele [Zorbás] uma vez. — Alguns o transformam em gordura e excremento, outros o transformam em trabalho e disposição, e outros ainda, ouvi dizer que o transformam em deus. Então, há três tipos de homens. Eu, patrão, não sou dos piores; por outro lado, também não sou dos melhores: fico no meio. O alimento que eu como, transformo em trabalho e disposição. Ainda bem![4]

E, de fato, pode-se dizer que, em toda a história da literatura universal, é difícil encontrar um personagem com mais disposição para o trabalho e para proezas como Alexis Zorbás, mas, em sua sabedoria eminentemente empírica e concreta, Zorbás não percebe que, além de transformar o que come em trabalho e disposição, ele também, sem querer, se transforma e se *assemelha* a um deus, já que esse tosco Ulisses do século XX é, antes de tudo, um *grande contador de histórias*.

> Antes de comer e beber, à noite, depois da fadiga do trabalho, Zorbás não tinha disposição, para ele a conversa era maçante, suas palavras só saíam com saca-rolhas, seus gestos eram cansados e desajeitados. Mas assim que jogava carvão na máquina, como ele dizia, toda a fábrica entorpecida e sem corda do seu corpo animava-se, tomava impulso e começava a trabalhar.

---

3 Ibidem, p. 91.
4 Ibidem, p. 92.

Seus olhos acendiam-se, a memória carregava-se, os pés ganhavam asas e dançavam.[5]

Afastado o desejo de comida e bebida, enchido o estômago com *pão e carne* e *irrigado o coração com o rubro vinho*, Zorbás ascende, sua memória carrega-se, seus pés ganham asas e ele dança — *dança como um deus*; como aquele deus em que Nietzsche acreditava. Dança uma dança que é, segundo o próprio Zorbás, outra forma de narrar; uma maneira de contar uma história com o corpo, já que às vezes as palavras e os sons são insuficientes para expressar o que o coração transborda e quer comunicar.

Grande dançarino que conta histórias, Alexis Zorbás é a expressão emblemática daquela mesma verdade que a *Odisseia* transmite quando identifica o que é mais *excelente* e *divino* (semelhante aos deuses) no homem: sua capacidade de falar, de conversar, de contar histórias.

Na sua obra *A política*, Aristóteles define o ser humano como *zoon lógon ëchon* (animal dotado de palavra).[6] A palavra (*logos* em grego) é justamente aquilo que diferencia o homem dos outros animais e que o aproxima dos deuses. A palavra é não apenas instrumento de pensamento e de comunicação (aquilo que faz de nós seres políticos por excelência, continuando no raciocínio de Aristóteles) como é também matéria de expressão de sentimentos e de criação. "No princípio era o Verbo — afirma João Evangelista no início do seu livro — e o Verbo (*logos*, palavra) estava com Deus e o Verbo era Deus." (Jo 1:1) Ainda segundo João, "tudo foi feito por meio dele", do *Logos*, do Verbo. A Palavra, portanto, é a centelha divina, princípio de toda criação, que, comunicada ao ser humano, faz dele um *ente divino*, um *filho de Deus*, dotando-o dessa mesma capacidade criativa. Por

5 Ibidem.

6 ARISTÓTELES. *A política*. Tradução N. S. Chaves. Rio de Janeiro: Nova Fronteira, 2011, 1253a, 7-10.

meio do *Logos* o ser humano se torna um colaborador da Obra de Deus, um continuador do seu projeto criativo.

Já comentamos diversas vezes ao longo da nossa reflexão que o elemento que melhor caracteriza o herói da *Odisseia*, para além de toda sua força, destreza e beleza física (características identitárias dos heróis da *Ilíada*), é, justamente, sua *inteligência*. Manifestada comumente por meio de sua astúcia, a inteligência de Ulisses, enquanto *dom divino*, torna-se explícita, entretanto, quando este faz uso da palavra. O astucioso Ulisses, *o de mil ardis*, como vimos, é louvado e apreciado por deuses e homens por sua excepcional habilidade de contar histórias, sejam elas "verdadeiras ou mentirosas", reais ou inventadas.

Transcendendo sua dimensão instrumental e mesmo (aparentemente) moral, o domínio da palavra aparece, mais do que como uma habilidade, uma virtude de primeira ordem na *Odisseia*. Quando, no banquete oferecido pelos Feáceos, Ulisses é instado por Laodamante, filho de Alcino, a demonstrar sua destreza física em alguma modalidade dos jogos que em sua homenagem se celebravam, o sofrido herói declina, alegando que "no espírito" tinha "mais sofrimentos que contendas atléticas" (VIII, 154). Diante disso, faltando com a cortesia e claramente desrespeitando as regras da hospitalidade, um jovem companheiro de Laodamante, Euríalo, se põe a troçar de Ulisses de forma insolente, insinuando que sua recusa revela um espírito mais afeito ao conforto covarde de um mercador do que ao ímpeto corajoso de um atleta. Ulisses não se faz de rogado e, "fitando-o com sobrolho carregado", assim lhe responde:

> "Estrangeiro, não foram bonitas as tuas palavras. Pareces desvairado
> mas afinal é verdade que nem a todos os homens os deuses
> concederam os dons da beleza, compreensão e eloquência.
> Pois ao homem que é inferior pelo aspecto físico,

> beleza dão os deuses às suas palavras, de forma que outros
> o contemplam com prazer, porque fala sem hesitação,
> com doçura e pudor; e assim é preeminente entre o povo
> reunido, e na cidade todos fitam como se fosse um deus.
> Por seu lado, outro homem — um cuja beleza iguala a dos deuses:
> só que as palavras dele não foram coroadas com a grinalda da graça.
> É o teu caso, excepcional como és na beleza: pois nem um deus
> te faria mais belo que és. De inteligência porém és desprovido". (VIII, 166-178)

Sem desmerecer os dotes atléticos e estéticos do seu impertinente interlocutor, Ulisses, entretanto, de maneira hábil e incisiva, expõe a real ordem dos valores, demonstrando como, de todas as qualidades humanas, é a "compreensão e eloquência", a "fala sem hesitação, com doçura e pudor", aquela que mais aproxima e assemelha os homens dos deuses. Pois é a esse homem eloquente, mais até do que aquele que é superior em aspecto físico, a quem o povo fita "como se fosse um deus", reconhecendo na cidade a sua proeminência.

Na hierarquia dos dons e das qualidades humanas da *Odisseia*, portanto, é o domínio da fala (a eloquência) aquela que desponta como a mais *excelente* e *divina*, apresentando-se como a *beleza* em sua forma superior. O *falar na justa medida* iguala os homens aos deuses e dá àqueles um poder extraordinário, projetando-os não apenas como seres admiráveis, mas também imbuídos de autoridade no plano político e religioso. Não é por acaso, nesse sentido, que, junto aos reis, são os aedos (amálgama de poeta, músico e cantor) aqueles que, no contexto homérico, gozam da mais alta estima e proeminência.

Detendo-nos ainda nos cantos referentes à grande celebração que os Feáceos oferecem a Ulisses, um dos momentos mais importantes é justamente aquele marcado pela chegada de Demódoco, o aedo, o qual é trazido pela mão do arauto (mensageiro e ajudante de ordens) devido ao fato de ser cego. "Amado pela Musa", a privação da visão lhe havia sido amplamente compensada pelo dom "da inspiração e do canto", como nos informa Homero.[7]

Tangendo sua lira, Demódoco canta os feitos e sofrimentos daqueles que estiveram, por dez anos, lutando às portas de Troia, evocando os acontecimentos dos quais o próprio Ulisses tinha sido um dos protagonistas. Ao terminar, o herói de Ítaca, extremamente emocionado, pede que o escudeiro leve ao aedo uma bela e suculenta fatia de carne da mais nobre porção que lhe havia sido ofertada ao iniciar o banquete, como demonstração de seu apreço. "Pois — assevera Ulisses — entre todos os homens que estão na terra, os aedos granjeiam honra e reverência: a eles ensinou a Musa o canto porque estima a tribo dos aedos." (VIII, 480)

E na sequência, dirigindo-se diretamente ao *divino* aedo, diz:

> Demódoco, a ti louvo eu mais que a qualquer outro homem,
> quer tenha sido a Musa a ensinar-te, quer o próprio Apolo.
> É com grande propósito que cantas o destino dos Aqueus —
> tudo o que os Aqueus fizeram, sofreram e padeceram —
> como se lá tivesses estado ou o relato ouvido de outrem (VIII, 487-491).

Na perspectiva homérica, em que o ideal supremo de *excelência* está no equilíbrio perfeito entre *gesto* e *palavra*, tão importante quanto o *realizar* e o *vivenciar* as aventuras, os sofrimentos e as glórias da vida é o saber transformar o acontecido em *memória*, em *narrativa*. Por isso, tão importante quanto o herói — o homem guerreiro, de ação — é o aedo, aquele que eterniza e transmite o gesto heroico, sem o qual este perde todo o seu

---

7 Não foram poucos os comentaristas da *Odisseia*, desde a mais remota antiguidade, que afirmaram que Demódoco seria uma referência meta-autoral do próprio Homero em sua narrativa. Daí decorre, provavelmente, uma das únicas inferências biográficas sobre esse misterioso e célebre artista: a de que o autor da *Ilíada* e da *Odisseia* seria cego.

valor. De que adiantaria o mais belo gesto heroico se não fosse guardado e transmitido para as gerações vindouras como fonte de exemplo e inspiração, garantindo assim a continuidade do valor e da beleza na história da humanidade?

É por isso que Ulisses declara louvar o aedo "mais que a qualquer outro homem". Ele é cônscio de que pouco ou nada vale o gesto heroico se este não for devidamente celebrado e transmitido em forma de canto, de narrativa, de palavra.

Quando, no Canto V da *Odisseia*, Ulisses se encontra em perigo mortal devido ao naufrágio de sua jangada causado pela ira de Posêidon, mais do que temer a morte, nosso herói lamenta, naquele momento, o fato de perecer sem ter tido tempo e oportunidade de contar sua história, desde a saída de Troia até aquela trágica ocasião, comprometendo assim sua fama, seu legado:

> Quem me dera — ponderava Ulisses então com seu próprio coração — que
> com eles [com os companheiros de armas] tivesse eu perecido
> naquele dia em que contra mim investiam com brônzeas lanças
> os troianos, pelejando em torno de Aquiles já morto.
> Teria tido ritos fúnebres e minha fama teriam espalhado os Aqueus.
> Por uma morte deplorável é agora meu destino ser tomado. (V, 308-312)

Na concepção homérica, uma vida que vale a pena ser vivida (aquela que seria própria do humano) é aquela que vale a pena ser contada; aquela cuja beleza, realizada em gesto, pode e deve ser traduzida na beleza das palavras. A palavra, portanto, não só eterniza o gesto como o torna *famoso*, isto é, passível de ser espalhado, propagado, fazendo com que a vida tenha um Sentido — Sentido não apenas para aquele que a viveu e a vive, mas também para aqueles que escutam ou leem a sua história. Pois, como bem pontua Nancy Huston, em seu admirável ensaio *A espécie fabuladora*,[8] o ser humano é, essencialmente, um "ser de Sentido"; um animal que sabe que nasce e que vai morrer e que necessita, prementemente, dar um Sentido a esse "intervalo de tempo" ao qual chamamos de vida. E, para saciar essa "sede de Sentido", o ser humano, segundo Huston, produz, por meio da linguagem, narrativas; narrativas de si próprio para tentar reconciliar-se consigo mesmo (como o Riobaldo de *Grande sertão: veredas*); narrativas sobre outros como maneira de conhecer o humano e a si mesmo; narrativas sobre si e sobre outros como forma de transmitir conhecimento e sentido para outros da mesma *espécie fabuladora*. Para Huston, viver, no sentido *próprio do humano*, não pode ser reduzido à dimensão biológica da sobrevivência, mas, ao se caracterizar pela busca de Sentido da própria vida, se concretiza fundamentalmente no ato de narrar, de fabular, de transformar vida em história e história em vida.

Tal *perspectiva narrativa da vida* podemos encontrar de maneira emblemática no próprio Ulisses de Homero. O *astucioso* e *divino* Ulisses não apenas é aquele que vive e *realiza sua beleza* por meio de gestos e ações, mas é também aquele que procura dar sentido e transmitir sua história, seja pela *boa fama* a ser narrada pelos aedos do presente e do futuro, seja por sua *própria boca*, constituindo-se ele mesmo em aedo de sua história. Não é por acaso, portanto, que Homero escolhe narrar grande parte da *Odisseia* a partir do próprio Odisseu, ou seja, em discurso direto. O heroísmo de Ulisses se evidencia, assim, não só pelas aventuras que vivenciou, dos sofrimentos que padeceu e dos gestos que realizou, mas também pela forma como os narrou, com a mesma *graça* e *justa medida* de um aedo; aquele que é o mais *louvável dentre os homens*. O heroísmo de Ulisses complementa e ultrapassa a medida dos seus antecessores, porque, além de se mostrar forte, corajoso, destemido e astucioso, também se mostra *excelente* no domínio da fala, na destreza das palavras, na arte de narrar.

---

8 HUSTON, Nancy. *A espécie fabuladora: um breve estudo sobre a humanidade*. Tradução I. Heinberg. Porto Alegre: L&PM, 2010.

O herói de Homero é o exemplo mais apropriado do humano porque ele é, acima de tudo, um grande contador de histórias; um grande narrador.

Comentávamos há pouco o lugar da conversa no contexto da celebração, e, se (como aprendemos na lição anterior) a festa, o banquete se apresenta como a "finalidade mais bela" da vida, "a melhor coisa de todas", assim o é (vamos percebendo claramente agora), porque o comer e beber prepara o ouvir e contar. Depois de *afastado o desejo de comida e bebida*, o ser humano está pronto para *saciar* aquela *outra fome, a fome da alma e do espírito*, a *fome de Sentido*. É por isso, portanto, que o ponto alto, culminante da experiência da celebração é justamente o momento da *conversa*; o momento de *ouvir e contar histórias*.

Segundo Goethe, "uma conversa animada sempre foi o tempero da vida".[9] E, de fato, desde a *Odisseia* o desejo de ouvir e contar histórias, de compartilhar, por meio da palavra, dores, sofrimentos, alegria, sonhos, conhecimentos, ou simplesmente fatos e acontecimentos, aparece não apenas como a experiência que mais assemelha os homens dos deuses, mas como aquela que mais prazer proporciona aos seres humanos, *seres fabuladores* por excelência.

Na narrativa homérica, são numerosas as ocasiões em que as personagens *se deleitam* em longos serões de conversa, seja depois de haverem *saciado o desejo de comida e bebida*, seja no meio mesmo de uma saborosa e alegre refeição, durante a qual a taça de vinho não pode permanecer vazia por muito tempo.

No já tantas vezes citado banquete dos Feáceos, ocasião em que Homero insere implicitamente a narrativa da *Ilíada* a partir do canto do aedo e brinda o leitor com toda a narrativa das aventuras de Ulisses, desde a sua saída de Troia até o momento imediato de sua volta a Ítaca, a conversa se

---

9 GOETHE, Johann Wolfgang von. *Os anos de aprendizado de Wilhelm Meister*. Tradução N. Simone Neto. 2ª ed. São Paulo: Editora 34, 2009, p. 432.

estende noite afora. Imaginando que seus ouvintes estivessem cansados diante da larga duração de sua narrativa, Ulisses propõe, em certo momento, interrompê-la para que todos fossem dormir e descansar, sugerindo retomar no dia seguinte. Posicionando-se como representante da vontade de todos os convivas, o rei Alcino interpela Ulisses, discordando veementemente da sua proposta, e afirma:

> Esta noite é longa, maravilhosamente longa; não chegou
> a hora de dormir no palácio: conta pois os feitos maravilhosos!
> Por mim aguentaria até chegar a divina Aurora, se te dispusesses
> a contar, aqui no palácio, todas as tuas desgraças. (XI, 373-376)

Essa mesma *fome de histórias*, essa mesma *voracidade narrativa*, aparece outra vez mais adiante, quando o grande fabulador Ulisses, disfarçado de mendigo errante, se encontra sentado à frente do lume, junto ao divino porqueiro Eumeu, tecendo uma longa e fantasiosa história de vida inventada, em que os verdadeiros sofrimentos ganham autêntica expressão por meio de uma trama absolutamente ficcional. Encerrado seu conto, Ulisses solicita ao fiel porqueiro que, em retribuição, lhe presenteie com a sua história, demanda que este aceita com muito prazer, dando-lhe a seguinte resposta:

> Estrangeiro, visto que me perguntas estas coisas,
> fica agora em silêncio e deleita-te, bebendo o teu vinho
> sentado. As noites são maravilhosamente longas e existe
> o momento certo para dormir e para ouvir, nem tu precisas,
> antes da hora certa, de te deitares: o sono excessivo faz mal.
> Quanto aos outros, que aquele cujo coração assim lhe mandar
> vá dormir; e que logo ao amanhecer do dia almoce
> e siga para as pastagens os porcos do amo.
> Nós dois ficaremos no casebre a comer e a beber
> e a alegrarmo-nos com os sofrimentos um do outro,
> recordando-nos: na verdade compraz-se com suas dores

o homem que muito tenha sofrido e vagueado. (XV, 390-401)

O prazer da conversa — o prazer de ouvir e contar histórias —, que complementa, coroa e transmuta o prazer sensível da boa comida e da boa bebida, ultrapassa e suplanta todas as limitações físicas e biológicas. É como se a experiência da conversa tivesse o dom de esticar as noites, que, por mágica, se tornam mais longas, "maravilhosamente longas". E a própria necessidade do sono também se relativiza quando, pela graça providencial dos deuses, os homens são abençoados com uma noite de encontros e celebração; uma noite de histórias e conversação. Por meio da conversa, as dores da vida encontram alívio e compensação, e os sofrimentos sofridos são transmutados em alegrias, por meio da experiência da troca, do compartilhamento.

Para além do "tempero da vida", a conversa é o alimento mesmo do existir. Ela é o que permite que a carga pesada e por vezes insustentável da vida se torne não só mais leve, mas também compreensível, atando significados e sentidos que na trama do vivido ficam soltos e indecifráveis. A conversa, essa rede trançada de narrativas compartilhadas, constitui-se assim em uma espécie de manta protetora e acolhedora, que, enquanto experiência máxima do encontro, transforma o viver inóspito do homem sobre a terra em um existir com significado, digno de ser celebrado.

Assim, enquanto experiência viática, a conversa constitui-se em uma das virtudes mais comprometidas com a dimensão teleológica do existir, pois é por meio da habilidade narrativa que o ser humano pode encontrar ou produzir o Sentido que determina sua meta. Sem narrativa não há memória, e sem memória não há meta a ser alcançada, uma vez que não há ponto de partida. E já aprendemos também que sem ponto de partida não pode haver ponto de chegada.

A conversa nos constitui em seres narrativos, *seres fabuladores*, e a narratividade não só nos salva da animalidade, aproximando-nos dos deuses, como nos desenha um destino, alimentando em nós a esperança.

Não é por acaso que uma das narrativas mais célebres e evocativas que se conhecem, estabelecendo inclusive um elo de ligação e identidade entre o que se entende por Oriente e Ocidente, seja, justamente, aquela de *As mil e uma noites*, obra-prima da literatura árabe, em que a narradora Sherazade salva a si mesma da morte contando ao cruel sultão Shariar uma história por noite, ao longo de mil e um serões.[10] Encantado e cada vez mais envolvido pela experiência da fabulação, o sultão de *As mil e uma noites*, famoso por matar cada uma de suas esposas depois da noite de núpcias, se transforma, se *humaniza*, por meio das instigantes e interpelativas histórias contadas pela bela, astuciosa e imaginativa Sherazade, versão feminina do *grande fabulador*.

Alimento da alma, despertadoras do espírito e atribuidoras de sentido, as narrativas que ouvimos e depois contamos são o elemento constitutivo da nossa humanidade, salvando-nos da pura animalidade, da simples condição de sobrevivência, projetando-nos para uma dimensão mais elevada e ampla da existência, abrindo-nos os horizontes do conhecimento, do autoconhecimento e, consequentemente, da autorrealização. Ouvir e contar histórias é o que nos salva de uma existência meramente instrumental e servil, promovendo nossa experiência enquanto seres livres, destinados a ser *semelhantes aos deuses*. Como bem evoca o simbolismo do par Sherazade-Shariar, contar e ouvir histórias salva-nos de uma "vida" que humanamente se constitui em "morte" e abre-nos as portas para uma existência que, ainda que mortal, se projeta para a eternidade.

Mas, para aprofundar e ampliar ainda mais a compreensão sobre a importância de saber conversar (de ouvir e contar histórias como elemento constitutivo daquilo que é próprio do humano), gostaria de voltar à narra-

---

10 *As mil e uma noites*. Tradução A. Diniz. Rio de Janeiro: Nova Fronteira, 2015.

tiva que pouco antes havia apresentado; aquela em que o espírito astucioso, livre e fabulador do Ulisses homérico reaparece encarnado na figura do provocativo e desconcertante Zorbás, esse herói contramoderno.

Em uma daquelas *noites maravilhosamente longas*, em que o personagem narrador se senta diante do fogo e espera até que a comida e a bebida acendam o espírito fabulador de Zorbás, ele começa a se lembrar de uma história familiar muito evocativa, extremamente relacionada com o momento que está vivendo.

> Meu avô por parte de mãe — conversa conosco o narrador — numa aldeia de Creta, todas as noites pegava uma lanterna e dava uma volta pela aldeia, para ver se porventura chegara algum estranho: carregava-o para casa, dava-lhe comida e bebida em abundância, depois se sentava no divã, acendia o cachimbo, voltava-se para seu hóspede — era chegada a hora do pagamento — e lhe dizia imperiosamente: "Conte!" — "O que devo contar, senhor Mustoyióryis?" — "O que é, quem é, de onde vem, que cidades e aldeias seus olhos viram — tudo, vai dizer tudo. Ande conte!"
> E o forasteiro começava a dizer verdades e mentiras, tudo misturado, e meu avô fumava seu cachimbo e escutava, viajando junto com ele, calmamente sentado no divã. E, se gostasse do forasteiro, dizia-lhe: "Ficará amanhã também, não partirá. Tem mais coisas para contar."
> Meu avô nunca saíra de sua aldeia, nem até Megalo Kastro tinha ido, nem até Réthymno. "Ir para quê?" — dizia. "Por aqui passam os de Réthymno e os de Megalo Kastro: Réthymno e Megalo Kastro vêm até minha casa, ainda bem. Que necessidade tenho eu de ir?"[11]

E, compartilhando com os leitores suas considerações e descobertas sobre essa pertinente e afetiva recordação, assim conclui o narrador de *Vida e proezas de Alexis Zorbás*:

11 KAZANTZÁKIS, Nikos. *Vida e proezas de Alexis Zorbás*, op. cit., p. 72.

> Agora eu também, aqui nessa praia cretense, dou continuidade à paixão de meu avô. Eu também, como se tivesse buscado com uma lanterna, achei um forasteiro e não o deixo partir; ele me custa muito mais caro do que uma refeição, mas vale. Todas as tardes espero que ele termine o trabalho, ponho-o sentado diante de mim e comemos. Chega então o momento do pagamento e eu lhe digo: "Conte!" Fumo meu cachimbo e escuto: esse forasteiro vagou muito pela terra, vagou muito pela alma humana, não me farto de ouvi-lo. "Conte, Zorbás, conte!"[12]

Evocando palavras e imagens não apenas da própria *Odisseia*, mas de muitos outros textos que estivemos visitando ao longo da nossa ampla reflexão, Kazantzákis, por intermédio de seu nostálgico narrador, descerra todo um conjunto de ideias e valores que, abrangendo temas já abordados em lições anteriores, tais como os da hospitalidade e da celebração, ilumina o papel da narrativa como elemento vital da experiência humanizadora.

Na verdade, o que Kazantzákis faz, ao evocar essas histórias e, de certa forma, amalgamá-las na trama central de seu romance, constituindo Zorbás como contraponto emblemático e problematizador desse alter ego simbólico do homem moderno que é o seu narrador, é explicitar o drama que a morte da narrativa (e com ela a experiência da conversa) no contexto da modernidade representa.

Havendo hipertrofiado valores como lucro, riqueza material e domínio total sobre o viver e operar humanos, a modernidade acabou por comprometer radicalmente hábitos e experiências constitutivos da própria humanidade, tais como aquelas que, alargando as noites e exigindo dilatação do ócio e da prodigalidade (e, portanto, da "improdutividade"), possibilitam a verdadeira *ampliação da esfera do ser.* Havendo invertido a lógica da vida humana, passando a considerar tudo aquilo que antes se constituía em experiência formativa e substancial do humano — o ócio, a visita, a hos-

12 Ibidem, p. 72-73.

pitalidade, a conversa, a troca de vivências e sonhos em forma de histórias — em simples inutilidade ou — pior — perda de tempo, a modernidade, em seu afã acumulador e produtivista, destituiu o ser humano daquilo que não tem preço.

A evocação do narrador de Kazantzákis, feliz em pagar caro pelas histórias do indomável e errante Zorbás; feliz por resgatar a homérica e bíblica paixão por hospedar, alimentar e cobrar a hospedagem em forma de histórias, de seu avô materno, revela o eclodir da consciência crítica de alguém que, havendo sofrido os efeitos desumanizadores da lógica moderna, luta agora por escapar de suas garras, de suas escravizadoras engrenagens.

Dez anos antes dessa denúncia crítica da desumanização em forma de literatura (que é *Vida e proezas de Alexis Zorbás,* de Nikos Kazantzákis) vir a público, outro profeta da crise da modernidade, o judeu alemão Walter Benjamin, por meio de um ensaio que se tornaria não só célebre mas referência seminal para o pensamento crítico, apontava já a tese de que a "morte do humano" na era das máquinas estava diretamente relacionada com a "morte da narrativa". Em "O narrador: considerações sobre a obra de Nikolai Leskov",[13] Benjamin apontava, já em 1936, que "a arte de narrar está em vias de extinção. São cada vez mais raras as pessoas que sabem narrar devidamente [...] É como se estivéssemos privados de uma faculdade que nos parecia segura e inalienável: a faculdade de intercambiar experiências".[14] E o desaparecimento dessa faculdade, segundo o filósofo da Escola de Frankfurt, se deve ao fato de as ações da experiência estarem em baixa. E, tudo indica, complementava, "que continuarão caindo até que seu valor desapareça de todo".[15]

---

13 BENJAMIN, Walter. "O narrador: considerações sobre a obra de Nikolai Leskov". In: ______. *Obras escolhidas: magia e técnica, arte e política.* Tradução S. P. Rouanet. 3ª ed. São Paulo: Brasiliense, 1987.

14 Ibidem, p. 197-198.

15 Ibidem, p. 198.

Para Benjamin, essa desvalorização da experiência estava diretamente relacionada com a substituição de uma lógica artesanal da existência para outra de caráter eminentemente industrial. A arte de narrar, essencialmente associada com a "experiência artesanal da vida", fundamentada no domínio subjetivo do tempo e do saber, estaria fadada ao desaparecimento na medida em que a apropriação do tempo e da experiência individual pela lógica capitalista e industrial se impusesse de modo hegemônico e universal.

Sintoma explícito desse processo de depreciação e desaparecimento da arte de narrar já podia ser identificado, então, em fenômenos muito perceptíveis naquele contexto, como o comportamento daqueles que haviam participado da Primeira Grande Guerra:

> No final da guerra, observou-se que os combatentes voltavam mudos dos campos de batalha; não mais ricos, e sim mais pobres em experiência comunicável. E o que se difundiu dez anos depois, na enxurrada de livros sobre a guerra, nada tinha em comum com uma experiência transmitida de boca em boca. Não havia nada de anormal nisso. Porque nunca houve experiências mais radicalmente desmoralizadas que a experiência estratégica pela guerra de trincheiras, a experiência econômica pela inflação, a experiência do corpo pela guerra material e a experiência ética pelos governantes.[16]

O que até então tinha sido uma experiência inédita de desmoralização radical era, entretanto, apenas o início de um processo que as décadas seguintes, marcadas pela ascensão dos totalitarismos, a Segunda Grande Guerra, os campos de concentração, a ameaça nuclear, a Guerra Fria e tudo o que a partir daí se seguiu, haveria de confirmar e acelerar. O processo de *desmoralização radical* apontado por Benjamin na década de 1930 evoluiu para um processo de *desumanização radical*, confirmando seus prognósticos e ratificando o cumprimento da profetizada "morte da nar-

16 Ibidem.

rativa". Para além da imposição do sistema fabril, da guerra cada vez mais impessoal e absurdamente letal e da massificação da vida social por meio de políticas de hiperplanificação, destituídas de qualquer consideração em relação às especificidades culturais e pessoais, nos encontramos hoje com uma realidade na qual a possibilidade de *viver* e *intercambiar experiências* apresenta-se como algo praticamente inviável.

Em um tempo em que os encontros e relações entre as pessoas se limitam quase que exclusivamente a motivos e propósitos profissionais e comerciais; em um tempo em que as relações de amizade se reduziram em relacionamento de network; em um tempo em que esses mesmos relacionamentos (quase sempre "instrumentalizados") se dão cada vez mais exclusivamente por meios digitais e remotos, como se pode pensar em real *intercâmbio de experiências*, de *vivências*?

A conversa, essa experiência fundamental de constituição da nossa humanidade, que contribui de forma ontológica e insubstituível para a nossa humanização por meio dessa dinâmica de aprender a ouvir e contar histórias, exige, como pudemos aprender por intermédio da *Odisseia* e de toda a tradição narrativa e literária da humanidade, bases e condições indispensáveis para que possa acontecer. Para poder conversar precisamos não apenas estar com nossas necessidades biológicas e físicas atendidas (*saciados em nosso desejo de comida e bebida*), mas também e necessariamente que essa mesma satisfação de nossas necessidades se dê em um contexto que possibilite o despontar daquela *outra necessidade*, muito *própria do humano* (que nos diferencia dos outros animais para nos *assemelhar aos deuses*), que é a *necessidade de alimentar a alma com o intercâmbio de experiências*, com a *troca de histórias*. Para tanto, é preciso que estejamos efetivamente *juntos*, vivenciando, de alguma forma, a *experiência da festa, do banquete, da celebração*; essa *experiência* de *pausa*, de relaxamento e descontração. Esse momento em que, despreocupados com as pendências, compromissos, cronogramas e agendas, possamos, de preferência em um ambiente acolhedor e temperado com boa comida e boa bebida, abrir nossos ouvidos e nosso coração, desejosos de saciar nossa *fome insaciável de histórias* e, ao mesmo tempo, ansiosos por compartilhar com os outros as dores, os sofrimentos, os sonhos e as alegrias que se acumularam em nosso coração. E tudo isso em um dia ou em uma noite que seja longa, *maravilhosamente longa*, sem que nos preocupemos com o dia de amanhã, com o impacto que isso terá em nossa produtividade, em nossa *performance* no dia seguinte. Porque, afinal, estaremos então cônscios de que o mais valoroso da vida não é aquilo que produzimos ou ganhamos em termos de capital, prestígio ou likes, mas em termos de vínculos, experiências e histórias.

Precisamos urgentemente reaprender a conversar, pois do contrário cumpriremos de forma peremptória e irreversível a profecia de Walter Benjamin, perdendo desastrosamente aquilo que nos é próprio: a nossa própria humanidade. Precisamos urgentemente reaprender a conversar; intercambiar experiências efetivamente, dialogar — e não, como é cada dia mais comum, praticar essa espécie de confronto de monólogos que estamos praticando. Precisamos urgentemente reaprender a conversar, e para tanto é necessário repensar e reformar os ambientes e as circunstâncias em que nos encontramos, em que cada um está mais pendente do seu celular do que do seu suposto interlocutor presencial; e em que a música ou o ruído provocado pelos DJs, mais do que fomentar e propiciar a conversa — como nos banquetes da *Odisseia* —, impede qualquer diálogo e fortalece o obstinado mutismo que mal disfarça o vazio existencial que nos devora por dentro.

Precisamos urgentemente reaprender a conversar para que a nossa vida não se torne esse "confuso dessa doideira que é";[17] para que saciemos nossa fome de Sentido e para que, encontrando novamente o Sentido, sigamos adiante realizando uma vida que não apenas valha a pena ser vivida, mas que também valha a pena ser contada.

17 GUIMARÃES ROSA, João. *Grande sertão: veredas*. Rio de Janeiro: Nova Fronteira, 2001, p. 500.

Quem sabe, lendo, evocando e meditando a respeito dessas *noites longas, maravilhosamente longas* que encontramos na *Odisseia*, em *As mil e uma noites*, na *Vida e proezas de Alexis Zorbás* — noites tão cheias de conversas e histórias —, possamos nos inspirar e assim querer revivê-las, contribuindo de forma efetiva não só para a nossa própria reumanização, mas também para a de muitos que estão ao nosso redor.

Décima segunda lição:

É próprio do humano saber esperar e terminar

Não é nada fácil para nós, homens e mulheres da era digital, da cultura do *click and go*, da sociedade do imediatismo, conceber a ideia da espera. Acostumados a obter tudo o que desejamos quase em tempo real, habituados a encurtar distâncias e a reduzir prazos, estamos perdendo rapidamente a capacidade de aceitar a espera, de vivenciar a experiência do não imediato, da não satisfação instantânea dos nossos desejos e das nossas necessidades. Para as gerações mais novas, inclusive — a dos *millennials*, a *geração z* ou *alfa* —, parece algo inconcebível o fato de as pessoas haverem um dia se comunicado por meio de cartas que tardavam dias, semanas, para chegar a seu destinatário, ou terem vivido sem o computador, o celular, a internet, com todos os seus recursos conectivos, como as redes sociais e os aplicativos de mensagem. Para a maioria de nós que hoje coexistimos nesta rede global de interatividade digital, torna-se muito difícil, portanto, compreender o que significa, por exemplo, uma experiência de afastamento e de incomunicabilidade que se estende por vinte anos, como a que se apresenta na narrativa homérica da *Odisseia*.

Como é possível aguentar tanto tempo sem ter ou enviar notícias? Como é possível aguentar uma viagem de retorno que se arrasta por dez anos e enfrentar, sem cair no mais completo desespero, histeria ou depressão, tantas contrariedades, tantos atrasos e impedimentos ao longo do caminho?

É óbvio que se pode argumentar que o exemplo em questão se constitui em uma ficção, em uma história inventada, irreal. Entretanto, acredito que a esta altura de nossa reflexão tenha ficado suficientemente claro para todos que a ficção, a literatura, não deixa de ser uma forma peculiar de retratar a realidade — a literatura: a grande mentira que fala das maiores verdades. Além disso, todos nós sabemos que a história ficcional contada por Homero não só se fundamentou, em alguma medida, em experiências reais vivenciadas que, por sua vez, continuaram e continuam a se repetir anonimamente em inúmeras circunstâncias da "vida real". Ou seja, o que nos desconcerta no exemplo da *Odisseia* não é o fato de ser uma história inventada, mas o fato de nos colocar diante de uma verdade desagradável e incômoda: a de já não sabermos mais esperar; a de havermos perdido a capacidade de lidar com as frustrações, com os atrasos, com as dificuldades e insatisfações que a vida nos traz.

Uma das maiores angústias que a leitura da *Odisseia* parece provocar nos homens e nas mulheres de nosso tempo é, pois, ocasionada por nossa dificuldade quase visceral de, por um lado, suportar a espera (lidar com a impossibilidade de satisfação imediata de nossos desejos) e, por outro, reconhecer que tudo na vida (principalmente no plano da autorrealização) demanda um tempo, tem uma ocasião oportuna para ser realizado, para ser alcançado — tempo e ocasião que, aliás, não dependem exclusivamente da nossa vontade, mas que estão determinados por circunstâncias que absolutamente nos escapam.

Ao chegarmos a esta que é a última das lições sobre o que é próprio do humano, vamos ver de que modo a *Odisseia* de Homero pode nos ajudar a aprender como, no caminho da nossa humanização e autorrealização, é fundamental que saibamos aguentar, esperar para então terminar e atingir nossos objetivos, alcançar a meta, completar a obra.

Neste ponto da nossa odisseia, depois de termos acompanhado Ulisses por 11 lições, centenas de páginas e dezenas de situações, já estamos tão familiarizados com ele que voltar a afirmar que nosso herói é aquele *homem astuto que tanto vagueou*, que *muitos povos e cidades conheceu* e que *muitos sofrimentos padeceu para conseguir o seu retorno para casa* pode parecer uma dispensável redundância. Entretanto, ao chegarmos a esta décima segunda e última lição do *que é próprio do humano*, julgo fundamental recapitular alguns traços essenciais da sua história e das virtudes que desenvolveu e mostrou ao longo do caminho para compreendermos adequadamente o valor dessas duas últimas atitudes (o saber esperar e o saber terminar), essenciais não só para a plena realização de seu destino mas também para o cumprimento do seu processo de *kalokagathia*, de autorrealização.

Ulisses, como vimos, como qualquer ser humano, *teve de sair* para *ser*, para *se realizar*. Foi saindo, mesmo contra sua vontade, que ele pôde *conhecer* o que é o mundo, o que é a vida e o que ele mesmo seria. É por meio dessa aventura de *conhecimento do mundo, do humano* e de *si mesmo* que a saída e a viagem proporcionam que tanto Ulisses quanto Telêmaco se constituem naquilo que eles *deveriam ser* e *se realizam* enquanto *seres humanos completos, autorrealizados.*

Os desafios, os encontros, as alegrias, os prazeres, os revezes, as dores e os sofrimentos que vivenciaram ao longo de suas jornadas suscitaram a emersão e o desenvolvimento de muitos conhecimentos e muitas virtudes, como a fé, a esperança, a reflexão, o discernimento, a coragem, a astúcia — virtudes teleológicas; assim como a curiosidade, a contemplação, a hospitalidade, a celebração, a conversação — virtudes viáticas, que se relacionam com o *saber viver* não só em função da meta, do fim, mas em função do caminho, do presente, do agora.

Vimos também, entretanto, que tão importante quanto *ter de sair* é a emersão do *querer voltar*; o *querer voltar* que determina uma *meta*, um *sentido para a vida* e que configura uma confluência de todas as potencialidades e virtudes em função desse fim.

Descobrimos que tanto Ulisses quanto Telêmaco aprenderam muito pelo caminho, ao se permitirem fazer experiências que, se em um primeiro momento poderiam representar um desvio ou uma dispersão em relação ao cumprimento da meta, acabaram, no entanto, se constituindo em elementos essenciais não só para a obtenção do objetivo consciente e voluntário, mas também para a realização daquele fim mais amplo e existencial que é a *kalokagathia*, a *realização da própria beleza*.

De qualquer modo, ainda que, para seu próprio bem, tenham aceitado e vivenciado as experiências inusitadas e reveladoras que, de forma voluntária ou não, encontraram em suas jornadas, nossos heróis nunca perderam de vista seus objetivos concretos. De maneira particular Ulisses não deixa de manifestar, de modo recorrente e insistente, o seu *maior desejo*, que sempre foi o de *retornar à casa paterna, à pátria saudosa*, para a *companhia da amada esposa e do amado filho*. E assim, mesmo com todas as oportunidades, as aventuras, os prazeres, as alegrias e os conhecimentos encontrados ao longo do caminho (que temperaram as dores, sofrimentos, decepções e frustrações), o desejo, a ânsia do retorno e do reencontro só cresceu no coração do filho de Laertes ao longo da sua larga e desafiadora trajetória.

Quando, finalmente, depois de *muito sofrer e vaguear*, Ulisses, por graça dos deuses (em especial de Atena) e pela cordialidade dos Feáceos, consegue retornar à pátria, vê-se, entretanto, obrigado a *esperar*, a *conter seu desejo ingente* de se revelar, de anunciar seu retorno e abraçar forte e longamente sua mulher e seu filho, em função das circunstâncias peculiarmente adversas que encontra em sua chegada: a "invasão" dos arrogantes e desavergonhados pretendentes à sua casa, cortejando sua esposa, dilapidando seus bens e manchando sua honra.

Depois de longos vinte anos — que para Ulisses mais pareceram uma insuportável eternidade —, nosso herói, estando já em casa, podendo já ver e tocar seus bem-amados, a quem gostaria de abraçar, beijar e com eles se desfazer em choro, alegria e felicidade, se vê obrigado a se manter oculto sob a aparência de um miserável mendigo e, ainda por cima, a sofrer calado e resignado as humilhações e pancadas impostas pelos arrogantes e desavergonhados pretendentes.

Tal situação leva Ulisses a desenvolver em grau máximo um conjunto de virtudes associadas que ele, ao longo de toda a sua trajetória de saída e de retorno, tinha tido a oportunidade de experimentar vastamente: a *paciência*, a *resignação e* a *resiliência* — esse *ensemble* de habilidades que permite sofrer, aceitar o peso e a força de circunstâncias adversas até o momento oportuno para poder superá-las e vencê-las.

No vocabulário homérico, essa habilidade ou virtude de *suportar*, de *saber esperar com paciência, resistência e perseverança*, é expressa poeticamente como "conversar com seu próprio coração". Sim, são muitas as vezes em que Ulisses se vê obrigado a *conversar com seu coração* e exigir dele uma força e uma resistência quase sobrenaturais, não só para agir, mas também e principalmente para *resistir* e *esperar*.

Quando, por exemplo, já de volta a Ítaca, no interior de seu próprio palácio, ainda disfarçado de mendigo, é obrigado a ver a maneira desavergonhada como as servas se relacionam com os pretendentes, rindo-se entre elas "em ambiente de alegria e boa disposição" (XX, 8), afrontando descaradamente a autoridade da rainha Penélope e manchando a honra e a decência da sua casa, Ulisses sente o coração *revoltando-se no seu peito*.

> E muito refletiu no espírito e no coração, se haveria
> de ir atrás delas e dar logo a morte a cada uma,
> ou se as deixaria dormir com os arrogantes pretendentes
> uma última e derradeira vez. Rosnou no seu íntimo,
> como a cadela que rosna ao pé dos seus cachorros
> e vê um homem que não conhece e a ele se quer atirar —
> assim rosnou Ulisses no seu íntimo por causa das más ações.
> Batendo no peito, assim se dirigiu ao próprio coração:
> "Aguenta, coração: já aguentaste coisas muito piores,

> no dia em que o Ciclope de força irresistível devorou
> os valentes companheiros. Mas tu aguentaste, até que
> a inteligência te tirou do antro onde pensavas morrer."
> Assim falou, interpelando o coração no próprio peito.
> E o coração aguentou, mantendo-se em obediência completa. (XX, 10-23)

Dominado pela indignação e pela ira, o coração de Ulisses demanda uma ação violenta e imediata, porém, de forma paradoxal e conflitante, o espírito, o intelecto, cuja sede parece ser o próprio coração, se opõe e demanda prudência, impondo freio ao impulso apaixonado. Prefigurando a icônica imagem insuperavelmente plasmada por Dostoiévski por intermédio do personagem Dimitri Karamázov, que, como vimos, definiu o coração humano como o campo de batalha onde lutam o bem e o mal, Homero traduz de maneira lírica e dinâmica a experiência profunda do conflito existencial no homem. Fonte das paixões mobilizadoras que caracterizam as ações corajosas, o coração apresenta-se também como a sede da resistência inteligente e prudente, mostrando como a coragem pode e deve ter uma dimensão repressiva, de resiliência, de não ação — tal como a definiu também João Guimarães Rosa, para quem "comandar é só assim: ficar quieto e ter mais coragem".[1]

Na parte final da *Odisseia*, Homero estabelece um clima de crescente tensão, postergando propositalmente o desenlace da trama. Permite, assim, a radicalização máxima da *desmedida*, do transbordamento da injustiça, que justifica o correspondente desencadeamento da violenta vingança, que, na perspectiva homérica, não se contrapõe, mas se identifica com a própria justiça.

Para a nossa sensibilidade moderna e "civilizada", os últimos cantos do poema, nos quais se narra a matança dos pretendentes operada por Ulisses

1 GUIMARÃES ROSA, J. *Grande sertão: veredas*. Rio de Janeiro: Nova Fronteira, 2001, p. 570.

com o apoio de Telêmaco e de alguns poucos fiéis companheiros (entre eles o divino porqueiro Eumeu), apresentam-se como um espetáculo grotesco e bizarro, digno de uma sequência cinematográfica *à la* Tarantino. Entretanto, o que para nós poderia ser interpretado como um arroubo bárbaro de violência desmedida e puramente vingativo no contexto arcaico da lógica homérica delineia-se como cumprimento equilibrado e proporcional da justiça, na melhor expressão daquilo que os gregos chamavam de *isonomia*.[2]

Toda essa estratégia narrativa não só permite gerar um eficaz e extraordinário envolvimento estético que ganha e encanta o ouvinte/leitor do poema, conduzindo-o magistralmente para o clímax catártico final, como também possibilita radicalizar e potencializar a densidade humana das personagens, seja no plano da desmedida — como os pretendentes, em seus diversos tipos morais e psicológicos, e os demais traidore(a)s —, seja no plano da virtude — como no caso de Ulisses, Telêmaco, Penélope e demais personagens fiéis. Particularmente no caso de Ulisses, o recurso dramático adotado por Homero permite, a nosso ver, ressaltar essas duas virtudes, que, estabelecendo um vínculo oportuno entre as dimensões viática e teleológica, complementam e coroam o conjunto das qualidades que caracterizam essencialmente o *que é próprio do humano.*

Saber esperar não é o mesmo que ter esperança. Na Terceira Lição desta odisseia do que é próprio do humano vimos que o *ter esperança* se relaciona intimamente com a experiência da fé, que nos faz acreditar em forças que nos ultrapassam e que estão comprometidas na realização do nosso destino; comprometidas com o cumprimento da nossa *kalokagathia*. Nesse sentido, o *ter esperança* constitui-se em uma virtude prospectiva, ou seja, em uma crença que ao mesmo tempo sustenta e mobiliza a vontade, impedindo que percamos o foco na meta e sustentando nosso ânimo na consecução

2 Cf. JAEGER, W. *Paideia: a formação do homem grego*. Tradução A. Parreira. São Paulo: Martins Fontes, 2001, p. 577.

dos nossos objetivos, ainda que as dificuldades e desafios do caminho nos pareçam insuperáveis. O *saber esperar*, por outro lado, afigura-se como uma virtude de caráter imediato, que se relaciona com a habilidade de consumar um objetivo iminente de maneira prudente e racional; uma virtude que nos permite atingir uma meta que já se vislumbra claramente, mas que pode ser irremediavelmente perdida se nos deixarmos levar pelos nossos impulsos passionais, pelo afã de agarrar a qualquer custo aquilo que já está tão próximo. O *saber esperar*, portanto, tem a ver com o controle da ansiedade e com o saber consumar com calma e prudência aquilo que longa e arduamente estamos desejando.

O *saber esperar* se relaciona com a percepção intuitiva e racional sobre o *momento oportuno*; sobre a maneira certa e precisa de consumar um propósito, de *terminar aquilo que precisa ser feito*.

Nesse sentido, o *impetuoso* e *fogoso* Ulisses, sempre disposto a se lançar e a tudo arriscar para realizar imediatamente aquilo que lhe parece justo e concretizador do seu destino, mostra, principalmente nesses momentos finais da sua odisseia, uma capacidade admirável de autocontrole e paciência. Dominando os *anseios do seu coração*, ele freia qualquer movimento impulsivo e precipitado, que poderia comprometer irremediavelmente o bom sucesso de seus objetivos, a boa consecução da justa medida.

Assim, assistimos com intensa emoção ao modo como reprime o ímpeto paterno quando, estando incógnito no casebre do porqueiro Eumeu, se vê diante do amado filho Telêmaco, que, aconselhado por Atena/Mentor, para ali se dirige ao aportar em Ítaca, depois do retorno de sua significativa viagem para Pilos e Esparta em busca de notícias do pai. Eumeu, ao ver o jovem amo, se emociona e, deixando cair os "recipientes nos quais estava a misturar o vinho frisante", vai ao seu encontro, abraçando-o, beijando-lhe "a testa, os olhos e ambas as mãos".

> Dos olhos vertia lágrimas abundantes — continua a descrever Homero —
> como um pai que afetuosamente abraça o filho

chegado de terra estrangeira após uma ausência de dez anos,
filho único, filho querido, que muitas preocupações lhe dera —
assim o divino porqueiro abraçou Telêmaco semelhante aos deuses,
beijando-o repetidamente, como alguém que à morte escapara. (XVI, 16-21)

Ulisses contempla toda a cena com um aperto inexprimível no coração, pois se vê obrigado a assistir impassível àquela emocionante expressão de afeto, que, enquanto pai, não apenas lhe correspondia com maior razão como ainda era aquilo que mais acalentava longa e ardentemente em seu coração. Reprimindo, entretanto, seu natural impulso e seus sentimentos, Ulisses se contém, lembrando-se do conselho de Atena, que lhe havia recomendado manter-se oculto de todos até o momento oportuno. Só depois de comer e conversar longamente com o filho como se fosse um estrangeiro desconhecido e de obter, da boca do rapaz, todas as informações a respeito da situação em sua casa, a postura e a intenção dos pretendentes, assim como o posicionamento de sua esposa, Penélope, diante de tudo, é que Ulisses recebe o sinal da deusa autorizando-o, finalmente, a revelar-se ao filho. Revertendo a magia que lhe havia transformado em um velho desgastado e miserável, Atena coloca o pai diante do filho, aproveitando um momento em que ninguém mais se encontra por perto. Ao contemplar o pai assim transformado, Telêmaco se assusta, pensando estar diante de uma aparição divina. Ulisses, entretanto, o dissuade de tal interpretação, convencendo-o, depois de plausíveis argumentos, de que é não um deus, mas o seu tão almejado pai. Embargado pela emoção e ainda sem conseguir acreditar na própria bem-aventurança, Telêmaco, então, abraça o pai, "chorando e vertendo lágrimas".

E do coração de ambos — nos conta Homero — surgiu o desejo de chorar.
Gemeram alto, os seus gritos mais acutilantes que os
de corvos marinhos ou abutres de recurvas garras, a quem
os lavradores roubaram as crias antes de lhes crescerem as asas;

assim deploravelmente dos olhos se lhes derramavam as lágrimas.
(XVI, 215-219)

Finalmente, depois de uma espera que lhe pareceu interminável e de uma contenção que lhe foi quase insuportável, Ulisses pode revelar-se, abraçar o querido filho e dar vazão aos mais intensos e sinceros sentimentos. Havendo-os reprimido por tanto tempo e de forma tão dura e difícil, agora, quando chega o *momento oportuno*, Ulisses os libera e os expressa sem peias, sem limites e sem reparos; expressa-os de maneira autêntica e visceral, sem se importar com o tom ou a aparência quase animalesca que assumem ao transbordarem naquele momento. Havendo mostrado até então um autocontrole *semelhante aos deuses* na habilidade de *saber esperar*, Ulisses agora, autorizado pelos próprios deuses, mostra, de modo instintivo e visceral, *semelhante a* um *corvo-marinho ou um abutre*, a capacidade de *saber expressar*, de *saber terminar*, *consumar aquilo que seu coração encerra*. Na conjunção entre o divino e o animal, Ulisses expressa aquilo que deve ser próprio do humano, no transe entre o *esperar* e o *terminar*; entre o *reprimir*, o *dissimular* e o *revelar*, *agir*.

Dinâmica semelhante observa-se também no encontro entre Ulisses e Penélope, sempre reforçando e confirmando essa relação virtuosa entre o *saber esperar* e o *saber terminar*.

Tal como no caso anterior, em que Ulisses se vê obrigado a reprimir seus sentimentos e desejos, ocultando, por estratégica prudência, sua verdadeira identidade por detrás do desprezível mas eficaz disfarce, encontramos aqui, entretanto, uma prova ainda maior de paciência e autocontrole, pois, ao contrário do episódio anterior, em que a revelação acontece depois de um tempo relativamente curto de suspense, nesse caso o intervalo de tensão é dilatado de forma considerável.

Depois de ser conduzido ao palácio, ainda no papel de velho mendigo, Ulisses, como já mencionamos, é obrigado a *muito ver* e a *muito sofrer*, diante da sanha e injustiça dos pretendentes. Dentre diversos acontecimentos tensos, humilhantes e dolorosos, Ulisses, por exemplo, assiste, calado e impassível, a eventos como a morte de seu velho cão Argos, que, apesar do disfarce, o reconhece e abana a cauda antes de entregar o espírito; ou então, quando, acolhido no interior do palácio pelo senso de hospitalidade da virtuosa Penélope, é obrigado a reprimir a alegria da querida serva Euricléa, que, ao lavar-lhe os pés, o reconhece pela distintiva cicatriz no joelho que havia ganho na infância e que ela tão bem conhecia. Porém, o maior e mais difícil desafio para Ulisses nesse momento da história é, sem dúvida, o encontrar-se a sós com Penélope em mais de uma ocasião e, sofrendo e vendo-a sofrer, manter-se firme em sua dissimulação, resistindo ao desejo de revelar-se de uma vez.

Como nos relata Homero, no intercurso daquela que foi a mais intensa e difícil entrevista, Penélope, ao contar para aquele que para ela era o venerável e vetusto estrangeiro suas dores e sofrimentos, se desmanchava em lágrimas, "a ponto de parecer que o próprio rosto se derretia". Diante disso, "Ulisses sentiu pena no coração da mulher que chorava; mas nas pálpebras manteve os olhos imóveis, como se fosse de ferro ou de chifre; e pelo dolo ocultou as lágrimas" (XIX, 210-213). Só muitas horas depois, após haver concluído o *ingente trabalho* da *fatal punição dos pretendentes* é que pôde, por fim, revelar sua real identidade à esposa. Esta porém, assim como antes o filho Telêmaco, muito tardou em crer na concretização dos seus sonhos e desejos mais profundos, e apenas depois de haver posto à prova o marido por meio de astucioso jogo de comprovação se convenceu plenamente, entregando-se finalmente aos impulsos de seu coração. Então, como nos relata belamente Homero, a rainha-esposa, *enfraquecendo-se nos joelhos e no coração*, rompeu em lágrimas e, correndo para o marido, atirou-se em seus braços. Ulisses, também chorando, abraçou fortemente a amada esposa, sentindo como se tivesse voltado à vida depois da experiência de *morte escarpada*. E, com uma imagem magnífica e extremamente evocativa, assim exprime Homero os sentimentos que se revolviam no coração do sofrido casal naquele instante:

> Tal como a vista da terra é grata aos nadadores
> cuja nau bem construída Posêidon estilhaçou no mar
> ao ser levada pelo vento e pelo inchaço das ondas;
> mas alguns escaparam a nado do mar cinzento e chegam
> à praia com os corpos empastados de sal, pondo o pé
> em terra firme com alegria, porque fugiram à morte —
> assim, para Penélope, era grata a visão de Ulisses (e vice-versa).
> Abraçando-lhe o pescoço, não desprendeu os alvos braços. (XXIII, 233-240)

Esquecendo-se do tempo e do mundo ao redor, assim permanecem abraçados Ulisses e Penélope, dando vazão ao choro e aos sentimentos tão longamente reprimidos. Só depois de *saciados em seu desejo de choro, afagos e abraços* é que os dois, de mãos dadas, se dirigem à câmara matrimonial, onde Eurímone, serva do tálamo nupcial, já havia deixado tudo preparado para a consumação do tão ansiado reencontro.

Segue-se aqui a descrição de uma das cenas mais belas e líricas da *Odisseia*: aquela do ritual amoroso do leito. Eurímone, acompanhada de outras servas, conduz o casal segurando tochas nas mãos, lentamente, até o interior da câmara, em cujo centro se encontra o belíssimo leito feito a partir de um robusto tronco de carvalho, talhado pelo próprio Ulisses. Fixando as tochas nos suportes que rodeiam a saudosa cama, onde muitos anos antes haviam gerado o querido Telêmaco, as servas, sempre lideradas pela silenciosa e discreta Eurímone, se retiram, não sem antes lançar ervas aromáticas nos braseiros acesos estrategicamente dispostos nas extremidades do tálamo. Sem pressa e sem deixar de se contemplar amorosamente, o casal prossegue no íntimo e intenso ritual, entregando-se totalmente ao prazer, esquecido de todos os sofrimentos, todas as angústias e aflições passadas. Enternecida e sentindo-se realizada, Atena, deusa protetora do feliz casal, percebendo a aproximação da "Aurora de róseos dedos", querendo estender aquele merecido ritual de felicidade conjugal, decide então reter "o fim do longo percurso da noite", a fim de que aquela fosse mais longa, *maravilhosamente longa*.

> Assim, a deusa de olhos esverdeados, reteve junto das Correntes do Oceano a Aurora
> de trono dourado e não a deixou atrelar
> os cavalos velozes que trazem a luz para os mortais,
> Lampo e Faetonte, os poldros que levam a Aurora. (XXIII, 243-246)

Encobertos pela noite alargada, Ulisses e Penélope "satisfizeram o seu desejo de amor" tão ansiosamente esperado e em seguida "deleitaram-se com palavras, contando tudo um ao outro", completando com a amorosa conversa o deleite do ritual amoroso que envolve todos os sentidos do corpo e todas as faculdades da alma.

A experiência do ritual amoroso, vivenciado dessa forma tão lírica e evocativa, apresenta uma imagem muito emblemática da consumação virtuosa e harmoniosa da dinâmica humana do *saber esperar* e *saber terminar*. A ritualização das pulsões e dos desejos, por meio de procedimentos belos e delicados, encaminha de maneira humanizada as forças que, na sua potência, poderiam irromper com violência desmedida, comprometendo tanto a justa medida quanto a consumação da própria justiça. A prudência do casal, sabendo conter seus impulsos mais instintivos, seja no momento de preservar e garantir a assertividade das ações de caráter público e político (tudo o que envolveu a realização do plano de punição dos pretendentes e a correspondente restauração da paz e da harmonia), seja no momento de consumar o reencontro íntimo e afetivo (tanto na relação entre marido e mulher quanto na de pai e filho), é a expressão mais eloquente da efetividade dessa fundamental imbricação entre *saber esperar* e *saber terminar*. Em tempos de imediatismo e ansiedade como os que estamos vivendo —

conforme destaquei no início deste capítulo —, meditar sobre a maneira como as personagens homéricas reagem e se comportam em face de situações desafiadoras, dramáticas e intensas apresenta-se como algo muito útil e procedente. Nas situações vividas por Ulisses e Penélope, como nós, homens e mulheres modernos, teríamos nos comportado? Aliás, em situações análogas mas muito menos dramáticas, como temos nos comportado? Diante desse contexto extremamente exigente em termos de desempenho e *performance* sobre o qual já vimos refletindo ao longo de quase todas as lições pelas quais passamos, como tem sido nossa atitude em termos de *espera* e *ação* no *tempo e maneira oportunos*? Os episódios homéricos apresentados trazem, certamente, elementos muito eloquentes para uma autorreflexão. Dentre outros aspectos, não deixa de ser interessante meditar, nesse contexto marcado por tantas disfunções amorosas e sexuais, causadas pelo excesso de ansiedade ou de "problematização" das relações, sobre a lição que encerra a lírica descrição do ritual amoroso entre Ulisses e Penélope.

Mas, antes de prosseguir nestas reflexões, preparando assim o desfecho desta lição e de toda a nossa odisseia sobre autoconhecimento e autorrealização, gostaria de trazer mais uma cena desses episódios finais da narrativa homérica que, a meu ver, apresenta-se como significativa para nossa compreensão sobre o *saber esperar* e o *saber terminar*, enquanto virtudes constitutivas daquilo que é próprio do humano. Especialmente em um aspecto peculiarmente interessante que relaciona o *saber esperar* com o *ter esperança* — algo tão necessário e tão escasso hoje em dia.

A cena nos remete para a noite da véspera da grande batalha — o momento em que Ulisses, revelando-se diante dos pretendentes, faz valer a força de seu braço, impondo o castigo pertinente aos insolentes e impiedosos, restaurando assim a harmonia e a justiça no palácio e no reino.

Depois de um dia muito intenso de encontros, reencontros e revelações (além dos desgostos, raivas e humilhações), Ulisses, ainda oculto sob a aparência de velho mendigo, é despachado para dormir no adro do seu próprio palácio, agora tão mudado devido ao longo período de sua ausência e à infame ocupação impetrada pelos pretendentes. Deitado no chão, sobre "uma pele não curtida de boi" e por cima de alguns "velos de ovelha, das que continuamente matavam os aqueus", Ulisses tenta conciliar o sono, cônscio da importância de estar devidamente descansado para levar a cabo a ingente ação que deverá realizar na manhã seguinte.

Familiarizado já com a recorrente necessidade de *domar seu próprio coração*, Ulisses põe-se a conversar com ele, procurando apaziguá-lo, relembrando-lhe ocasiões de semelhante perigo e desafio. Porém, ainda que aparentemente consiga mantê-lo em "obediência completa", como nos conta Homero, seu corpo dá "voltas e voltas na cama" improvisada.

> Tal como o homem à frente de um grande fogo ardente
> envolve um enchido recheado de sangue e gordura
> sem parar, na sua ânsia de que asse rapidamente —
> assim Ulisses se revolvia na cama, pensando como
> haveria de pôr as mãos nos desavergonhados pretendentes,
> um homem contra muitos. (XX, 25-30)

Vendo sua angústia e sua ansiedade crescerem, a ponto de não só impedi-lo de dormir, mas de levá-lo à beira do desespero, Atena, a deusa de olhos esverdeados, "tendo descido do céu" e assumindo a forma de uma mulher, "postou-se junto da sua cabeça e disse-lhe estas palavras":

> Por que estás acordado, ó homem perseguido pelo destino?
> Aqui tens a tua casa, aqui tens a mulher e o filho:
> um rapaz que qualquer um quereria ter como filho. (XX, 33-35)

Reconhecendo a justeza de suas palavras, Ulisses concorda com a deusa, porém, ponderando ser um simples mortal, não pode impedir que ao seu "espírito e coração" lhe venham fortes preocupações, sendo ele "um homem só, quando eles são muitos lá dentro". Além disso, continua ponderando Ulisses, "tenho outra preocupação, ainda maior: se eu os matar por tua vontade e pela vontade de Zeus, para onde fugirei? Peço-te que reflitas sobre isto". Respondendo-lhe, Atena pronuncia então estas *palavras aladas*:

> Homem duro! Outro confiaria em amigo mais fraco,
> um que é mortal e não é dotado de muitas ideias.
> Mas eu sou uma deusa, que sempre por ti mantenho
> vigília em todos os teus trabalhos. Agora dir-te-ei isto:
> se cinquenta exércitos de homens mortais estivessem
> contra nós, desejosos de nos matar em combate,
> mesmo assim lhes levarias os bois e os rebanhos robustos.
> Entrega-te agora ao sono. É coisa desagradável passar toda
> uma noite sem dormir. Estás prestes a sair do sofrimento. (XX, 45-53)

Imediatamente depois de ouvir essas palavras, Ulisses sente que as pálpebras lhe pesam sobre os olhos e não tarda quase nada em mergulhar em um sono profundo, o "sono benfazejo, que deslaça os nervos e as preocupações do coração".

Essa bela e apaziguadora cena, tão significativa quanto consoladora, ao nos remeter ao desenlace de um drama tão comum e recorrente em nossa vida cotidiana de homens e mulheres insones, dominados pelas preocupações e pela ansiedade, incapazes de deslaçar a mente, os nervos e o coração, aponta para um aspecto de primeira grandeza nesta temática que relaciona *espera* e *esperança* no drama da realização daquilo que é próprio do humano.

Simbolizando o ser humano de todos os tempos e de todas as culturas, Ulisses representa nessa cena a natural e recorrente atitude de medo e apreensão perante os inevitáveis desafios da vida, sejam eles pequenos, como uma prova ou reunião importante a ser enfrentada no dia seguinte, sejam grandes, como uma batalha contra mais de uma centena de homens fortes, insolentes e audaciosos em sua própria casa.

Ainda que forte, corajoso, audaz, astucioso e inteligente, o herói da *Odisseia* não deixa um só minuto de ser *humano, demasiadamente humano*, como gostava de nos definir Friedrich Nietzsche. Por isso, como qualquer ser humano, diante do transe de *realizar aquilo que deve ser realizado*, no compasso da *espera*, ele, o nosso mestre nestas 12 lições sobre o que é próprio do humano, vive o ingente e inevitável conflito que, tensionando a mente e os nervos, o impede de relaxar, descansar e dormir, experiência absolutamente indispensável para a consecução de qualquer grande trabalho; para a consecução da própria vida.

Diante desse drama tão essencial quanto prosaico, percebemos, por meio da formulação a um só tempo lírica e filosófica da *Odisseia*, que não só o *saber terminar* depende do *saber esperar* (esperar o momento certo, oportuno) como também o *saber esperar* depende em grande medida de *ter esperança*, de saber buscar, nas profundezas do nosso próprio coração, as razões para a nossa fé, o antídoto para as nossas ansiedades.

Já aprendemos na Terceira Lição que a fé e a esperança são virtudes fundamentais para a *realização do nosso destino enquanto seres humanos em caminho de humanização*. Nesta Décima Segunda e última Lição verificamos, no entanto, que não é só no momento da saída, mas também, e principalmente, no momento da chegada, no momento de *terminar nossa obra* e *atingir nossos objetivos*, que o *saber esperar* deve se apoiar na experiência de *ter esperança*.

Na bela cena anteriormente evocada, a deusa Atena assume a forma de uma mulher que se posta junto à cabeça do jazente e insone herói para lhe dirigir palavras de fé e esperança que lhe apaziguam a alma e acalentam o coração. Refletindo sempre dentro de uma perspectiva simbólica, podemos interpretar a "deusa" (conforme já aprendemos também) como a manifestação dessa dimensão mais profunda da experiência humana que nos confirma o rumo da autorrealização e que pode assumir formas tanto oníricas quanto físicas, combinando na maior parte das vezes as duas dimensões — como naquelas ocasiões em que pensamento e forma se coadunam e às quais tendemos a chamar de "providência" ou "sincronicidade". Assim, essa *bela mulher* que na *Odisseia* representa a encarnação da própria deusa Atena, na vida concreta de cada dia pode e costuma mesmo se concretizar em um sonho, em uma palavra que escutamos, na presença de alguém conhecido ou desconhecido que, se estivermos abertos, nos comunica esperança, tranquilidade e paz.

Importante neste transe, de qualquer modo, é não estarmos fechados, obstinados, sozinhos. A experiência da *esperança* que fundamenta o *saber esperar* para então *saber terminar* pressupõe, portanto, a experiência de estar aberto ao outro, seja esse outro alguém visível ou invisível — ou, na maior parte das vezes, uma combinação entre ambos.

De qualquer modo, a experiência do *saber esperar* e *saber terminar* se liga com a experiência do reconhecimento da nossa própria insuficiência; com a constatação de que, mesmo sendo *apenas um*, nunca estamos *sozinhos*.

Fundamentado na experiência da *fé e da esperança*, Ulisses é aquele que *sabe esperar* e *terminar* tudo aquilo que se relaciona com o *próprio do humano*, tudo aquilo que se relaciona com o *autoconhecimento* e a *autorrealização*. Sabendo dominar seu próprio coração, Ulisses nos apresenta uma lição inestimável sobre o *saber esperar* e o *saber terminar*; sobre o saber conter os impulsos e sentimentos humanos para que eles possam *ser* e se manifestar no *momento oportuno* e na *justa medida*. Ulisses nos mostra que, na vivência daquilo que *é próprio do humano*, há um tempo e um modo oportuno para *realizarmos nossa obra, nossa beleza*. Ulisses é não apenas aquele que sabe conter os impulsos (o desejo, o medo, a ansiedade) como também aquele que sabe *manifestar* e *realizar* esses mesmos impulsos. Ulisses nos mostra que há um tempo de aguentar e de segurar o choro, o desejo, o medo e a ira, e há um tempo para chorar, amar e lutar, com ímpeto, força e coragem. E, se não deixa de ser inspirador vê-lo combater com intensidade e coragem os pretendentes, no momento oportuno, quando chega a hora de *fazer aquilo que devia ser* feito, não é menos evocativo vê-lo chorar com ruído e franqueza (feito um corvo ou um abutre) diante das grandes tristezas e alegrias; vê-lo dormir, deslaçando os nervos e o coração (feito uma criancinha), na véspera da grande batalha; vê-lo entregar-se ao amor (feito um amante ardente e delicado) no reencontro com a amada esposa após vinte anos, no limiar da velhice.

Por fim, mais inspirador e evocativo do que tudo isso é ver a maneira serena e tranquila como nosso grande herói encara a perspectiva da morte, *sobrevinda do mar*, conforme a profecia do vidente cego Tirésias. A morte que, conforme ele mesmo vaticina ao conversar com Penélope no leito do rito amoroso, virá *brandamente, cortando-lhe a vida*, "já vencido pela opulenta velhice". E, "em meu redor" segreda-lhe o divino Ulisses, "os homens viverão felizes: tudo isso eu verei cumprir-se" (XXIII, 281-284).

Efetivamente, Ulisses é a fantástica personagem ofertada pelo gênio mágico de Homero que, 2.800 anos depois de haver sido concebida e plasmada, apresenta-se como modelo e referência extremamente oportunos e atuais para nós, mulheres e homens do século XXI, tão desnorteados e confusos em relação àquilo que nos é próprio; àquilo que tem a ver com a nossa autorrealização, saúde e felicidade.

Tudo indica que é hora de terminar, entretanto não seria justo fazê-lo sem antes prestar uma breve mas indispensável homenagem a uma personagem que, embora menos mencionada na *Odisseia* que os protagonistas mais "ativos", não deixa de ter uma importância-chave, fundamental, na trama homérica e, consequentemente, na nossa reflexão sobre o que é *próprio do humano*. Refiro-me, evidentemente, a Penélope; esposa, mãe, rainha e — enfeixando e abrangendo todos esses aspectos — mulher.

Em tempos de despertar da consciência sobre a terrível opressão à mulher e ao feminino, impetrada por séculos de domínio patriarcal-masculino, depararmos com uma heroína cuja ação essencial seja a de esperar, fiel e obedientemente, a volta de um marido desaparecido por vinte anos nos soa, inevitavelmente, como algo triste e desconfortável. Entretanto, interpretar a personagem de Penélope como vítima inconsciente e alienada de uma sociedade machista opressora configura-se como algo claramente reducionista e equivocado.

É certo que no contexto arcaico dos tempos homéricos, o lugar da mulher apresenta-se claramente mais estreito e limitado do que aquele que se vislumbra na contemporaneidade. Entretanto, é importante reconhecer que, apesar das inegáveis limitações e restrições (aliás, sempre inevitáveis na experiência histórica da humanidade, tanto no âmbito do feminino quanto no do masculino), personagens femininas, em obras inspiradas e inspiradoras como a de Homero, encerram uma força e potência simbólicas de primeira ordem. Uma força e importância que não podem nem devem ser desprezadas em qualquer leitura ou abordagem comprometida com a compreensão daquilo que é próprio do humano e que busca lições sobre o autoconhecimento e a autorrealização.

Aparentemente, em contraste com as duas outras personagens protagonistas da *Odisseia*, Ulisses e Telêmaco, Penélope é a única que *não teve de sair* para poder *ser, existir, se realizar.* Entretanto, uma leitura atenta e despreconceituada nos mostra que em Penélope se manifestam em altíssimo grau todas as virtudes constitutivas da *kalokagathia*, daquilo que é próprio do humano.

Penélope, com todas as fraquezas inalienáveis de qualquer ser humano, é uma mulher cheia de fé, de esperança; ela é reflexiva e demonstra uma notável capacidade de discernimento. Além disso, Penélope é corajosa, audaz e extremamente astuta (lembremos aqui, como único exemplo no meio de muitos outros, o estratagema da mortalha tecida de dia e destecida à noite como meio de enganar os pretendentes e de ganhar tempo para o desejado retorno de Ulisses). Por fim, apresentando claramente o domínio de todas as virtudes viáticas de forma muito peculiar e sutil, Penélope também demonstra, em um nível se não superior, pelo menos em igual medida que Ulisses, uma capacidade admirável de saber esperar e terminar.

Particularmente neste último aspecto, como vimos há pouco, Penélope demonstra uma prudência que desconcerta o próprio Ulisses, obrigando-o a submeter-se a outra capciosa prova (depois de tantas pelas quais teve de passar) para comprovar sua identidade e assim desfazer qualquer possibilidade de engano ou dolo. E é apenas depois de o marido haver resolvido o enigma ou a armadilha proposta por ela (que diz respeito às circunstâncias da manufatura da cama matrimonial, cujo conhecimento é exclusivo do casal) que a *sensata* e *prudente* Penélope se entrega e aceita a realidade do tão esperado retorno. E, nesse contexto, a heroína profere um dos discursos mais significativos não só da *Odisseia*, mas de todo o ciclo homérico:

> Não te enfureças contra mim, Ulisses: sempre foste em tudo
> o mais compreensivo dos homens. Os deuses deram-nos a dor,
> eles que por inveja não permitiram que ficássemos juntos
> a desfrutar da juventude, para depois chegarmos ao limiar da velhice.
> Mas agora não te encolerizes nem enfureças contra mim
> porque, ao princípio, quando te vi, não te abracei logo.
> É que o coração no meu peito sentia sempre um calafrio quando
> pensava que aqui poderia vir algum homem que me enganasse
> com palavras. Muitos só pensam no mau proveito.
> Helena, a Argiva, filha de Zeus, nunca se teria deitado
> em amor com um homem estrangeiro, se soubesse
> que os filhos belicosos dos Aqueus a trariam
> novamente para casa, para a amada terra pátria.
> Porém o deus levou-a a cometer um ato vergonhoso;
> e ela não ponderou antecipadamente no coração
> o castigo amargo, a partir do qual viria para nós a tristeza.
> Mas agora que já enumeraste com clareza os sinais
> da nossa cama, que nunca nenhum mortal viu,

além de ti e de mim [...] —
agora convenceste o meu coração antes tão incrédulo. (XXIII, 209-230)

A desconfiança e *dureza de coração* da mulher que a princípio desconcerta e irrita Ulisses não apenas se justificam em face das sensatas razões apresentadas por Penélope como se afirmam como expressão de uma sabedoria tão ampla quanto profunda, pois, para além da dimensão pragmática e subjetiva de uma mulher conhecedora dos dolos masculinos, aponta para uma compreensão do próprio drama essencial do humano. No jogo intrincado das paixões humanas, em que pulsões, instintos e intuições dividem espaço com deuses (representantes das forças ocultas e misteriosas que operam nas decisões e atos de homens e mulheres), Penélope demonstra não só haver aprendido com o trágico e dramático equívoco de Helena (causa primária da guerra de Troia) como também o "corrige" com sua atitude sábia e prudente.

Para além de uma demonstração de inteligência prática e sensata, o gesto astuto e sábio de Penélope como que *redime* o *pecado* cometido por Helena, início de todo desequilíbrio e desmedida que o ciclo homérico da *Ilíada* e *Odisseia* cantam. Assim, se nesse grande ciclo narrativo (um dos mais importantes de toda a humanidade) é o feminino o princípio de todo drama e desgraça (ainda que seja também o princípio de toda história e, portanto, o início de toda a possibilidade de *ser*, de *aprender*, de *fazer*, de *conhecer* e *realizar*), é também sempre o feminino o elemento restaurador da ordem, da paz, da harmonia.

Penélope nos leva a concluir que há muitas outras maneiras de *sair*, *ser*, *aprender* e *retornar* do que aquela realizada por Ulisses e Telêmaco.

Muito mais, certamente, se poderia falar e extrair das ações, gestos e palavras de Penélope enquanto elementos de exploração daquilo que é próprio do humano (isso sem falar também de outras personagens femininas, como Circe, Calipso e a própria instigante e poderosa deusa Atena), mas isso nos levaria a escrever outro volume de pelo menos mais 12 lições. Entretanto, agora, efetivamente, é hora de terminar. É preciso que eu mesmo demonstre haver minimamente aprendido com as lições que quis compartilhar com você, querida leitora e querido leitor. Por isso, ponho aqui um ponto-final nesta odisseia sobre o que é próprio do humano em 12 lições.

Sei que, apesar de toda a abrangência de conhecimento e reflexões que esta odisseia interpretativa a partir da *Odisseia* de Homero e de outros clássicos da literatura tenha possibilitado, ela ainda é por demais limitada e insatisfatória. Pois aquilo que é próprio do humano jamais pode ser abarcado nem muito menos definido. Essa é uma aventura que precisa ser constantemente reiniciada, desde portos diferentes e por direções diversas. De minha parte, querido leitor e querida leitora, aporto, pelo menos por enquanto, em minha Ítaca. Dou por terminada minha obra. Espero que ela o incite a começar uma nova, a sua própria. Em busca do seu autoconhecimento e da sua autorrealização.

Boa viagem! Boa odisseia!

Referências

ALIGHIERI, Dante. *A Divina Comédia: Inferno*. Tradução Italo E. Mauro. São Paulo: Editora 34, 2012.

ARISTÓTELES. *A política*. Tradução N. S. Chaves. Rio de Janeiro: Nova Fronteira, 2011.

As mil e uma noites. Tradução A. Diniz. Rio de Janeiro: Nova Fronteira, 2015.

BENJAMIN, Walter. "O narrador: considerações sobre a obra de Nikolai Leskov". In: ______. *Obras escolhidas: magia e técnica, arte e política*. Tradução S. P. Rouanet. 3ª ed. São Paulo: Brasiliense, 1987.

BÍBLIA. Português. *Bíblia de Jerusalém*. 8ª ed. São Paulo: Paulus Editora, 2012.

BLIXEN, Karen. "A festa de Babette". In: ______. *Anedotas do destino*. Tradução C. de A. Leite. São Paulo: Cosac Naify, 2007.

BRANDÃO, Junito de Souza. *Mitologia grega*. Petrópolis: Vozes, 1987, v. III.

CERVANTES, Miguel de. *O engenhoso fidalgo D. Quixote de la Mancha*. Primeiro Livro. Tradução S. Molina. 3ª ed. São Paulo: Editora 34, 2005.

CHEVALIER, Jean; GHEEBRANT, Alain. *Dicionário de símbolos*. Coordenação Carlos Sussekind. 2ª ed. Rio de Janeiro: José Olympio, 1990.

COMPAGNON, Antoine. *Literatura para quê?* Tradução Laura T. Brandini. Belo Horizonte: Editora UFMG, 2009.

DE BATOS, Hesíquio. "Capítulos sobre a sobriedade e a vigilância", n. 119. In: ______. *Padres népticos: Filocalia*. Tradução Luis Kehl. 2009. t. 1, v. II.

DE LA BARCA, Calderón. *A vida é sonho*. São Paulo: Hedra, 2007.

DOSTOIÉVSKI, Fiódor. *O idiota*. Tradução P. Bezerra. 4ª ed. São Paulo: Editora 34, 2015.

DOSTOIÉVSKI, Fiódor. "O sonho do homem ridículo". In: ______. *Duas narrativas fantásticas*. Tradução Vadim Nikitin. São Paulo: Editora 34, 2003.

DOSTOIÉVSKI, Fiódor. *Os irmãos Karamázov*. Tradução Paulo Bezerra. São Paulo: Editora 34, 2008, v. 1 e 2.

ELIADE, Mircea. *História das crenças e ideias religiosas*. Tradução R. C. de Lacerda. Rio de Janeiro: Zahar, 2010, v. I: Da Idade da Pedra aos Mistérios de Elêusis.

ENTRALGO, P. L. "Vida, obra y persona de Gregorio Marañón". In: ______. *Obras completas de Gregorio Marañón*. Madrid: [*s. l.*], 1965, v. 1: Introducción.

FERREIRA, Aurélio Buarque de Holanda. *Novo dicionário Aurélio da língua portuguesa*. 5ª ed. São Paulo: Editora Positivo, 2010.

FERREIRA, L. de N. "De Amorins a Esparta: o tema de Ulisses em Helia Correia". In: ______. *Humanitas*, 2002, v. LIV.

GALLIAN, Dante. "A desumanização do comer". In: ______. *Estudos Avançados*, 2007, v. 21, p. 179-184. Disponível em: <https://doi.org/10.1590/S0103-40142007000200015>.

GALLIAN, Dante. *A literatura como remédio: os clássicos e a saúde da alma*. São Paulo: Martin Claret, 2017.

GALLIAN, Dante. "O destronamento do coração: breve história do coração humano até o advento da modernidade". In: ______. *Memorandum* (Belo Horizonte), 2010, v. 18, p. 27-36.

GOETHE, Johann Wolfgang von. *Fausto: uma tragédia*. Tradução J. K. Segall. São Paulo: Editora 34, 2007.

GOETHE, Johann Wolfgang von. *Os anos de aprendizado de Wilhelm Meister*. Tradução N. Simone Neto. 2ª ed. São Paulo: Editora 34, 2009.

GRIMAL, Pierre. *Dicionário de mitologia grega e romana*. Tradução V. Jabouille. Rio de Janeiro: Bertrand Brasil, 1993.

GUIMARÃES ROSA, João. *Grande sertão: veredas*. Rio de Janeiro: Nova Fronteira, 2001.

HAN, Byung-Chul. *Sociedade do cansaço*. Tradução Enio P. Giachini. Petrópolis: Vozes, 2020.

HOMERO. *Odisseia*. Tradução Frederico Lourenço. São Paulo: Penguin: Companhia das Letras, 2011.

HUSTON, Nancy. *A espécie fabuladora: um breve estudo sobre a humanidade*. Tradução I. Heinberg. Porto Alegre: L&PM, 2010.

HUXLEY, Aldous. *Admirável mundo novo*. Tradução L. Vallandro e V. Serrano. São Paulo: Globo, 2014.

JAEGER, Werner. *Paideia: a formação do homem grego*. Tradução A. Parreira. São Paulo: Martins Fontes, 2001.

JAEGER, Werner. *Two Rediscovered Works of Ancient Christian Literature: Gregory of Nyssa and Macarius*. Brill: Leiden, 1954.

KAZANTZÁKIS, Nikos. *Vida e proezas de Alexis Zorbás*. Tradução M. R. Donatello e S. Ricardino. 3ª ed. São Paulo: Grua, 2011.

MACHADO DE ASSIS, Joaquim Maria. "O espelho: esboço de uma nova teoria da alma humana". In: ______. *Contos*. Porto Alegre: L&PM, 1998.

MÃE, Valter Hugo. *O filho de mil homens*. São Paulo: Biblioteca Azul, 2016.

MANN, Thomas. *A morte em Veneza*. Tradução Hebert Caro. São Paulo: Companhia das Letras, 2015.

MONTESQUIEU, Charles-Luis de Secondat. *O gosto*. Tradução Teixeira Coelho. São Paulo: Iluminuras, 2005.

PASCAL, Blaise. *Pensamentos*. Tradução Sérgio Milliet. São Paulo: Abril, 1973 (Col. Os Pensadores).

PESSOA, Fernando. "Mar português". In: ______. *Mensagem*. 13ª ed. Lisboa: Ática Poesia, 1979.

PESSOA, Fernando. "O quinto império". In: ______. *Mensagem*. 13ª ed. Lisboa: Ática Poesia, 1979.

PIEPER, Josef. *La virtudes fundamentales*. 6ª ed. Madrid: Rialp, 1998.

PLATÃO. *A apologia de Sócrates*. Tradução L. Rangel. São Paulo: Abril, 1972 (Col. Os Pensadores).

RIBEIRO JR., W. A. Estasino. "Cantos cíprios". *Portal Graecia Antiqua*. São Carlos. Disponível em: <greciantiga.org/arquivo.asp?num=0749>. Acesso em: 21 out. 2020.

SARAMAGO, José. *O conto da Ilha Desconhecida*. São Paulo: Companhia das Letras, 1998.

SHAKESPEARE, William. *Hamlet*. Tradução Millôr Fernandes. Porto Alegre: L&PM, 1997.

SHAKESPEARE, William. *O Rei Lear*. Tradução Millôr Fernandes. Porto Alegre: L&PM Pocket, 2013.

SHELLEY, Mary. *Frankenstein ou o Prometeu moderno*. Tradução Adriana Lisboa. Rio de Janeiro: Nova Fronteira, 2011.

SOUZENELLE, Annick de. *O simbolismo do corpo humano: da árvore da vida ao esquema corporal*. Tradução Frederico Ozanan Pessoa de Barros e Maria Elizabeth Leuba Salum. São Paulo: Pensamento, 1984.

TOLKIEN, J. R. R. *O Senhor dos Anéis*. Tradução Lenita Maria Rimoli Esteves e Almiro Pisetta. São Paulo: Martins Fontes, 2002, 3 volumes.

TOLSTÓI, Liev. *A morte de Ivan Ilitch*. Tradução Boris Schnaiderman. São Paulo: Editora 34, 2006.

Agradecimentos

Por gosto e justiça começo meus agradecimentos lembrando daquela a quem também dedico esta obra: Beatriz, que, como a Beatriz de Alighieri, é sempre minha musa inspiradora. Na realização deste livro, porém, ela foi também minha Penélope, sempre fiel e bem-disposta, sendo a primeira a ler cada um dos capítulos que iam saindo, mesmo no meio das suas múltiplas tarefas e demandas. Sua leitura atenta e seus comentários sábios e estimulantes foram decisivos para que eu levasse a cabo essa odisseia e chegasse a Ítaca no tempo oportuno.

Como segundo leitor, igualmente atento e estimulante, tive meu amigo, colaborador e aluno, Ricardo Mituti. Sem sua ajuda a travessia teria sido muito mais tempestuosa e difícil.

Na realização desta odisseia literária pude contar com a colaboração inestimável de amigos e colegas que trouxeram críticas, sugestões e, principalmente, estímulos alentadores. São eles: *mi hermano* Rafael Ruiz, meus parceiros Simeão Sass, Simone Nakaguma e meu interlocutor teológico, frei André Luís Tavares, OP.

Enquanto estive navegando por águas profundas, pude contar com a ajuda de várias equipes de apoio, nos diversos portos e ilhas da minha vida: no CeHFi-EPM-Unifesp — Nádia Vieira, Yuri Bittar e Viviane Cândido; em casa — meus filhos; minha sogra, Maria Helena; minha mãe, Eusebia; e nossa divina Andreia, infalível. Sem esquecer do Paco, nosso Golden de ouro.

Meu especial agradecimento à minha editora, Raïssa Lettiére, que desde o momento em que soube do projeto deste livro apresentou-se como estimuladora e promotora, possibilitando o seu aparecimento em um tempo muito mais breve do que imaginava a princípio.

Por fim, não poderia deixar de me lembrar das centenas de participantes dos grupos de Laboratório de Leitura que, ao longo dos últimos 18 anos, tiveram a generosidade de compartilhar suas impressões e descobertas a partir da leitura da *Odisseia* e de todos os clássicos da literatura universal, que, de maneira anônima mas efetiva, contribuíram para a realização dessa odisseia sobre o que é próprio do humano.

Este livro foi composto na tipografia Minion Pro,
em corpo 11/16, e impresso em
papel off-white no Sistema Cameron da
Divisão Gráfica da Distribuidora Record.